Hubert Wolf

Krypta

Hubert Wolf

Krypta

Unterdrückte Traditionen der Kirchengeschichte

C.H.BECK

Satz: Fotosatz Amann, Memmingen
Druck und Bindung: CPI – Ebner & Spiegel, Ulm
Umschlaggestaltung: Rothfos & Gabler, Hamburg
Umschlagabbildung: Krypta (11. Jahrhundert) der Kirche
Saint-Romain in Curzon, Pays de la Loire,

Gedruckt auf säurefreiem, alterungsbeständigem Papier
(hergestellt aus chlorfrei gebleichtem Zellstoff)
Printed in Germany
ISBN 978 3 406 67547 8

www.beck.de

Inhalt

5. Die Kardinäle
Gegengewicht zur päpstlichen Macht

6. Mönche und Nonnen
Höchste Autorität durch radikale Nachfolge

7. Die Gemeinden
Primat der kleineren Einheit

8. Die Laien
Keine unmündigen Schafe

9. Das Konzil von Trient
Pluraler Katholizismus

Zur Einleitung
«Wir alle sind abgewichen»

Päpstliche Schuldbekenntnisse einst und jetzt

«Wir wissen, dass es an diesem Heiligen Stuhl schon seit einigen Jahren viele gräuliche Missbräuche in geistlichen Dingen und Exzesse gegen die göttlichen Gebote gegeben hat, ja, dass eigentlich alles pervertiert worden ist. So ist es kein Wunder, wenn sich die Krankheit vom Haupt auf die Glieder, das heißt von den Päpsten auf die unteren Kirchenführer, ausgebreitet hat. Wir alle – hohe Prälaten und einfache Kleriker – sind abgewichen, ein jeder sah nur auf seinen eigenen Weg, und da ist schon lange keiner mehr, der Gutes tut, auch nicht einer.»[1]

Diese Formulierungen stammen nicht von einem Kirchenkritiker unserer Tage, und sie stehen auch nicht im Zusammenhang mit der aktuellen Missbrauchsdebatte oder der sogenannten Vatileaks-Affäre. Sie stammen vielmehr von einem Papst, von Hadrian VI., und bilden den Mittelpunkt seines bemerkenswerten, aber weitgehend vergessenen Schuldbekenntnisses vom November 1522, das er durch seinen Nuntius Francesco Chieregati den deutschen Reichsständen auf dem Nürnberger Reichstag im Januar 1523 vortragen ließ. Der Papst reagierte damit, nachdem Martin Luther 1521 auf dem Wormser Reichstag vor Kaiser und Reich zu Wort gekommen war, auf die Herausforderungen der beginnenden Reformation und die drohende Kirchenspaltung. Er versuchte, der reformatorischen Kritik an der katholischen Kirche im Allgemeinen und an der Römischen Kurie im Besonderen den Wind aus den Segeln zu nehmen, indem er die vielfältigen Missstände als Perversion der göttlichen Gebote beim Namen nannte und einräumte, dass sie sich von Rom aus wie ein Krebsgeschwür über die ganze Kirche ausgebreitet hätten.

Der Papst beließ es aber nicht bei der Diagnose der Krankheitssymptome von Kirche und Kurie, sondern verordnete sich und seiner Kirche sofort die notwendige, wenn auch insbesondere für die römische Zentrale bittere Medizin: Der Nuntius sollte den Reichsständen im gleichen Atemzug mit dem eigentlichen päpstlichen Schuldbekenntnis auch die tätige Reue, die nach katholischem Verständnis zu jedem Bußakt gehört, signalisieren und versprechen, «dass Wir jede Anstrengung unternehmen werden, dass als Erstes diese Kurie, von der das ganze Übel ausgegangen ist, reformiert wird, damit sie in gleicher Weise wie sie zum Verderben der Untergebenen Anlass geboten hat, nun auch ihre Genesung und Reform bewirkt. Dazu fühlen Wir Uns umso mehr verpflichtet, als Wir sehen, dass die ganze Welt eine solche Reform sehnlichst begehrt.»

Es war Hadrian VI. aber völlig klar: Eine solche umfassende Reform der Kirche bedeutete, nicht nur von Veränderungen zu reden, sondern die Dinge – vor allem in der römischen Zentrale – wirklich anzupacken. Das verlangte Klugheit, Ausdauer, Energie und nicht zuletzt einen langen Atem. Eine umfassende Reform musste behutsam und nachhaltig angegangen werden. Aber sie würde sich lohnen, wenn es gelänge, der katholischen Kirche, der arg «entstellten Braut Christi», wie es bei Hadrian VI. heißt, ihre Glaubwürdigkeit zurückzugeben, damit sie ihren Auftrag wieder erfüllen könne, den Menschen durch alle Irrungen und Wirrungen hindurch den Weg zu Jesus Christus zu weisen.

Hadrian VI. betrachtete es als seine erste Aufgabe, «den Unterdrückten zu Hilfe zu kommen und die Gelehrten und Tugendhaften, die schon lange keiner mehr beachtet, aufzurichten und auszuzeichnen – kurz: alles zu tun, was ein guter Papst und rechtmäßiger Nachfolger des seligen Petrus tun muss». Die «Krankheit» habe sich aber im Lauf der Zeit «so tief eingefressen», die Kirche sei dadurch derartig «deformiert» worden, dass zur Heilung und Reform der *sponsa deformata* eine einzige Maßnahme auf keinen Fall ausreiche. Vielmehr müssten «viele verschiedene Mittel angewandt» und zahlreiche Reformmaßnahmen ergriffen werden.

Wie radikal es Hadrian VI. in seinem Schuldbekenntnis 1522 eigentlich um die Reform der Kirche ging, macht ein Vergleich mit dem zweiten bekannten Schuldbekenntnis eines Papstes in der Kirchengeschichte deutlich, der Bitte um Vergebung Johannes Pauls II. aus dem Heiligen Jahr 2000.

In den sieben Vergebungsbitten vom 12. März 2000, die nicht umsonst als liturgischer Akt und nicht als kirchenpolitische Botschaft inszeniert wurden, geht es in erster Linie um innere, geistliche Umkehr und spirituelle Reinigung. Von konkreten praktischen strukturellen Reformen und äußeren kirchenpolitischen Veränderungen ist hier dagegen keine Rede. Wenn man den Text genauer analysiert, fällt außerdem auf, dass bei Schuld, Sünde und notwendiger Umkehr immer nur von einzelnen «Gliedern» der Kirche, von den «Gläubigen», von «nicht wenigen Christen» oder den «sündigen Kindern» der Kirche gesprochen wird. Die Mitglieder der Kirche beziehungsweise einzelne Christgläubige bedürfen der Umkehr, nicht dagegen die katholische Kirche als solche. Die Kirche als sündige Institution kommt bei Johannes Paul II. mit keinem Wort vor, ganz zu schweigen von den Kirchenführern, den Prälaten, den Kardinälen oder gar dem Papst selbst. In den Augen von Johannes Paul II. haben einzelne Katholiken versagt, die Kirche dagegen offensichtlich nicht.

Deshalb taucht die Forderung nach einer Reform der Kirche im Schuldbekenntnis des Heiligen Jahres 2000 auch nicht auf. Wenn nur einzelne Katholiken schuldig geworden sind, nicht aber die eine, heilige, katholische und apostolische Kirche, brauchen auch nur einzelne Gläubige Umkehr und Vergebung, nicht aber die Institution Kirche als solche.[2]

Ganz anders bei Hadrian VI. im Jahr 1522: Nicht nur einzelne Gläubige bedürfen der Umkehr, sondern zuerst und vor allem der Papst und seine Kurie. Der Pontifex maximus selbst, die Kardinäle, die Prälaten, Bischöfe und Priester seien vom rechten Weg abgewichen. Die kirchliche Hierarchie, die Amtsträger – und nicht die Laien – seien schuld an den Gräueln und Skandalen in der Kirche. Die Hirten hätten die Herde zu vergifteten Weideplätzen geführt. So wie der sprichwörtliche Fisch vom Kopf her stinkt, so sei – wie Hadrian VI. betont – das ganze Übel von der Römischen Kurie und zuletzt auch von den Päpsten ausgegangen.

Hadrian VI. dürfte seine unmittelbaren Vorgänger, die sogenannten Renaissance-Päpste des fünfzehnten und frühen sechzehnten Jahrhunderts, insbesondere Alexander VI. (Borgia), Julius II. (della Rovere) und seinen unmittelbaren Vorgänger Leo X. (Medici), im Blick gehabt haben. Die Päpste und die von ihnen geschaffenen korrupten Strukturen der Kurie, ihre herrschaftliche, verschwenderische Hofhaltung sowie ihre militärischen und sexuellen Exzesse hatten den Gläubigen den Blick auf Christus, den Erlöser am Kreuz, verstellt. Ein bloß spirituelles Schuldbekenntnis und eine rein geistliche Umkehr reichten daher nicht aus. Sie waren vielmehr die Voraussetzung für eine äußerlich sichtbare, grundlegende Umgestaltung von Kirche und Kurie. Eine *reformatio in capite et in membris*, eine Reform der Kirche an Haupt und Gliedern, stand an – und sie musste am Kopf beginnen, in Rom.

Der Papst wusste, dass es zahlreiche Reformversuche in der Geschichte der Kirche gegeben hatte. Sie waren jedoch immer wieder daran gescheitert, dass jeder den Reformbedarf stets nur bei den anderen gesehen hatte, auf keinen Fall aber bei sich selbst, und nicht zuletzt, weil die Beharrungskräfte der Kurie eine grundlegende *reformatio in capite*, eine Reform des Hauptes, verhindert hatten. Diese bittere Erfahrung musste Hadrian VI. auch selbst machen: Der bürgerliche Adriaan Florensz, geboren 1459 in Utrecht, war in Rom ein Außenseiter. Seit 1517 Kardinal und als solcher vor allem in Spanien am Hof Kaiser Karls V. tätig, dessen Erzieher er gewesen war, wurde er im Konklave am 9. Januar 1522 in Abwesenheit zum Papst gewählt. Erst am 31. August konnte er sein Amt in Rom antreten. Er blieb stets ein Fremder an der Kurie, nicht zuletzt, weil ihm die vatikanische Macht- und Prunkentfaltung jener Zeit zutiefst zuwider war. Sein einfacher Lebensstil, der auf allen Pomp papaler Selbstinszenierung verzichtete, seine Sparsamkeit und seine schlichte Frömmigkeit stießen im Rom der Renaissance auf Ablehnung. Seine radikalen Reformideen drohten Kardinälen und Prälaten, die sich eher als Renaissance-Fürsten denn als Kirchenmänner verstanden, ihre Lebensgrundlage zu entziehen und ihren aufwändigen Lebensstil grundsätzlich infrage zu stellen.

Die Eminenzen bedauerten bald, dass sie in einem Moment der Schwäche und religiösen Anwandlung einen Reformer zum Papst gewählt hatten. Sie torpedierten all seine Bemühungen und machten Hadrian VI. dadurch bei den deutschen Protestanten erst recht unglaubwürdig. Seine Reformankündigungen galten diesen als typisch päpstlich-unehrliche Rhetorik, rein taktisch bedingt, ohne ernsthafte Absichten. Der Papst konnte das Fortschreiten der Reformation und der Kirchenspaltung nicht verhindern. Gebrochen und enttäuscht starb Hadrian VI. nach einem Pontifikat von gerade einmal dreizehn Monaten am 14. September 1523. Vereinzelt tauchten sogar Gerüchte auf, er sei eines unnatürlichen Todes gestorben, vergiftet durch die Gegner einer Kurienreform. Er wurde in der deutschen Nationalkirche Santa Maria dell'Anima in der Nähe der Piazza Navona beigesetzt. Ein Satz, den er während seiner Amtszeit mehrfach ausgesprochen haben soll, ziert sein Grabmal und bringt die Tragik seines Pontifikates treffend auf den Punkt: «Ach, wie viel hängt davon ab, in welche Zeit auch des besten Mannes Wirken fällt.»[3]

Was Hadrian VI. vor einem halben Jahrtausend formulierte, gilt immer noch, vielleicht sogar heute mehr denn je. Die Situation der Kirche unserer Tage wurde in der breiten Öffentlichkeit mitunter sogar ausdrücklich mit der Krise der Kirche zur Zeit der Reformation verglichen. Auch heute sind Missstände zu beklagen, die vom sexuellen Missbrauch von Kindern und Jugendlichen durch Priester und Ordensleute über das undurchsichtige Finanzgebaren der Vatikanbank und die Vatileaks-Affäre bis hin zum Limburger Prunkbau reichen. Außerdem hat sich bei vielen Gläubigen angesichts des römischen Zentralismus, der die Anliegen von Ortskirchen und Laien immer mehr marginalisiert, eine tiefe Enttäuschung breitgemacht. Die extrem hohen Austrittszahlen sprechen eine eindeutige Sprache. Auf jeden Fall erinnert manches an die Zeiten der Renaissance; schon die Sehnsucht nach einer weniger prunkvollen Kirche an der Seite der Armen stellt eine bemerkenswerte Parallele dar. Eine große Reform der Kirche an Haupt und Gliedern steht in der Tat an. Denn heute, in der von ganz unterschiedlichen Seiten konstatierten Kirchenkrise des beginnenden einundzwanzigsten Jahrhunderts, gilt wie damals zu Beginn der Reformation, «dass die ganze Welt eine solche Reform sehnlichst begehrt».

Doch Hadrian VI. hatte Recht: Das Wirken und die Umkehrbereitschaft eines einzelnen Mannes wird heute so wenig bewirken können wie zu Beginn des sechzehnten Jahrhunderts. Es braucht – wie die Geschichte der Kirche lehrt – Mitstreiter auf allen Ebenen der Kirche, angefangen in der Kurie bis hinunter zur kleinen Landpfarrei. Vor allem aber muss die Umkehr institutionalisiert und die Kirchenreform so auf Dauer gestellt werden.

Reform als Wesensmerkmal der Kirche

Das Wort «Reform» wird heute geradezu inflationär gebraucht und hat oft einen negativen Beigeschmack. Alles und jedes wird «reformiert» beziehungsweise bedarf angeblich oder wirklich der dringenden Reform. Vor lauter Rentenreform, Steuerreform, Bildungsreform, Bologna-Reform und Hartz-IV-Reform ist der Begriff nicht selten seines eigentlichen Inhalts entleert, wenn nicht sogar in sein Gegenteil verkehrt worden.

In der katholischen Kirche und Theologie dagegen ist es um Reform und Reformen in den letzten Jahrzehnten nach einer Phase der Hochkonjunktur während des Zweiten Vatikanischen Konzils und seiner unmittelbaren Umsetzung in den sechziger und siebziger Jahren des zwanzigsten Jahrhunderts relativ still geworden. Die Neuerungen des Konzils galten vielen in Kurie und Hierarchie als zu weit gehend, seine Reformen wurden von manchen sogar als kirchengefährdend angesehen. Einige Reformen, die das Konzil angestoßen hatte, wurden in den letzten Jahren grundsätzlich infrage gestellt, insbesondere die Liturgiereform. So haben Johannes Paul II. und Benedikt XVI. die von Papst Paul VI. aufgehobene Form der tridentinischen Liturgie – wenn auch nur als außerordentliche Form – wieder zugelassen.

Wer während der letzten Pontifikate von einem Reformstau in der katholischen Kirche oder gar von dringend notwendigen Reformen in Rom sprach, dem wurden nicht selten Unkirchlichkeit und mangelnde Anhänglichkeit an den Heiligen Vater vorgeworfen. Der Sprachgebrauch erinnerte in manchen Formulierungen an die heftigen Auseinandersetzungen um den sogenannten Reformkatholizismus zu Beginn des zwanzigsten Jahrhunderts. Damals wurden alle «Reformer» in der katholischen Kirche von Pius X. in der Enzyklika «Pascendi» 1910 als häretische «Modernisten» gebrandmarkt. Dabei war es gleichgültig, ob sie wirklich häretische «agnostische» oder «immanentistische» Positionen vertraten, indem sie die Erkennbarkeit Gottes grundsätzlich leugneten und die Existenz einer Wirklichkeit jenseits des sinnlich innerweltlichen Erfahrbaren und naturwissenschaftlich Greifbaren bestritten. Es reichte auch, wenn sich die «Reformkatholiken» dafür aussprachen, die Sakramente in der Muttersprache statt in Latein zu spenden, um die Gläubigen besser erreichen zu können, wenn sie von einer Entwicklung der kirchlichen Lehre und Verfassung in der Geschichte ausgingen oder wenn sie die Einheitlichkeit und Verbalinspiration der fünf Bücher Mose im Sinne einer historisch-kritischen Exegese infrage stellten. Für Pius X. war Reform grundsätzlich etwas Schlechtes. Jede Regung zur Veränderung stand von vornherein unter Generalverdacht. Reform und Katholizismus verhielten sich für ihn wie Feuer und Wasser. Diese Abwehrhaltung hat, mal mehr und mal weniger ausgeprägt, die meisten Päpste der Moderne gekennzeichnet.

Dabei gehört die Reform nach der klassischen Ekklesiologie, der Lehre von der Kirche, zu deren Wesensmerkmalen. Die katholische Kirche ist eine *ecclesia semper reformanda*, sie bedarf stets der Reform. Das Zweite Vatikanische Konzil hat diese Tatsache in seinem Ökumenismus-Dekret in Erinnerung gerufen, in dem ausdrücklich von einer *perennis reformatio*, einer ununterbrochenen Reform der katholischen Kirche, die Rede ist. Hier heißt es: «Die Kirche wird auf dem Weg ihrer Pilgerschaft von Christus zu dieser dauernden Reform gerufen, deren sie allzeit bedarf, soweit sie menschliche und irdische Einrichtung ist; was also etwa je nach den Umständen und Zeitverhältnissen im sittlichen Leben, in der Kirchenzucht oder auch in der Art der Lehrverkündigung – die von dem Glaubensschatz selbst genau unterschieden werden muss – nicht genau genug bewahrt worden ist, muss deshalb zu gegebener Zeit sachgerecht und pflichtgemäß erneuert werden.»[4]

Julius Kardinal Döpfner, der langjährige Vorsitzende der Deutschen Bischofskonferenz und einer der vier Moderatoren des Zweiten Vatikanischen Konzils, bezeichnete Reform sogar als grundlegendes «Strukturprinzip» der Kirche, was er nicht zuletzt auf ihre Geschichtlichkeit zurückführte. Das Dokument «Erinnern und Versöhnen», das die Internationale Theologische Kommission im Heiligen Jahr 2000 im Auftrag Johannes Pauls II. vorlegte, nimmt diese Tendenz auf und bekennt sich ausdrücklich zum Prinzip der stetigen Erneuerung und Reform der Kirche.

Was bedeutet dieses Strukturprinzip genau für die katholische Kirche? Diese Frage ist nicht einfach zu beantworten. Eine grundsätzliche Schwierigkeit besteht darin, dass der lateinische Begriff *reformatio* im Deutschen sowohl für *Reformation* als auch für *Reform* steht. Jeder Katholik, der von Reform spricht, kann deshalb schnell in die Schublade «Reformator» geraten, auch wenn er mit der lutherischen Reformation oder den reformierten Kirchen nichts zu tun hat.

Der Begriff *reformatio* wurde von der klassischen evangelischen Kirchengeschichtsschreibung in einem eindeutig antikatholischen und antipäpstlichen Sinn verwendet. Von den Humanisten übernahmen die evangelischen Historiographen dazu die Dreiteilung der Geschichte in Altertum, Mittelalter und Neuzeit. Als Kriterium für diese Periodisierung diente den Humanisten dabei der Grad der Kenntnis des klassischen Griechisch und Lateins. Die ideale Epoche sahen sie selbstredend in der Antike. Im «dunklen» Mittelalter dagegen war es ihrer Ansicht nach zu einem drastischen Verfall der Bildung und Sprache gekommen, während seit dem fünfzehnten Jahrhundert – vorangetrieben nicht zuletzt durch die Humanisten selbst – eine *re-naissance* oder *re-formatio* der klassischen lateinischen Bildung erfolgte.

Aus dieser Dreiteilung der Geschichte entwickelte die protestantische Kirchengeschichtsschreibung das eingängige Schema *formatio – de-formatio – re-formatio*. Als Kriterium diente allerdings nicht mehr die Reinheit und Schönheit der klassischen Sprachen, sondern die Unversehrtheit der wahren christlichen Kirche. Die Phase der Formierung der Kirche dauerte demnach von den Lebzeiten des historischen Jesus bis zur Konstantinischen Wende im Jahr 313. In dieser Zeit entstand das Idealbild von Kirche. Dann begann das Zeitalter der Deformation, der Zerstörung der wahren christlichen Kirche, durch die Anerkennung des Christentums als Staatsreligion im Jahr 380, durch den daraus resultierenden Reichtum und nicht zuletzt durch die Prunkentfaltung der kirchlichen Hierarchie. Am Ende dieses Niedergangs stand aus protestantischer Sicht die pervertierte Papstkirche der Renaissance mit ihrem überzogenen Primatsanspruch, der den römischen Bischof als Nachfolger des Apostelfürsten Petrus zum alleinigen und unkontrollierbaren Herrn der Kirche machte, sowie ihrem sittlichen und religiösen Verfall. Dann kam Luther und stellte die Reinheit und Schönheit der ursprünglichen Kirche wieder her, durch seine *re-formatio* überwand er die katholische *de-formatio* des Mittelalters.

Selbstverständlich stieß dieses Konzept in der katholischen Geschichtsschreibung auf entschiedene Ablehnung, sah man doch gerade im Mittelalter, etwa in der Ordens- und Theologiegeschichte – man denke nur an Bernhard von Clairvaux oder Thomas von Aquin –, eine absolute Blütezeit der Kirche, die durch den falschen Reformator Luther zerstört worden war. Der Begriff *reformatio* hatte seitdem stets den gefährlichen Beiklang der Kirchenspaltung. Das wurde dadurch verstärkt, dass Protestanten die Erneuerung der katholischen Kirche durch das Konzil von Trient als eine «Gegenreformation» bezeichneten. Es dauerte lange, bis der Reformbegriff auch unter Katholiken wieder salonfähig wurde und die automatische Gleichsetzung von Reform und Reformation aufhörte. Erst im Lauf des neunzehnten Jahrhunderts wurde es möglich, die Neuformierung des Katholizismus im sechzehnten und siebzehnten Jahrhundert als eine «katholische Reform» zu bezeichnen. Anders als der Begriff der «Gegenreformation» lenkt die Rede von der katholischen Reform den Blick auf die innere Erneuerung der alten Kirche statt auf die bloß negative, mitunter gewalttätige Abwehr des Protestantismus.

Nachdem die grundsätzliche Skepsis gegen den Terminus *reformatio* auf katholischer Seite einmal überwunden war, konnte der Begriff in einem viel umfassenderen Sinn positiv aufgenommen werden. Vor allem durch die Arbeiten des katholischen Kirchenhistorikers Hubert Jedin, der Mitte des zwanzigsten Jahrhunderts eine große Geschichte des Konzils von Trient vorlegte, galt «katholische Reform» jetzt nicht mehr nur als Reaktion auf die Herausforderungen der Reformation. Vielmehr wurden in der katholischen Kirchengeschichtsschreibung zahlreiche Reformbewegungen entdeckt, die völlig unabhängig von Luther entstanden waren: Hier sind zunächst im Vorfeld der Reformation die Reformkonzilien von Konstanz und Basel zu nennen, dann die unterschiedlichen, allesamt gescheiterten Reformversuche der Kurie des fünfzehnten Jahrhunderts und nicht zuletzt die «Selbstreformen der Glieder» von unten, die unabhängig von der kirchlichen Hierarchie entstanden. Diese umfassten zahlreiche Erneuerungsbewegungen in den Orden ebenso wie die im Spätmittelalter neue Frömmigkeit der *Devotio moderna* oder die Entdeckung der Heiligen Schrift und der Kirchenväter im katholischen Humanismus, etwa durch Erasmus von Rotterdam.

Reform avancierte zu einer begrifflichen Grundkategorie der katholischen Kirchengeschichte, die ganz unterschiedliche Phänomene bezeichnet: zuerst die karolingischen Reformen, die mit einer *Renovatio Imperii Romanorum*, einer Wiederherstellung des alten Römischen Reichs im Reich der Franken, und einer grundsätzlichen Erneuerung von Liturgie, Bildung und Ordenswesen nach antikem römischem Vorbild einhergingen; dann die Ordensreformen von Gorze und Cluny des elften und zwölften Jahrhunderts, die jeweils die alte Reinheit der Regel des heiligen Benedikt wiederherstellen wollten; ferner die «gregorianische Reform», zu deren Programmschrift der berühmte «Dictatus papae» von 1075 werden sollte, der Reform als strikte Zentralisierung der Kirche auf den Papst hin im Sinne eines extensiven, kirchenrechtlich ausgestalteten Primats definierte; und nicht zuletzt die armutsbewegte Reform eines Franz von Assisi, der sich gegen jede Verrechtlichung und klerikale Kanalisierung seiner Bewegung wehrte und einfach nur zu den idealen Anfängen der Jerusalemer Urgemeinde zurückkehren wollte, bei der, wie die Apostelgeschichte berichtet, allen alles gemeinsam war.

Der Reformbegriff bezeichnet also stets eine Umformung oder Umgestaltung einer gegenwärtigen Situation. Er beinhaltet aber – unabhängig davon, ob man ihn spezifisch kirchengeschichtlich oder allgemein verwendet – zwei ganz unterschiedliche Zielrichtungen: Reform kann die Wiederherstellung eines früheren, inzwischen abhandengekommenen, als ideal betrachteten Zustands meinen, aber auch eine Erneuerung im Wortsinn durch bislang unbekannte, bessere Konzepte.

Bei der erstgenannten *reformatio in pristinum* liegen die Normen in der Vergangenheit. Es geht um eine Re-form im Sinne eines Zurück, einer Rück-Formung zum guten und bewährten Alten durch Beseitigung aller inzwischen eingetretenen Missbildungen und falschen Neuerungen. Für die *reformatio in melius* dagegen existiert kein historischer Idealzustand, ihr Zielpunkt ist allein eine ideal gedachte Zukunft. Hier geht es um vorbildlose Neuerungen und Neuschöpfungen. Die Norm für die Reformen orientiert sich an aktuellen Bedürfnissen und Einsichten.

Auch der theologische beziehungsweise katholische Reformbegriff beinhaltet diese beiden Komponenten, die sich zum Teil jedoch auch miteinander verbinden können: Einerseits geht es um Reform im Sinne einer stetigen historischen Orientierung am Ursprungsereignis der Kirche, an der Menschwerdung Gottes in Jesus Christus, und dessen Wirkungsgeschichte, die sich in Schrift und Tradition niedergeschlagen hat. Andererseits werden Reformen als produktive Antworten auf die aktuellen Herausforderungen für die Verkündigung des Glaubens verstanden. Für diese zweite Seite der Reform sind eher die Fächer der systematischen und praktischen Theologie zuständig. Die katholische Kirchengeschichte ist – neben der historisch-kritischen Exegese – vor allem für die erste Zielrichtung von Reform zuständig, freilich in einem wesentlich grundsätzlicheren Sinn, als es das klassische protestantische Geschichtsmodell einer Abfolge von *formatio – deformatio – reformatio* insinuiert.

In der Krypta der Kirchengeschichte

Es gibt nach katholischem Verständnis keine ideale Phase der Geschichte mit einer mustergültigen Verwirklichung von Kirche, auch nicht in der Jerusalemer Urgemeinde oder der Kirche der ersten Jahrhunderte, der dann mehr als tausend Jahre Niedergang gefolgt wären. Vielmehr kommen alle Ausprägungen der Kirche, ihrer Institutionen, Ämter und Lehren, die sich im Lauf von zweitausend Jahren Kirchengeschichte entwickelt haben, als Reservoir von Ideen für eine heutige Reform der Kirche in Betracht.

Dabei geht es vor allem um alternative Modelle aus der Geschichte, die derzeit praktizierten Konzepten komplementär an die Seite gestellt werden können. Kirchengeschichte als historische Wissenschaft weiß sich dem historisch-kritischen Verfahren verpflichtet, das sich in den letzten hundert Jahren bewährt hat, und versteht als theologische Wissenschaft darüber hinaus Geschichte dezidiert als Erkenntnisort, aus dem für heute anstehende Fragen relevante Einsichten gewonnen werden können. Damit die Kirchengeschichte ihre Aufgabe im Rahmen der anstehenden Kirchenreform übernehmen kann, müssen Kirche und Theologie drei Voraussetzungen akzeptieren:

Die erste Voraussetzung ist die Anerkennung der historischen

Tatsache, dass die Kirche in ihrer Geschichte nie ein monolithischer Block war. Vielmehr haben immer wieder unterschiedliche Katholizismen miteinander um die ideale Verwirklichung des Katholischen gerungen. Im Bild eines sich drehenden Rades ausgedrückt, gab es eher zentrifugal und eher zentripetal wirkende Kräfte des Katholizismus. Auf wichtige Fragen wurden ganz unterschiedliche Antworten gegeben, ohne dass dabei zwangsläufig die Einheit der Kirche infrage gestellt worden wäre, wie schon die unterschiedlichen Kirchenbilder im Neuen Testament belegen.

Wenn die Geschichtlichkeit der Kirche wirklich ernst genommen wird, muss auch – und das ist die zweite Voraussetzung – die Tatsache akzeptiert werden, dass sie sich entwickelt. Die Kirche in ihrer äußeren Gestalt ist und war historisch betrachtet einem ständigen Wandel unterworfen. Ihre Ämter und Institutionen haben sich im Lauf der Zeit entwickelt und sind nicht von Jesus Christus so gestiftet worden, wie sie heute sind. Manche kirchlichen Einrichtungen sind nach einer Blütezeit vergangen, andere erst spät in der Geschichte der Kirche entstanden. Nicht umsonst hat das Zweite Vatikanische Konzil in seiner Pastoralkonstitution «Gaudium et spes» formuliert: «Die historischen Fächer tragen sehr dazu bei, die Dinge unter dem Gesichtspunkt ihrer Wandelbarkeit und Entwicklung zu sehen.»[5]

Die dritte Voraussetzung ist die Abkehr von der Vorstellung einer absolut einheitlichen, durch die Jahrhunderte hindurch stets kontinuierlichen und widerspruchsfreien Lehrentwicklung in der katholischen Kirche.

Am heftigsten ist über diese Frage im Hinblick auf das Zweite Vatikanische Konzil diskutiert worden. Dabei haben sich zwei Sichtweisen herauskristallisiert: Das Diskontinuitätsmodell geht davon aus, dass das Konzil einen Bruch zur vorhergehenden Geschichte der Kirche darstellt. Während die einen diese kritische Absetzung des Zweiten Vatikanums von der sogenannten pianischen Epoche der Kirchengeschichte, die von der Wahl Papst Pius' IX. im Jahr 1846 bis zum Tod Pius' XII. im Jahr 1958 dauerte, als lange überfällige Reaktion der Kirche auf die Erfordernisse der modernen Zeit positiv betrachten und die innovativen Reformen feiern, sehen die anderen darin einen Verrat an der Tradition der Kirche, vor allem am Konzil von Trient, und eine Kapitulation vor dem gefährlichen modernistischen Zeitgeist. Die Anhänger des Kontinuitätsmodells bestreiten dagegen, dass das Konzil überhaupt etwas grundsätzlich Neues gebracht hat. Es habe sich vielmehr bewusst der kirchlichen Tradition untergeordnet. Während die einen diese Kontinuität als Feigheit der Väter vor wirklichen Reformen charakterisieren, äußern andere ihre tiefe Zufriedenheit darüber, dass das Konzil jeder Tendenz zum Bruch mit der kirchlichen Lehrtradition widerstanden habe.

Was die zentralistische, auf den Papst konzentrierte Kirchenlehre angeht, haben die Vertreter der Kontinuitätsthese ohne Zweifel Recht. Die Lehren des Ersten Vatikanischen Konzils vom Jurisdiktionsprimat und der päpstlichen Unfehlbarkeit sind vom Zweiten Vatikanischen Konzil klar bestätigt worden. Aber wie sieht es im Hinblick auf das Verhältnis der katholischen Kirche zu den Menschenrechten, namentlich zur Religions- und Gewissensfreiheit, oder zu den Juden aus? Muss man hier nicht doch von einer klaren Diskontinuität sprechen?

Mit dem Breve «Quod aliquantum» hatte Pius VI. 1791 nicht nur die Zivilkonstitution des französischen Klerus, sondern auch die demokratische Staatsidee und die Menschenrechte verworfen. Als der französische Priester und Philosoph Félicité de Lamennais ein Bündnis der Katholiken mit den Liberalen gegen die Restauration des alten Bündnisses von Thron und Altar propagierte, dazu den Papst als Garanten der von Gott verbürgten Freiheit anrief und die Katholiken als geborene Kämpfer für die Menschenrechte ansah, traf ihn 1832 der Bannstrahl Gregors XVI. In der Enzyklika «Mirari vos» verdammte der Papst die Gewissensfreiheit als «geradezu pesthaften Irrtum», als «quidem pestilentissimus error».[6] Pius IX. setzte diese Linie 1864 im «Syllabus errorum», einer Liste mit achtzig Zeitirrtümern, konsequent fort. Er verdammte Gewissens,- Meinungs-, Presse- und Religionsfreiheit als «Wahnwitz», als «deliramentum».[7] Diese Linie lässt sich bis weit ins zwanzigste Jahrhundert hinein ziehen.

Wie anders das Zweite Vatikanische Konzil: Die Kirchenkonstitution «Gaudium et spes» bezeichnet es als vornehme Aufgabe der Kirche, «die personale Würde und die Freiheit des Menschen» zu schützen. Das Evangelium, das der Kirche anvertraut sei, proklamiere «die Freiheit der Kinder Gottes» und respektiere «sorgfältig die Würde des Gewissens und seiner freien Entscheidung».[8] Und in der Erklärung «Dignitatis humanae» betont das Konzil, Religionsfreiheit sei nicht nur ein individuelles Recht, vielmehr müsse die «Freiheit als Freisein vom Zwang in religiösen Dingen, die dem einzelnen zukommt, ... ihnen auch zuerkannt werden, wenn sie in Gemeinschaft handeln».[9]

In Bezug auf die Gewissensfreiheit hat sich die Lehre der Kirche nicht nur entwickelt, sondern sogar in ihr Gegenteil verkehrt. Der an der Hochschule Sankt Georgen in Frankfurt lehrende Jesuit Klaus Schatz bezeichnete das Dekret über die Religionsfreiheit zu Recht als einen «Einschnitt, der in seiner Bedeutung noch kaum voll erfasst ist; die durchgängige Linie des Anti-Liberalismus, der das neunzehnte und die erste Hälfte des zwanzigsten Jahrhunderts erfüllt, ist am entscheidenden Punkte korrigiert».[10]

Auch Benedikt XVI. forderte unmissverständlich dazu auf, die Errungenschaften der Aufklärung wie die Menschenrechte, insbesondere Meinungs- und Religionsfreiheit, zu akzeptieren. In einer Ansprache an die Mitglieder der Kurie vom 22. Dezember 2006 im Nachgang zu den Irritationen, die seine Regensburger Vorlesung hervorgerufen hatte, stellte er fest, dass «die islamische Welt heute mit großer Dringlichkeit sich vor einer ganz ähnlichen Aufgabe findet, wie sie den Christen seit der Aufklärung auferlegt ist und vom Zweiten Vatikanischen Konzil als Frucht eines langen Ringens … zu konkreten Lösungen geführt wurde».[11] Damit sprach der Papst zwar nicht von einem Bruch, räumte jedoch ein, dass der Katholizismus, was sein Verhältnis zur Moderne angeht, eine grundlegende Entwicklung durchgemacht hat.

Eine ähnliche Wende vollzog die Kirche auch in ihrem Verhältnis zu den Juden. Über Jahrhunderte hinweg war sie von Antijudaismus geprägt. Noch 1930 konnte der Jesuit Gustav Gundlach in der ersten Auflage des *Lexikons für Theologie und Kirche* einen verbotenen völkischen Rassenantisemitismus von einem kirchlich erlaubten und staatspolitisch notwendigen Antisemitismus unterscheiden. Die Bekämpfung des «tatsächlich-schädlichen Einflusses des jüdischen Volksteils auf den Gebieten des Wirtschafts- und Parteiwesens, des Theaters, Kinos und der Presse, der Wissenschaft und Kunst» sei – mit «sittlichen und rechtlichen Mitteln» – durchaus geboten.[12] Legenden von jüdischen Ritualmorden und der Verunglimpfung der Juden als «Gottesmörder» trat die Kirche nicht entschieden entgegen. Und am Karfreitag sprachen die Katholiken eine Fürbitte für die Juden, die mit «Oremus et pro perfidis Judaeis» – Lasset uns auch beten für die treulosen Juden – begann. Die meisten Katholiken assoziierten hiermit «perfide Juden». Weiter wurde «ob jenes Volkes Verblendung» für die Juden gebetet, «dass Gott, unser Herr, wegnehme den Schleier von ihren Herzen», auf dass sie «Christus erkennen» und ihren «Finsternissen entrissen» werden.[13]

In der Erklärung «Nostra aetate» des Zweiten Vatikanischen Konzils wird dagegen nachdrücklich das gemeinsame Erbe von Juden und Christen beschworen. Das Konzil lehnt die pauschale Verurteilung der Juden als von Gott «verworfen oder verflucht» ab und beklagt alle «Verfolgungen … und Manifestationen des Antisemitismus, die sich zu irgendeiner Zeit und von irgendjemandem gegen die Juden gerichtet haben». Die Juden seien nach wie vor «von Gott geliebt». Da das «Christen und Juden gemeinsame geistliche Erbe so reich» sei, wolle das Zweite Vatikanum die «gegenseitige Kenntnis und Achtung» auf dem Weg des «brüderlichen Gespräches» fördern.[14]

Diese neue Hochschätzung für das Volk des Alten Bundes wurde in der Neuformulierung der Karfreitagsfürbitte für die Juden im Messbuch Papst Pauls VI. von 1970, dessen deutsche Fassung 1975 erschien, noch deutlicher: «Lasst uns beten für die Juden, zu denen Gott, unser Herr zuerst gesprochen hat: Er bewahre sie in der Treue zu seinem Bund und in der Liebe zu seinem Namen, damit sie das Ziel erreichen, zu dem sein Ratschluss sie führen will.»[15] In der Konsequenz dieses radikalen Umdenkens der Kirche steht auch das Schuldbekenntnis Johannes Pauls II., in dem er um Vergebung für die Sünden «gegen das Volk des Bundes und der Seligpreisungen» bat.[16]

Die grundsätzliche Wende, die die katholische Kirche auf dem Zweiten Vatikanischen Konzil in ihrem Verhältnis zu den Juden und zur Religionsfreiheit vollzogen hat, zeigt, dass die Lehre der Kirche sich nicht nur weiterentwickeln, sondern in zentralen Punkten sogar zu konträren Aussagen gelangen kann. Mit anderen Worten: Die Kirche ist in der Lage, aus Fehlern zu lernen. Das heißt aber auch: Wenn die Kirche in so zentralen Fragen wie der Gewissensfreiheit, den Menschenrechten und der theologischen Einschätzung der Juden ihre Position radikal ändern beziehungsweise reformieren konnte, dann kann sie es – zumindest theoretisch – auch in anderen Bereichen. Reformen müssen sich dabei nicht zwangsläufig an dem orientieren, was in der Tradition überliefert ist. Und doch lohnt es sich, in der Geschichte bereits einmal verwirklichte Ideen mit in den Blick zu nehmen.

Hier setzt *Krypta* an. Selbstredend kann kein erschöpfender Überblick über all die alternativen Modelle und verborgenen – so der eigentliche griechische Wortsinn von *krypta* – Traditionen geboten werden, die die Geschichte der Kirche komplementär zu derzeitigen Konzepten, Erscheinungsformen oder gar angeblich «ewigen Wahrheiten» bereithält. Vielmehr sollen vergessene und nicht selten unterdrückte Optionen der Kirchengeschichte in Erinnerung gerufen werden – so wie zahlreiche Krypten unter antiken und mittelalterlichen Kirchen verschüttet und später wieder ausgegraben wurden.

Denn seit den ersten Kirchenbauten über die Romanik bis zum Aufkommen der Gotik besaß so gut wie jedes Gotteshaus eine Krypta, einen unter der Erdoberfläche gelegenen verborgenen Raum unterhalb des Altars. Sie stellte das eigentliche Fundament der Kirche, ihre materielle und geistliche Basis dar. In der Krypta befand sich das Grab des Heiligen, dem die Kirche geweiht war. Der sichtbare Altar oben im Gottesdienstraum benötigte als unverzichtbare Grundlage das unsichtbare Heiligengrab in der Krypta. So befindet sich bis heute der Papstaltar von Sankt Peter in Rom über dem Grab des heiligen Petrus in der Unterkirche. Im Laufe der Kirchengeschichte wurden jedoch zahlreiche Krypten zugeschüttet. Sie fielen einem neuen Stil im Kirchenbau und einem neuen Verständnis des Altars zum Opfer, in dem die Reliquien des Heiligen jetzt direkt eingemauert wurden. Nicht selten gerieten die Krypten in völlige Vergessenheit und wurden erst bei grundlegenden Kirchenrenovierungen im neunzehnten oder zwanzigsten Jahrhundert wiederentdeckt.

Diese Fundamente der Kirche gilt es, wieder freizulegen. Ziel ist es zu zeigen, wie sich die Kirche entwickelte, wie sie auf gesellschaftliche Herausforderungen reagierte und sich veränderte. Dadurch werden neue alte Möglichkeiten in Erinnerung gerufen, was dazu beitragen kann, die heutigen Reformdiskussionen auf der Basis der ganzen Breite der kirchlichen Tradition zu führen. Ob und inwieweit die historisch belegten alternativen Modelle für die gegenwärtig anstehende Reform der Kirche an Haupt und Gliedern tatsächlich nützlich sind, das zu beurteilen übersteigt die Kompetenz eines Kirchenhistorikers. Hier sind alle theologischen Disziplinen und letztlich die Kirche als Ganze gefragt.

1. Der Bischof
Von allen gewählt

«Der Papst ernennt die Bischöfe frei»

Wenn irgendwo in der katholischen Kirche ein Bischofsstuhl neu besetzt wird, schlagen nicht selten die Wellen der Empörung hoch. Die Gläubigen fühlen sich regelmäßig übergangen, auf ihre Wünsche wird keine Rücksicht genommen; auch die Vorschläge der Priester der betreffenden Diözese werden kaum einmal gehört. Diese offenkundige Missachtung der Bedürfnisse der Herde vor Ort braucht allerdings niemanden zu überraschen, denn das geltende Kirchenrecht lässt in der Frage der Besetzung der Bischofsstühle keinerlei Zweifel aufkommen: «Der Papst ernennt die Bischöfe frei» – so lautet die einschlägige Formulierung des *Codex Iuris Canonici*, des derzeit verbindlichen Gesetzbuches, das Johannes Paul II. 1983 in Kraft gesetzt hat.[1]

Der *Codex* von 1983 nimmt damit die einschlägigen Bestimmungen seines Vorgängers, des kirchlichen Gesetzbuches von 1917, fast wörtlich wieder auf.[2] Dieses galt als rechtliche Umsetzung der Beschlüsse des Ersten Vatikanischen Konzils von 1870, auf dem neben der Unfehlbarkeit des Papstes auch der universale Jurisdiktionsprimat, die umfassende rechtliche Vollmacht des Pontifex maximus als Stellvertreter Jesu Christi auf Erden und Nachfolger des Apostelfürsten Petrus über die ganze Weltkirche, definiert worden war. Das Zweite Vatikanische Konzil von 1962 bis 1965, vielfach als Reformkonzil gefeiert, hat an dieser «Kompetenz-Kompetenz» des Papstes in der Kirche – jedenfalls nach Ansicht des päpstlichen Gesetzgebers Johannes Paul II. – im Grunde nichts geändert.

Die Formulierung «Der Papst ernennt die Bischöfe frei» lässt an Klarheit nichts zu wünschen übrig. Die Auswahl des kirchlichen Führungspersonals gehört zweifellos zu den wichtigsten Aufgaben des Oberhauptes der katholischen Kirche, denn wer die Schlüsselstellen besetzt, der bestimmt die Richtung der Kirche. Nach römischer Auffassung leiten die Bischöfe die Diözesen, die im Kirchenrecht auch Teilkirchen genannt werden, im Auftrag und auf Weisung des Papstes. Dieser braucht auf die Wünsche der Herde vor Ort keine Rücksichten zu nehmen. Er bestimmt als Oberhirte die Hirten, ohne die Schafe zu fragen. Personalvorschläge der Laien und Pfarrer einer vakanten Diözese oder Überlegungen von Bischöfen und nationalen Bischofskonferenzen kann er zwar zur Kenntnis nehmen, sie schränken die Freiheit seines Ernennungsrechtes jedoch nicht ein, von politischen Rücksichtnahmen ganz zu schweigen. Der Papst ist letztlich nicht einmal an die Vorschläge der zuständigen römischen Kongregation für die Bischöfe gebunden, die ihm in Zusammenarbeit mit dem jeweiligen Nuntius vor Ort geeignete Kandidaten zu nennen hat.

Dieses absolute päpstliche Ernennungsrecht ist für die ganze Weltkirche allgemeinverbindlich. Lediglich für Deutschland, Österreich und die Schweiz existieren bestimmte Einschränkungen und Ausnahmeregelungen, die auf Vereinbarungen des Heiligen Stuhls mit den betreffenden Staaten, sogenannten Konkordaten, beruhen. Deshalb fügt der *Codex* nach der generellen Norm noch einen Halbsatz ein: «oder [der Papst] bestätigt die rechtmäßig Gewählten».[3]

In Deutschland sind bei der Besetzung der Bischofsstühle grundsätzlich zwei Modelle zu unterscheiden. Für die bayerischen Diözesen Augsburg, Bamberg, Eichstätt, München und Freising, Passau, Regensburg und Würzburg gilt das bayerische Konkordat von 1924. Bis dahin nominierte der katholische bayerische König die Bischöfe frei, und der Papst hatte diese dann, meist eher zähneknirschend, zu ernennen. Im Konkordat wird dem Papst zwar das Recht der Ernennung der Bischöfe zugestanden, bei der Auswahl ist er jedoch an die Kandidaten gebunden, die auf den Vorschlagslisten stehen, die die bayerische Bischofskonferenz und die bayerischen Domkapitel alle drei Jahre nach Rom zu schicken haben. Überdies darf das betreffende Domkapitel unmittelbar nach dem Tod oder Rücktritt eines Bischofs eine aktuelle Kandidatenliste nach Rom senden. Da die neuen Listen die alten Vorschläge nicht ersetzen, sondern alle jemals vorgeschlagenen Namen im Kandidaten-Pool bleiben, verfügt der Papst trotz Bindung an die Vorschlagslisten über eine relativ große Auswahl. Sollte jedoch ein von ihm gewünschter Bischofskandidat nicht auf einer der Vorschlagslisten aufgetaucht sein, würde eine päpstliche Bitte um Ergänzung der Liste bei der bayerischen Bischofskonferenz sicher nicht auf taube Ohren stoßen, sodass man faktisch von einem freien päpstlichen Ernennungsrecht ausgehen kann, zumal niemand in Deutschland wirklich überprüfen kann, welche Person auf den zahlreichen Listen stand und welche nicht, da nur Rom alle Vorschläge kennt.

Für die übrigen deutschen Länder wurde in den Konkordaten mit Preußen 1929, Baden 1932 und dem Reichskonkordat von 1933 sowie den neueren staatskirchenrechtlichen Vereinbarungen nach der Wiedervereinigung Deutschlands eine andere Regelung getroffen, die bis heute Bestand hat: Nach «Erledigung eines Erzbischöflichen oder Bischöflichen Stuhles» durch Tod oder Rücktritt des bisherigen Amtsinhabers sendet das betreffende Domkapitel – für Preußen auch jeder einzelne preußische Bischof – eine Liste mit geeigneten Bischofskandidaten nach Rom. «Unter Würdigung» dieser Vorschläge legt der Heilige Stuhl dem Domkapitel dann eine Dreierliste, die sogenannte Terna vor, aus der dieses den neuen Bischof zu wählen hat.[4] Während die staatlichen

Verhandlungspartner davon ausgegangen waren, die Formulierung «unter Würdigung» bedeute, dass der Papst sich an die Vorschläge des Domkapitels beziehungsweise der Bischöfe zu halten habe, interpretierte Rom diesen Passus wesentlich weiter. Man verstand «würdigen» nicht selten im Sinne von «anschauen und verwerfen», was zuweilen dazu führte, dass ein Domkapitel keinen einzigen von den Namen, die es vorgeschlagen hatte, auf der endgültigen römischen Wahlliste wiederfand. Um es mit einer immer wieder kolportierten, aber polemischen Formulierung zu sagen: Das Domkapitel bekommt eine Dreierliste mit einem Chinesen, einem Afrikaner und dem Kandidaten, den der Papst will; aus dieser darf das Kapitel dann in freier und geheimer Wahl den Bischof wählen. Mit anderen Worten: Durch die Zusammenstellung der Liste kann Rom die Wahl so lenken, dass ihr Ergebnis vorher so gut wie feststeht. Es handelt sich damit im Grunde um eine Ernennung, die notdürftig durch kollegiale Verfahrensreste getarnt ist. Eine ähnliche Regelung wurde auch für das Erzbistum Salzburg gefunden; in den übrigen österreichischen Diözesen ernennt der Papst die Bischöfe frei.

Lediglich nach dem badischen Konkordat, das für die Diözesen Freiburg im Breisgau, Rottenburg-Stuttgart, Mainz und Dresden-Meißen gilt, muss der Papst mindestens einen Priester aus der betreffenden Diözese auf die Dreierliste setzen, sodass die Möglichkeit der Römischen Kurie, der Diözese einen Bischof von außen vorzusetzen, stark eingeschränkt ist. Mit schöner Regelmäßigkeit wurde dann auch bei den bisherigen Bischofswahlen der aus der Diözese stammende Priester gewählt.

In der Schweiz ist in Basel und Sankt Gallen sogar das freie Wahlrecht der Domkapitel erhalten geblieben, wie es im Wiener Konkordat von 1448 festgelegt worden war. Hier kommt Rom erst nach der Wahl durch das Kapitel ins Spiel. Die Domherren haben «das Recht, aus der Diözesangeistlichkeit den Bischof zu wählen», der danach vom Papst zu bestätigen ist.[5] Das Domkapitel der Diözese Chur wählt aus einem römischen Dreiervorschlag. In den übrigen Schweizer Diözesen Lausanne, Sitten und Lugano dagegen ernennt der Papst die Bischöfe frei.

Im aktuellen römischen Kirchenrecht wird der Anschein erweckt, als ob die freie päpstliche Ernennung der Bischöfe dem *ius commune*, dem allgemein verbindlichen althergebrachten Recht der katholischen Kirche, entspricht, während alle übrigen Formen der Besetzung der Bischofsstühle, insbesondere das Wahlrecht der Domkapitel, eine Ausnahme darstellen, die auf spezielle päpstliche Privilegien zurückgehen. Diese Position hat der *Codex* von 1917 noch deutlicher als der von 1983 formuliert, indem er die Wahl des Bischofs durch ein Kollegium ausdrücklich als «Konzession» Roms bezeichnete.[6]

Historisch gesehen ist diese Behauptung des kirchlichen Gesetzbuches jedoch nicht zu halten, denn noch 1893 war in einem strengkirchlichen Lehrbuch des Kirchenrechts zu lesen: «Im heutigen Rechte bildet die Besetzung der Bischofssitze durch Wahl des Kapitels die vom ius commune vorgeschriebene Form.»[7] Fünfundzwanzig Jahre vor dem *Codex* stand also der freien Ernennung der Bischöfe durch den Papst die Bischofswahl durch die Domkapitel als *ius commune* und damit als Regelfall in Recht und Praxis gegenüber. Erst während des zwanzigsten Jahrhunderts konnte Rom das päpstliche Ernennungsrecht weitgehend durchsetzen und den Anschein erwecken, alle anderen Modelle der Besetzung der Bischofsstühle seien reine Gnadenakte des Heiligen Stuhls, in denen der Papst auf sein althergebrachtes, nur ihm zustehendes Recht großzügig verzichtete.

Tatsächlich stellt die freie päpstliche Ernennung von Bischöfen nur eines von mehreren Modellen in der Geschichte der Kirche dar. Und dieses kann sich weder auf ein besonders hohes Alter noch eine besonders breite Bezeugung in der Tradition der Kirche und schon gar nicht auf eine Weisung Jesu Christi stützen. Die alternativen Modelle für die Einsetzung der Bischöfe reichen nicht nur bis in die Formierungsphase der frühen Kirche zurück, sondern haben darüber hinaus auch den Vorteil, dass sie sowohl die Gläubigen einer Diözese als auch unterschiedliche Ebenen und Instanzen der Kirche in die Suche nach einem neuen Bischof einbeziehen.

Wie wird man Bischof? Ein Durchgang durch die Geschichte

In der alten Kirche kam der Gemeinde bei der Bischofswahl die entscheidende Rolle zu. Papst Leo der Große brachte diese Praxis im fünften Jahrhundert treffend auf den Punkt: «Wer allen vorstehen soll, muss auch von allen gewählt werden.»[8] Schon im ersten Clemens-Brief, der vom Ende des ersten Jahrhunderts datiert und den die römische Gemeinde nach Korinth geschrieben hatte, war zu lesen, dass die Vorsteher der Kirchengemeinde von Korinth «mit Zustimmung der ganzen Gemeinde eingesetzt» worden sind.[9] Auch Hippolyt von Rom unterstrich im Jahr 215 diesen Grundsatz: «Zum Bischof soll geweiht werden, wer vom ganzen Volk gewählt worden ist.»[10] Papst Coelestin I. machte deutlich, dass niemand einer Gemeinde als Bischof aufgezwungen werden dürfe, wenn er von ihr abgelehnt werde. Der heilige Ambrosius von Mailand, der selbst durch eine spontane Volksentscheidung zum Bischof erhoben worden war, schrieb 396 nicht zuletzt zur Legitimation seiner eigenen Wahl: «Zu Recht geht ein solcher Mann aus der Wahl hervor, den die gesamte Gemeinde gewählt hat. Zu Recht wird angenommen, dass derjenige durch göttliche Entscheidung gewählt wurde, den alle gefordert hatten.»[11]

Neben die Wahl des Bischofs durch die ganze Gemeinde traten im Lauf der Zeit zwei andere Faktoren, die mehr und mehr als konstitutiv für die Gültigkeit einer Bischofswahl angesehen wurden: Zunächst benötigte der neue Bischof die Zustimmung des Klerus seiner künftigen Diözese. Dann mussten sich auch die

Nachbarbischöfe mit der Wahl einverstanden erklären, und wenigstens drei von ihnen sollten ihm schließlich die Bischofsweihe erteilen. Im Zuge der Ausbildung der sogenannten Metropolitanverfassung, durch die mehrere Diözesen zu einer Kirchenprovinz zusammengefasst wurden, erhielt der Erzbischof als Vorsteher der Provinz eine immer stärkere Rolle. Er sollte die Weihe des Neugewählten vornehmen und im Idealfall bereits bei seiner Wahl durch Klerus und Volk anwesend sein. Dieses Konzept, das sich im vierten Jahrhundert etablierte, hatte Cyprian von Karthago schon in der Mitte des dritten Jahrhunderts angedeutet, als er schrieb, ein Bischof werde erhoben «aufgrund des Urteils Gottes und seines Gesalbten, aufgrund des Zeugnisses fast aller Kleriker, aufgrund der Abstimmung des damals anwesenden Volkes und der Zustimmung altbewährter Bischöfe».[12]

Bereits unmittelbar nach der sogenannten Konstantinischen Wende in der ersten Hälfte des vierten Jahrhunderts versuchten die römischen Kaiser, Einfluss auf die Besetzung der Bischofsstühle zu gewinnen und ein Ernennungsrecht durchzusetzen, was nur zum Teil gelang. Wo sich das Wahlrecht der Gemeinden behaupten konnte, geriet die Masse des gläubigen Volkes jedoch nach und nach in eine immer passivere Rolle. Nicht zuletzt durch das drastische Anwachsen der Gemeinden in den größeren Städten auf mehrere Tausend Seelen wurde die Bischofswahl immer mehr zur Angelegenheit des Klerus und einzelner politisch einflussreicher Persönlichkeiten des Laienstandes. Dem gemeinen Kirchenvolk blieb meistens nur noch die Akklamation, die aber nach wie vor als rechtsverbindlicher Bestandteil einer gültigen Wahl angesehen wurde. Jubelte das Volk nicht, wenn ihm wie noch heute bei der Papstwahl der Neugewählte präsentiert wurde, galt die Wahl als ungültig.

Nach der Epoche der Völkerwanderungen setzte sich in verschiedenen, neu entstehenden Reichen das Ernennungsrecht der Bischöfe durch die jeweiligen Könige durch. So beanspruchten die Karolinger dieses Recht genauso wie später die Ottonen, Salier oder Staufer. Hier rückte allerdings ein ganz anderer Aspekt immer mehr in den Vordergrund: Spätestens im Zuge des sogenannten ottonisch-salischen Reichskirchensystems im zehnten und elften Jahrhundert wurden die Bischöfe des Heiligen Römischen Reiches zu Reichsfürsten. Ein Fürstbischof war somit geistliches Oberhaupt einer Diözese und zugleich weltlicher Herrscher über ein politisches Territorium. Die deutschen Kaiser und Könige wollten ihre Herrschaft in erster Linie auf die Kirche und weniger auf ihre adeligen und hochadeligen Verwandten stützen, die nicht selten ganz im eigenen Interesse agierten. Fürstengewalt auf die Bischöfe zu übertragen, hatte den großen Vorteil, dass diese, anders als die weltlichen Fürsten, aufgrund der kirchlich vorgeschriebenen Zölibatsverpflichtung keine legitimen Nachkommen hatten, denen sie ihr Fürstentum vererben konnten. Deshalb fiel das Lehen nach dem Tod eines jeden Bischofs wieder zurück an den Kaiser, der damit immer wieder über einen großen Teil der Grundherrschaft im Reich neu verfügen konnte. Da aber das geistliche Fürstentum an das Amt des Bischofs gebunden war, musste der König den entscheidenden Einfluss auf die Besetzung der Bischofsstühle behalten, was faktisch darauf hinauslief, dass das Wahlrecht des Klerus ausgeschaltet wurde.

Gegen diese Praxis der «Laieninvestitur» erhoben insbesondere Papst Gregor VII. und seine Nachfolger Ende des elften Jahrhunderts entschiedenen Widerspruch, was zu heftigen Auseinandersetzungen zwischen Papst und Kaiser, dem sogenannten Investiturstreit, führte. Im Wormser Konkordat 1122 wurde nach langem Hin und Her ein Kompromiss gefunden, der die Wahl der Bischöfe zwar den an den Kathedralkirchen der Bischöfe bestehenden Klerikerkapiteln zuschrieb, gleichzeitig aber dem König die Möglichkeit eines Vetos gegen Kandidaten einräumte, die ihm politisch missliebig waren. Die Bischofswahl durch die Domkapitel musste *praesentia regis*, in Anwesenheit des Königs beziehungsweise seines Gesandten, erfolgen.

In den folgenden Jahrhunderten versuchten die Päpste wiederholt, einen entscheidenden Einfluss auf die Besetzung der Bischofsstühle zu erlangen. Es gelang ihnen zwar zunächst nicht, das Wahlrecht der Domkapitel auszuschalten, sie beanspruchten aber immer nachdrücklicher das Recht, den Gewählten zu bestätigen. Während des sogenannten Avignoneser Exils des Papsttums von 1309 bis 1377 behielt sich die Kurie erstmals die Besetzung aller Bischofsstühle vor. Hauptgrund dafür war der immense Finanzbedarf des päpstlichen Hofstaats, der unter dem Druck der französischen Krone von Rom nach Avignon verlegt worden war. Hier mussten zunächst einmal große Teile des Territoriums erworben und ein neuer Papstpalast gebaut werden. Dazu wurde das ausgeklügelte System des avignonesischen Fiskalismus entwickelt: Wer ein Bischofsamt in der Kirche anstrebte, musste zunächst für teures Geld eine Expektanz, also eine Anwartschaft, erwerben. Häufig vergab die Kurie gleich mehrere Anwartschaften für ein und denselben Bischofssitz. Wurde dieser Stuhl dann endlich vakant, ließ man sich in Avignon möglichst lange Zeit mit der Wiederbesetzung, weil alle Einnahmen zwischen dem Tod des Vorgängers und der Einsetzung des Nachfolgers, die sogenannten Interkalargefälle, dem Papst zustanden. Damit die Ernennungsurkunde ausgefertigt wurde, musste der Bischofskandidat teure Taxen bezahlen. Nicht selten wurde die päpstliche Kanzlei erst nach dem Einsatz hoher Bestechungsgelder tätig. Hatte der neue Bischof sein Amt dann endlich angetreten, waren auch noch die Annaten fällig: Er musste die Hälfte seines gesamten ersten Jahreseinkommens dem Papst abtreten.

Dieses Gebaren brachte den Päpsten nicht zu Unrecht den Vorwurf der Simonie ein, des Handels mit geistlichen Ämtern. Deshalb kritisierten die in den ersten Jahrzehnten des fünfzehnten Jahrhunderts stattfindenden Reformkonzilien von Konstanz und

Basel die päpstliche Besetzung der Bischofsstühle gegen Geld auf das Heftigste. Erst 1448 kam es schließlich im Wiener Konkordat für das Alte Reich zu einer Lösung, die bis 1803 in Kraft blieb: Die Päpste mussten auf ihr Ernennungsrecht grundsätzlich verzichten und die freie Bischofswahl durch die Domkapitel akzeptieren. Sie erhielten im Gegenzug ein formales Bestätigungsrecht, das in der Praxis aber fast keine Rolle spielte.

Zwar kehrte man mit dem Kapitelswahlrecht wieder zu einer alten, lange bewährten Praxis zurück, diese geriet jedoch schon sehr bald in Misskredit. Das hing im Wesentlichen mit der adeligen Exklusivität der Domkapitel zusammen. Faktisch waren diese in der Reichskirche weniger die Repräsentanten des Presbyteriums – also der Priesterschaft einer Diözese – als ein Versorgungsinstrument für die nachgeborenen Söhne des niederen und vor allem auch höheren Adels. Bei den Bischofswahlen ging es daher nicht vorrangig um die geistliche Eignung eines Kandidaten, sondern um den Aufstieg der eigenen Familie in den Reichsfürstenstand. War es den Mitgliedern des Domkapitels nicht möglich, einen der ihren auf den Bischofsstuhl zu bringen und waren sie gezwungen, einen hochadeligen auswärtigen Kandidaten zu wählen, ließ man sich seine Stimme eben teuer bezahlen. Bei einer ganzen Reihe von Wahlen in der Reichskirche wurden für die Domherren und, falls diese nicht käuflich waren, für ihre Mätressen oder Familienangehörigen erhebliche Bestechungssummen aufgewendet, sodass auch hier wiederholt der Vorwurf der Simonie erhoben wurde. Dieses Argument wurde von römischen Kanonisten gerne gebraucht, um die Besetzung der Bischofsstühle durch eine Wahl grundsätzlich infrage zu stellen und den angeblich stets korrupten Entscheidungen der Domkapitel die immer absolut uneigennützige Entscheidung des Heiligen Vaters, dem es nur um das Wohl der Kirche gehe, entgegenzustellen. Faktisch konnten die Päpste in der Frühen Neuzeit jedoch so gut wie keinen Einfluss auf die Besetzung der Bischofsstühle ausüben. Während sie im Reich das Wahlrecht der Kapitel akzeptieren mussten, besaßen in anderen Staaten meistens die jeweiligen Könige das Ernennungsrecht.

Nur wenn es bei einer Bischofswahl in der Reichskirche Streitigkeiten gab, wenn sich ein Kapitel nicht auf einen Kandidaten einigen konnte oder es sogar zu einer Doppelwahl kam, kam der Papst ins Spiel, denn dann wandten sich beide Parteien an ihn, um von ihm die Bestätigung ihrer Wahl zu erhalten. Die Akten der Konsistorialkongregation, die heute den Namen Kongregation für die Bischöfe trägt, vermitteln beispielsweise von den Vorgängen in Münster im Jahr 1705 ein plastisches Bild: Das Domkapitel war so zerstritten, dass die Mitglieder am Wahltag nicht einmal mehr gemeinsam das Wahllokal aufsuchten. Vielmehr wählte die eine Gruppe im Kapitelsaal, die andere Gruppe in der Domsakristei. Beide wollten als erste fertig sein, um ihren Kandidaten auf dem Bischofssitz der Kathedrale inthronisieren zu können. Da der Weg von der Sakristei in die Kirche kürzer war als der vom Kapitelsaal, war die dort tagende Partei wenige Sekunden früher in der Kirche und hatte schon die erste Zeile des notwendigen *Te Deums* gesungen, als die zweite Partei mit ihrem Kandidaten hereinstürmte und nun ebenfalls mit dem «Großer Gott, wir loben dich» begann. Die Dissonanzen dieses Gotteslobs kann man sich unschwer vorstellen. Die Kardinäle der Konsistorialkongregation hatten jedoch überraschenderweise ein ganz anderes Problem: Sie versuchten zu ergründen, bei welchem Kandidaten die Zustimmung des Volkes durch Akklamation eindeutiger gewesen war – ein Unterfangen, das sich angesichts des Stimmenchaos im Münsteraner Dom als unmöglich erwies.

Immerhin zeigt dieser Versuch, dass man in Rom zu Beginn des achtzehnten Jahrhunderts die Zustimmung des Volkes nach erfolgter Wahl offenbar immer noch als konstitutiv für deren Gültigkeit erachtete – eine Position, die später in der Kurie in Vergessenheit geraten sollte. Schließlich verwarf man beide Wahlen.

Rom ließ aber keinen weiteren Wahlgang durch das Domkapitel zu, sondern erklärte dessen Wahlrecht durch die Doppelwahl für erloschen. Der Papst ernannte aus eigener Machtvollkommenheit den von der Mehrheit des Kapitels gewählten Kandidaten zum Bischof von Münster. In der Konsistorialkongregation ging es nicht um die Person, sondern um das Prinzip: Endlich konnte man in Deutschland mit seinen selbstherrlichen Domherren der Reichskirche einmal das päpstliche Ernennungsrecht durchsetzen, wie die Kardinäle der Kongregation befriedigt feststellten.

Der Papst besaß – neben dem Fall einer Doppelwahl – aber noch eine zweite Einflussmöglichkeit: Das Konzil von Trient hatte nämlich im sechzehnten Jahrhundert die Leitung mehrerer Bistümer durch einen einzigen Bischof, die sogenannte Kumulation von Bischofsstühlen, ausdrücklich verboten. Die Bischöfe sollten als Hirten ihrer Herde am Bischofssitz wohnen und hier seelsorgerlich tätig sein. Die politische Situation nach der Reformation führte allerdings in Deutschland zu einer massiven Bedrohung einer Reihe katholischer Bischofssitze durch evangelische Potentaten, insbesondere im deutschen Nordwesten. Diese konnten nur dadurch dem katholischen Glauben erhalten werden, dass sie unter der Führung eines hochadeligen Bischofs aus einer starken Dynastie mit reichen und auch militärisch starken Fürstbistümern verbunden wurden. So waren etwa Lüttich, Hildesheim oder Münster häufig mit Köln kumuliert, das über drei Jahrhunderte ununterbrochen in der Hand eines Fürstbischofs aus dem Hause Wittelsbach-Bayern war. Dies konnte aber jeweils nur mit einem päpstlichen Dispens geschehen, den Rom sich immer teuer bezahlen ließ.

Durch die Französische Revolution von 1789 und die Säkularisationen zu Beginn des neunzehnten Jahrhunderts fand nicht nur die tausendjährige Reichskirche ihr Ende, zugleich wurden auch die Karten für die Besetzung der Bischofsstühle ganz neu gemischt. Zahlreiche Katholiken in Deutschland waren durch die von Napoleon durchgesetzte territoriale Neuordnung unter protestantische Herrschaft geraten. Die Diözesangrenzen mussten den neuen politischen Grenzen angepasst werden. Insbesondere zwei Akteure versuchten, ihren Einfluss auf Kosten der Domkapitel auszudehnen: einerseits der Papst, der nun endlich ein entscheidendes Wort bei der Besetzung der Bischofsstühle mitreden wollte, und andererseits die Landesherren, die ihre Bischöfe als Landesbeamte betrachteten. Gerade die evangelischen Fürsten wollten in juristischer Hinsicht auch die Funktion eines katholischen Landesbischofs übernehmen, schließlich gab es in den protestantischen Kirchen schon seit der Reformation den sogenannten Summepiskopat, wonach der Landesherr zugleich der oberste Bischof seiner Landeskirche war. Den Bischof brauchte man nur als «Weiher und Salber».

Lösungen wurden schließlich nur auf der Ebene der einzelnen Staaten gefunden, denn sowohl die Kurie als auch die Landesherren lehnten eine einheitliche Regelung für den Deutschen Bund ab, weil sie ein Wiederauferstehen der Reichskirche mit einem starken Primas an der Spitze fürchteten. So erhielt der katholische König in Bayern durch das Konkordat mit dem Heiligen Stuhl aus dem Jahr 1817 das Nominationsrecht für alle Bischöfe, die der Papst zu bestätigen hatte. Rom war jedoch nicht bereit, auch evangelischen Fürsten das Ernennungsrecht zuzugestehen. Deshalb kam es in den Vereinbarungen mit Preußen, Hannover und den Oberrheinischen Staaten zu einem Kompromiss: Die Domkapitel behielten das Wahlrecht, mussten sich jedoch bei der Aufstellung ihrer Kandidatenliste vorab bei der zuständigen Regierung versichern, dass keiner der Kandidaten dem Landesherrn «minder genehm» war.[13] Dies führte dazu, dass formal zwar die Domkapitel wählten, faktisch aber niemand ohne vorherige Zustimmung des Landesherrn ins Bischofsamt kommen konnte, was – zugespitzt formuliert – letztlich auf ein Nominationsrecht katholischer Bischöfe durch evangelische Fürsten hinauslief.

Was ist ein guter Bischof? «Nur einmal verheiratet»

Der Durchgang durch die Kirchengeschichte hat gezeigt, und hier ist dem Passauer Kirchenhistoriker Anton Landersdorfer ausdrücklich zuzustimmen, dass es im Hinblick auf die Vielzahl der Besetzungsmöglichkeiten der Bischofsstühle «keine göttlich geoffenbarte Verfahrensweise gibt und infolgedessen keine der bisher gefundenen und praktizierten Lösungen den Anspruch der Absolutheit und Vollkommenheit erheben darf».[14] Mit anderen Worten: Die freie Ernennung der Bischöfe durch den Papst ist kein Dogma, sondern eine historisch relativ späte Erscheinung, die noch dazu durch ihre fiskalistische Ausnutzung während des Avignonesischen Exils diskreditiert ist. Die Tradition der Kirche hält im Gegenteil für das Verfahren der Besetzung der Bischofsstühle mehrere alternative, zum Teil auch miteinander kombinierbare Optionen bereit, die sich an folgenden grundlegenden Einsichten orientieren: Ohne die Wahl durch das Volk sollte niemand Bischof werden; niemand darf den Gläubigen einer Diözese gegen deren Willen aufgezwungen werden; ohne die Zustimmung des Klerus soll niemand als Bischof eingesetzt werden; ohne die Akzeptanz durch den Metropoliten und die Nachbarbischöfe kann niemand die Bischofsweihe erhalten; ohne den kritischen Blick auf die politischen und gesellschaftlichen Verhältnisse kann niemand sein Bischofsamt gedeihlich ausüben; und ohne Bestätigung durch den Papst kann kein Bischof sein Amt in der Einheit der Weltkirche wahrnehmen.

Was für den Modus der Bischofswahl gilt, gilt unverkürzt auch für das Profil eines Bischofskandidaten. Auch hier können die derzeit gültigen Vorgaben des offiziellen römischen Fragebogens keinerlei letztverbindlichen Charakter beanspruchen. Zu diesen Vorgaben zählen die «treue Anhänglichkeit an die Lehre und das

Lehramt der Kirche» etwa im Hinblick auf die Unmöglichkeit der Priesterweihe von Frauen und die Aussagen zur Empfängnisregelung der Enzyklika «Humanae Vitae» von 1968, das stete Tragen «der geistlichen Kleidung», der Gehorsam gegenüber dem Heiligen Vater sowie die «marianische Frömmigkeit».[15] Ob damit wirklich die entscheidenden Eigenschaften eines heutigen Bischofs benannt sind, darüber lässt sich trefflich streiten. Wie die Kirchengeschichte zeigt, haben sich die Kriterien für einen «guten Bischof» im Laufe der Zeit immer wieder verändert. Wer ein biblisches Anforderungsprofil für einen Bischof sucht, der sei auf das dritte Kapitel des ersten Briefs an Timotheus verwiesen, wo es heißt: «Wenn einer das Amt eines Bischofs anstrebt, begehrt er eine schöne Aufgabe. Der Bischof muss ein Mann ohne Tadel sein, nur einmal verheiratet, nüchtern, besonnen, ordentlich, gastfreundlich, erfahren in der Lehre, kein Trunkenbold und Schläger, sondern milde, nicht streitsüchtig und nicht geldgierig. Er soll ein guter Familienvater sein und seine Kinder zu Gehorsam und allem Anstand erziehen. Denn wer seinem eigenen Haus nicht vorstehen kann, wie soll der sich um die Kirche Gottes kümmern können?»[16]

2. Bischöfinnen
Frauen mit Vollmacht

Mächtige Äbtissinnen

In der Zisterzienserinnen-Abtei Las Huelgas bei Burgos in Spanien wird eine neue Äbtissin gewählt. Nach ihrer Weihe wird sie zum Zeichen ihrer Amtsübernahme auf den Altar gesetzt. Anschließend nimmt sie auf einem Thronsessel unter einem Baldachin Platz. Sie trägt dabei ein Gewand, das an einen Rauchmantel erinnert, und auf dem Kopf eine Mitra. An ihrem Finger steckt ein Ring, in der Hand hält sie einen Krummstab. So empfängt sie die Bischöfe der Nachbardiözesen, die ihrer neuen «Collega» die Reverenz erweisen und den brüderlichen Kuss geben.

Diese Szene spielte sich nicht nur einmal ab, sondern ist so oder so ähnlich in der über siebenhundertjährigen Geschichte des spanischen Frauenklosters immer wieder bezeugt. König Alfons VIII. von Kastilien hatte dieses 1187 am Jakobsweg bei Burgos gegründet. Bereits im folgenden Jahr verlieh Papst Clemens III. dem Kloster Immunität, wodurch er es der Jurisdiktion des Bischofs von Burgos entzog. Darüber hinaus legte er fest, dass prinzipiell kein Bischof ohne Zustimmung der Äbtissin das Territorium der Abtei betreten, geschweige denn ohne ausdrückliche Beauftragung durch sie dort bischöflich tätig werden dürfe. Im Jahr 1199 stimmten der Erzbischof von Toledo, der Bischof von Burgos und acht weitere spanische Bischöfe dieser Sonderstellung der Äbtissin von Las Huelgas ausdrücklich zu. Sie akzeptierten zugleich, dass der Papst alle spanischen Zisterzienserinnenabteien der geistlichen und weltlichen Aufsicht der Äbtissin von Las Huelgas unterstellte. Damit wurde diese nicht nur eine mächtige Landesherrin, sondern erhielt auch im geistlichen Bereich eine außerordentlich privilegierte Stellung, die in der Forschung immer wieder als «quasi-episkopal» – wie ein Bischof – bezeichnet wurde.[1]

Auch die Äbtissinnen selbst beriefen sich in allen Verlautbarungen, Edikten und Dokumenten auf diese jurisdiktionelle Vollmacht im geistlichen Bereich, indem sie darauf hinwiesen, dass sie aufgrund päpstlicher und königlicher Privilegierungen keiner Diözese unterstanden, und «quasi-episkopal» agierten.[2]

Josemaría Escrivá de Balaguer, dem wir eine gründliche Studie über die Geschichte der Abtei von Las Huelgas verdanken, hat gezeigt, dass die Äbtissin nicht weniger als dreiundzwanzig Rechte wahrnahm, die sonst nur einem Bischof zustanden.

So gehörten zur Abtei siebzig Pfarreien, die mit ihrem Klerus der Jurisdiktion der Äbtissin unterstanden. Sie vergab alle kirchlichen Stellen, Benefizien und Pfründen, sie hatte die Oberaufsicht über die Seelsorge, sie ernannte die Pfarrer und Kapläne und setzte sie ab. Wie ein Bischof übertrug sie den Geistlichen ihres Sprengels die Vollmacht zum Messelesen und die Erlaubnis, in den Pfarreien und den der Abtei unterstellten Klöstern zu predigen. Sie stellte den Klerikern das Zelebret aus, also die Bescheinigung, dass sie in der Lage seien und die Erlaubnis hätten, die Heilige Messe zu lesen. Wie es sonst nur Bischöfe konnten, erteilte sie den Beichtvätern die Vollmacht zur Lossprechung von Sünden. Ohne ihre ausdrückliche Erlaubnis durfte kein fremder Priester auf dem Gebiet der Abtei seelsorgerlich tätig werden.

Die Äbtissin hielt wie ein Bischof in ihrem Sprengel regelmäßig Synoden ab, die unter ihrem Vorsitz stattfanden, und ernannte die Richter des kirchlichen Ehegerichts. Sie erteilte Dispensen, zum Beispiel beim Ehehindernis der Blutsverwandtschaft, etwa wenn Cousin und Cousine einander heiraten wollten, und unterschrieb Urteile bei der Annullierung kirchlich ungültiger Ehen. Als oberste Richterin in kirchlichen Angelegenheiten verhängte sie Kirchenstrafen und zensurierte sogar Schriften, die ihr für den Glauben gefährlich erschienen. Alle Novizinnen mussten bei der Profess ihr Bekenntnis kniend vor der Äbtissin ablegen, die auf der Kathedra saß, und ihr Ehrerbietung und Gehorsam versprechen, wie angehende Priester bei der Weihe ihrem Bischof. Als Generaläbtissin von zwölf spanischen Zisterzienserinnenklöstern ernannte sie die Äbtissinnen, Priorinnen und andere klösterliche Dignitäten in diesen Abteien und versetzte Äbtissinnen und Nonnen von einem Kloster ins andere. Außerdem hielt sie nach dem Vorbild der männlichen Zisterzienserverbände regelmäßig Generalkapitel unter ihrem Vorsitz ab. Und sie fungierte zugleich als Leiterin des königlichen Hospitals in Burgos, das von einem männlichen Ritterorden geführt wurde.

Der Bischof von Burgos versuchte mehrmals, diese selbstbewussten Frauen unter seine Kuratel zu stellen und ihre bischöfliche Jurisdiktion zu beenden. Die spanische Krone und die Päpste wiesen dieses Anliegen aber als unstatthaft zurück und bestätigten die Stellung der Äbtissin wiederholt. Am massivsten versuchten die Bischöfe nach Abschluss des Konzils von Trient, angeregt durch das dort propagierte Bischofsideal, die Exemtionen der Klöster und insbesondere der Frauenorden – also die Herausnahme aus dem Bereich der bischöflichen Zuständigkeit – zurückzudrängen. So kündigte der damalige Bischof von Burgos, Kardinal Francisco de Mendoza y Bobadilla, eine Visitation in Las Huelgas und dem königlichen Hospital an, um dem Kirchenrecht, so wie er es verstand, dort endlich Geltung zu verschaffen. Es gelang der Äbtissin Doña Catalina Sarmiento jedoch mit königlicher und päpstlicher Unterstützung, diese Visitation verbieten zu lassen. Doña Catalina erhielt erneut die Bestätigung, dass sie über Kloster und Hospital die volle Jurisdiktion besitze, sowohl in weltlichen als auch in geistlichen Angelegenheiten, «quam in spiritualibus tam in temporalibus».[3]

Die Äbtissinnen nahmen gleichwohl regelmäßig die Hilfe eines Bischofs in Anspruch, um Pontifikalhandlungen vorzunehmen, etwa um Priester, Kirchen und Kapellen oder die heiligen Öle am Gründonnerstag zu weihen. Ein Bischof durfte aber nur dann die Abtei betreten, wenn die Äbtissin ihn ausdrücklich dazu beauftragt hatte.

Die Äbtissinnen von Las Huelgas scheinen sich jedoch nicht immer mit der bischöflichen Jurisdiktionsvollmacht begnügt, sondern auch liturgische und sakramentale Handlungen vorgenommen zu haben. Pius Bonifacius Gams spricht in seiner *Kirchengeschichte von Spanien* in diesem Zusammenhang von «schweren Excessen».[4] Dahinter verbirgt sich der Vorwurf, die Äbtissinnen hätten wiederholt Funktionen ausgeübt, für die eine sakramentale Weihe die Voraussetzung war. So trugen sie beispielsweise das Evangelium vor, predigten im Gottesdienst, spendeten den Novizinnen den Segen, nahmen ihren Schwestern die Beichte ab und sprachen sie von ihren Sünden los. Um jedoch das Evangelium in der Messe verkünden und in der Predigt auslegen zu dürfen, musste man nach den Vorschriften des Kirchenrechts zumindest die Diakonenweihe empfangen haben. Demnach hätten die Äbtissinnen ihre Weihe zumindest als Diakonatsweihe angesehen. Jedenfalls kam es zu Beginn des dreizehnten Jahrhunderts darüber zu heftigen Auseinandersetzungen. Innozenz III. verbot 1210 solche liturgischen Akte der Äbtissin, während er «die Ausübung der quasibischöflichen Jurisdiktion und die Wahrnehmung anderer Privilegien» bestätigte.[5] Ob sich die Äbtissinnen stets an dieses päpstliche Verbot gehalten haben, ist umstritten. Die quasibischöfliche Jurisdiktion der Äbtissinnen von Las Huelgas bestand jedenfalls bis 1873. Erst Pius IX. gelang es, die Abtei in die Erzdiözese Burgos einzugliedern und die Äbtissin dem dortigen Erzbischof zu unterstellen.

Las Huelgas ist kein Einzelfall. Vom frühen Mittelalter bis zum Beginn der Neuzeit lassen sich zahlreiche Äbtissinnen finden, die eine umfassende geistliche Vollmacht wahrnahmen. Am häufigsten wird in der Literatur die Äbtissin von Conversano in Süditalien genannt, die sich selbst gerne als Bischöfin inszenierte. So trug sie bei allen öffentlichen Auftritten die Mitra, das Brustkreuz, den Stab und bischöfliche Gewänder. Die Gegner einer solchen weiblichen Vollmacht in der Kirche diffamierten sie deshalb als «Monstrum Apuliae».[6] Der Historiker Michael von Fürstenberg kommt auf nicht weniger als zwei Dutzend Frauenabteien, in denen die Äbtissinnen eine mehr oder weniger umfassende quasi-episkopale Funktion ausübten. In der Reichskirche waren dies neben der weithin bekannten Fürstäbtissin von Essen die Äbtissinnen von Elten, Gandersheim, Quedlinburg, Thorn und Regensburg. Dazu kamen im lothringischen Bereich Andenne, Andlau, Mons, Nivelles, Remiremont und Woffenheim, in Burgund Bourbourg, Faremoutiers, Fontevrault, Jouarre und Montivilliers, in Italien Aquileja, Brescia, Brindisi, Fucecchio und Goleto sowie Kildare in Irland und Sigena in Spanien. Die Liste ließe sich sicher noch erweitern, wenn man etwa an die Fürstäbtissin von Buchau am Federsee denkt. Die Frauen in diesen Klöstern verfügten weitgehend über dieselben Kompetenzen wie die Äbtissinnen von Las Huelgas. Sie errichteten wie ein Bischof Pfarreien und wachten über die Seelsorge.

Äbtissinnenweihe und Bischofsweihe

Die entscheidende Frage lautet: Worauf gründen die Äbtissinnen diese quasi-episkopale Vollmacht? Die Forschung hat auf diese Frage bislang keine eindeutige und vollständig überzeugende Antwort gegeben.

Eine erste Antwort auf diese Frage scheint sich geradezu aufzudrängen. Wenn eine Äbtissin das macht, was eigentlich einem Bischof vorbehalten ist, dann muss sie auch das haben, was einen Bischof nach der Lehre der Kirche zum Bischof macht: die Bischofsweihe oder zumindest ein Äquivalent. Dann wäre die Äbtissinnenweihe eine Art Bischofsweihe. Offenbar haben manche Äbtissinnen ihre Weihe in der Tat als sakramentale Weihe verstanden, indem sie liturgische und teilweise sogar sakramentale Funktionen für sich beanspruchten, die zumindest die Diakonatsweihe zur Voraussetzung hatten. Jedoch wird nirgendwo darüber berichtet, dass Äbtissinnen selbst Weihen vorgenommen hätten, die einem geweihten Bischof vorbehalten waren. Das lässt die Gleichsetzung der Äbtissinnenweihe mit der Bischofsweihe fragwürdig erscheinen. Was war die Äbtissinnenweihe aber dann? Eine Diakonatsweihe oder eine eigene Weihestufe neben Bischofs-, Priester- und Diakonenweihe? Oder handelte es sich bei der Äbtissinnenweihe trotz ihres Namens doch nur um eine nichtsakramentale *Benedictio*, also eine Einsegnung, und nicht um eine *Ordinatio*, also eine sakramentale Weihe?

Als entscheidendes Kriterium für das Weihesakrament gilt, wie beim Sakrament der Taufe, die Verleihung des sogenannten *Character indelebilis*, die Einprägung eines unauslöschlichen Merkmals. Wenn man die Abts- und Äbtissinnenweihe als eine bloße Einsegnung und nicht als Sakrament ansieht, wäre sie, zum Beispiel wenn ein Abt von einem Kloster zu einem anderen wechselt, prinzipiell wiederholbar. Aber die Abtsweihe benötigt diese Wiederholung offenbar nicht, wie der Fall eines bayerischen Benediktinerabtes zeigt, der 2010 von seinem Amt zurücktrat, im selben Jahr jedoch erneut von seinem Konvent gewählt wurde, freilich ohne noch einmal zum Abt geweiht zu werden. Demnach wurde die Abtsweihe hier nicht als eine bloße Benediktion angesehen. Ihr wurde offenbar wie einem Sakrament ein unauslöschlicher Charakter zugesprochen – ohne dass deswegen schon zwangsläufig feststeht, dass sie als Ordination verstanden wurde. Dieser

Umstand zeigt, dass die Abgrenzung von Benediktion und Ordination auch heute nicht so eindeutig ist, wie immer wieder behauptet wird. Im Hinblick auf die Äbtissinnenweihe ist darüber hinaus zu beachten, dass der Sakramentenbegriff erst in der scholastischen Theologie des Hochmittelalters seine entscheidende Ausprägung erhielt und dass es bis dahin unterschiedliche Auffassungen über die Anzahl der Sakramente gab. Sie schwankt zwischen fünfzehn und dreißig. So galt etwa auch die Königssalbung als ein Sakrament, das dem König beispielsweise das Recht verlieh, wie ein Diakon während der Heiligen Messe das Evangelium zu verkünden.

Eine Möglichkeit, hier zu mehr Klarheit zu kommen, bietet ein Blick in die Liturgiegeschichte und die bei der Äbtissinnenweihe verwendeten Texte. Ein einheitliches Formular existiert nicht, vielmehr sind ganz unterschiedliche Riten für die Äbtissinnenweihe überliefert. In Spanien erhielten die Äbtissinnen meistens Stab und Mitra, um zum Ausdruck zu bringen, dass sie wie ein Hirte ihre Gemeinschaft zu leiten hatten. Im römisch-deutschen Pontifikale gab es zwei Ordinationsriten für Äbtissinnen: einen für die Vorsteherinnen der Kanonissenkonvente, die Fürstäbtissinnen der Reichskirche, und einen für Äbtissinnen der alten Frauenorden wie der Benediktinerinnen und Zisterzienserinnen. Interessanterweise beinhalten beide Riten ein Gebet, das mit «Erhöre, o Gott, unsere Bitten» – «Exaudi, Domine, preces nostras» – beginnt und das auch Bestandteil der Diakonenweihe war. Das spricht dafür, dass es im frühen und hohen Mittelalter eine gewisse Nähe der Äbtissinnenweihe zur Diakonatsweihe gegeben haben könnte. Die Nachrichten darüber, dass Äbtissinnen regelmäßig das Evangelium vortrugen und predigten, legen nahe, dass sich diese aufgrund ihrer Weihe selbst zumindest als Diakoninnen verstanden, auch wenn der Papst dies zurückwies und die strengkirchliche Forschung des neunzehnten Jahrhunderts darin nur schlimme Exzesse erkennen konnte.

Interessanterweise gibt es Hinweise darauf, dass auch die Weihe von (männlichen) Äbten nicht nur jurisdiktionelle, sondern auch liturgisch-sakramentale Vollmachten vermittelte, die immer eng mit einer sakramentalen Weihe verbunden waren. Wie der Tübinger Kirchenhistoriker Rudolf Reinhardt in seinen Studien zur Fürstpropstei Ellwangen im siebzehnten und achtzehnten Jahrhundert gezeigt hat, strebten die Fürstpröpste, die meist die Priesterweihe empfangen hatten, darüber hinaus eine Abtsweihe an. Denn diese ermöglichte es ihnen, Pontifikalhandlungen vorzunehmen und wie Bischöfe aufzutreten, obwohl es ihnen nicht gelungen war, die Propstei in ein Bistum umwandeln zu lassen. Reinhardt sah deswegen, gestützt auf Quellen der Zeit, die Abtsweihe als «Ersatzbischofsweihe» oder «kleine Bischofsweihe» an.[7] Die Frage ist, ob diese Bezeichnungen auch auf die Weihe von Frauen, also der Äbtissinnen, übertragen werden können.

Wenn es, kirchenrechtlich gesehen, Unterschiede zwischen der Weihe eines Abtes und einer Äbtissin geben sollte, haben sich diese zumindest nicht im Ritus niedergeschlagen. Das Römische Pontifikale differenziert hier jedenfalls nicht. Schon der Liturgiehistoriker und Benediktiner Pierre de Puniet hat darauf hingewiesen, dass in der römischen Tradition «größte Einheit herrscht im Ritus der äbtlichen Benediktion, handle es sich nun um einen Abt oder um die Erteilung an eine Äbtissin».[8]

Bezeichnenderweise sprechen die Quellen aber bei der Abts- und Äbtissinnenweihe nicht durchgängig von einer Benediktion, sondern verwenden in Anlehnung an Gregor den Großen immer wieder auch den Begriff der *Ordinatio*, also der sakramentalen Weihe. Schaut man die einschlägigen Formulierungen im Ritus des Römischen Pontifikale an, so wird deutlich, dass hier wie bei der Bischofsweihe eine Handauflegung stattfindet und ebenfalls ein konsekratorisches Weihegebet gesprochen wird, in dem davon die Rede ist, dass die Äbtissin die ihr anvertraute Kirche regieren und leiten möge. Das weist auf eine Jurisdiktion hin, die durch die Weihe übertragen wird. Diese Formulierungen im Ritus der Äbtissinnenweihe, «die ganz einfach den Text der Bischofsweihe wiedergeben», haben den Liturgiehistoriker Puniet offenbar so irritiert, dass er meinte, nach den Formulierungen des Rituales mute die Äbtissinnenweihe zwar wie eine Bischofsweihe an, die Kirche könne aber das, was im Text steht, so nicht gemeint haben: Weil nicht sein kann, was nicht sein darf. «Die Kirche setzt ihr Vertrauen darein und lässt diese etwas kräftigen Worte der Liturgie sprechen, ohne sich allzu viel um die Bedenken der Gelehrten zu kümmern.» Am Schluss sieht sich Puniet dann aber doch genötigt, den von ihm erwarteten korrekten klerikalen Standpunkt einzunehmen und klarzustellen: «Ohne dass es notwendig sein dürfte, an die Untauglichkeit der Frauen für den Empfang einer Teilhabe am heiligen Altardienste zu erinnern, ist es klar, dass die äbtliche Benediktion weder sakramentalen Charakter noch Ordinationsgnade verleiht, obgleich es scheint, dass sie bisweilen als eine Art Erweiterung der Diakonenweihe betrachtet wurde.»[9]

Die gewundene Argumentation des gelehrten Benediktiners macht hellhörig und weist auf Ungereimtheiten in der Interpretation der Äbtissinnenweihe hin: Wenn bei dieser über weite Strecken einfach der Text der Bischofsweihe verwendet wird, sind dann nicht die Einwände der Gelehrten gerechtfertigt, die Äbtissinnenweihe gleiche in vielerlei Hinsicht doch einer Bischofsweihe? Und wenn die Kirche das nicht meint, was im Text ihres Rituales steht, warum wurde der Ritus dann über Jahrhunderte hinweg unverändert überliefert?

Die Tradition dieses Ritus endete erst – und ausgerechnet – nach dem Zweiten Vatikanischen Konzil. Die Reform der Äbtissinnenweihe im neuen Pontifikale von 1970 zeigt, für wie gefährlich die Ähnlichkeit des Rituals der Äbtissinnenweihe mit der Bischofsweihe im zwanzigsten Jahrhundert gehalten wurde: Alle an die Bischofsweihe gemahnenden Passagen wurden gestrichen und der ganze Akt auf eine harmlose Einsegnung der Äbtissin reduziert, um alles zu vermeiden, was irgendwie an die Weihe von Frauen erinnert hätte.

Bischöfe und Kardinäle ohne Weihe

Die quasi-episkopalen Vollmachten der Äbtissinnen können allerdings auch erklärt werden, ohne auf eine sakramentale Weihe oder gar die Ordination der Äbtissinnen zurückgreifen zu müssen. Anknüpfungspunkt hierfür ist eine lange bekannte Tatsache aus der Geschichte der Reichskirche, in der es seit dem Hochmittelalter zu einer Doppelstellung der Fürstbischöfe kam. Diese geboten als Fürsten des Reichs einerseits über ein weltliches Territorium und waren als Bischöfe andererseits die geistlichen Leiter einer Diözese. Dieser Umstand machte das Bischofsamt insbesondere nach dem Westfälischen Frieden von 1648 auch für hochadelige Bewerber aus den großen Dynastien des Reiches wie die Habsburger, Wittelsbacher, Lothringer oder Pfalz-Neuburger interessant. Ein Erfolg in der Reichskirche hatte zur Voraussetzung, möglichst viele Fürstbistümer möglichst dauerhaft in Familienhand zu bringen. Ein wichtiges Instrument war dabei die Koadjutorie: Ein Bischof ließ dabei einen seiner Neffen vom betreffenden Domkapitel zum «Helfer» wählen, der ihm nach seinem Tod unmittelbar nachfolgte. Er vererbte so sein Amt auf die nächste Generation des Hauses. Obwohl das Konzil von Trient die Kumulation von Diözesen verboten hatte, erlaubten die Päpste sie hochadeligen Kandidaten wiederholt, nicht selten mit dem Argument, sie sei notwendig, um protestantische Einflüsse abzuwehren.

Einer der erfolgreichsten Pfründenjäger war Franz Ludwig von Pfalz-Neuburg, der von 1664 bis 1732 lebte. Er war Fürstbischof von Breslau und Worms, Hoch- und Deutschmeister des Deutschen Ordens, Fürstpropst von Ellwangen, Koadjutor in Mainz und Kurfürst-Erzbischof von Trier, später dann auch von Mainz – und das sind nur die wichtigsten Ämter. Als gerade Neunzehnjähriger war er in Breslau inthronisiert worden und amtierte von da an ein halbes Jahrhundert lang bis zu seinem Tode als Bischof und Erzbischof von mindestens vier Diözesen, ohne jemals die Bischofsweihe empfangen zu haben. Aber damit nicht genug: Er gehörte definitiv nicht zum «ordo», weil er Zeit seines Lebens überhaupt keine höhere Weihe empfing, also auch nicht die Diakonats- oder die Priesterweihe. Franz Ludwig amtierte sogar vier Jahre als Fürstbischof von Breslau, ohne auch nur die Subdiakonatsweihe empfangen zu haben. Und er war kein Einzelfall; was für ihn gilt, gilt auch für seinen Bruder Ludwig Anton und für zahlreiche weitere Prinzen aus hochadeligen Häusern.

Aber wie kann jemand als Bischof agieren, ohne die entsprechende Weihe empfangen zu haben? Um das zu verstehen, muss man genau zwischen den jurisdiktionellen kirchenrechtlichen Akten und den liturgisch-sakramentalen Funktionen unterscheiden. Ohne Priester- und Bischofsweihe konnten die hochadeligen Fürstbischöfe der Reichskirche selbstverständlich kein feierliches Pontifikalamt feiern, sie konnten weder Priester konsekrieren noch die heiligen Öle weihen, sie waren auch nicht in der Lage, das Sakrament der Firmung zu spenden oder im Gottesdienst auch nur zu predigen. Und sie taten dies auch nicht. Dafür hatten sie ihre Weihbischöfe, zumeist aus bürgerlichem oder niederadeligem Stand. Aber Weihbischöfe und Pfarrer ein- und absetzen, Pfarreien errichten und aufheben, Synoden abhalten und Visitationen durchführen, Ehedispense erteilen, dem kirchlichen Gericht vorsitzen und Zensur ausüben – diese und viele andere jurisdiktionelle Vollmachten übten die nicht-geweihten Bischöfe ganz selbstverständlich aus.

Dies wurde dadurch möglich, dass das klassische Kirchenrecht, wie es sich im *Corpus Iuris Canonici* niedergeschlagen hat, und auch noch das neue zentralistische kirchliche Gesetzbuch von

1917 zwischen der *potestas ordinis*, der Weihevollmacht, und der *potestas iurisdictionis*, der Leitungsvollmacht, unterschieden. Die Kompetenzen zur sakramentalen Ausübung – und nur diese – erhielt der Bischof durch die Weihe. Diese Kompetenzen zur Feier der Liturgie und Spendung der Weihen hatte selbstverständlich auch ein Weihbischof, der aber über keinerlei Vollmacht zur rechtlichen Leitung einer Diözese verfügte. Die *potestas iurisdictionis* hingegen wurde durch «kanonische Sendung», das heißt «durch einen nicht sakramentalen Akt verliehen».[10] Im Klartext: Ein Bischof, egal ob geweiht oder nicht geweiht, erhielt die Fakultäten, die Vollmachten zur Leitung seiner Diözese, erst durch päpstliche Beauftragung. Sie konnten entweder ohne zeitliche Befristung oder auf fünf Jahre beschränkt erteilt werden.

Ein ganz ähnliches Phänomen lässt sich am Kardinalskollegium beobachten: Seit der Frühen Neuzeit bis weit ins neunzehnte Jahrhundert hinein gab es eine beträchtliche Anzahl von Kardinälen, die weder die Priester- noch die Bischofsweihe empfangen hatten und trotzdem im Auftrag der Päpste wichtige Funktionen in der Kurie ausübten, etwa als Präfekten von Kongregationen. Das bekannteste Beispiel dürfte Ercole Consalvi sein, der von 1757 bis 1824 lebte und seit 1783 an der Römischen Kurie tätig war. Consalvi erhielt 1800 den Kardinalspurpur und wurde gleichzeitig zum Staatssekretär ernannt – ohne eine höhere Weihe empfangen zu haben. Im Dezember 1801 wurde er immerhin zum Diakon geweiht. Consalvi gilt als einer der erfolgreichsten und mächtigsten Kardinalstaatssekretäre in der neueren Geschichte des Papsttums. Ihm und seinem diplomatischen Geschick war es zu verdanken, dass der Wiener Kongress 1815 den von Napoleon annektierten Kirchenstaat wiederherstellte und dem Papst als Souverän zurückgab. Wenn eine höhere Weihe daher keine zwingende Voraussetzung für die Ernennung zum Kardinal war, dann wäre es prinzipiell durchaus möglich gewesen, auch einer Frau den Kardinalspurpur zu verleihen.

Wenn demnach feststeht, dass eine Weihe nicht notwendig war, um in der Kirche jurisdiktionelle-bischöfliche Vollmachten auszuüben, dann kann man dieses Konzept auch auf die Äbtissinnen und insbesondere die Fürstäbtissinnen der Reichskirche übertragen. Die Tatsache, dass Äbtissinnen Frauen waren, spielt dabei keine Rolle. Für die Fürstäbtissinnen der Reichskirche kann man sogar noch einen Schritt weiter gehen. Reichsrechtlich war es Frauen nur bedingt möglich, politische Herrschaft auszuüben. Die sogenannte «Pragmatische Sanktion», die nach dem Aussterben der Habsburger im Mannesstamm Maria Theresia die Übernahme der Herrschaft garantierte, zeigt, wie problematisch diese Frage noch im achtzehnten Jahrhundert war. Die Fürstäbtissinnen dagegen konnten ihre reichsrechtliche Position als einzige Herrscher*innen* im Heiligen Römischen Reich Deutscher Nation weitgehend unangefochten behaupten, weil sie im geistlichen Bereich als Frauen ganz selbstverständlich über quasi-bischöfliche Vollmachten verfügten.

Kardinalinnen: Seit dem Zweiten Vatikanum undenkbar?

Dass Laien beziehungsweise Nicht-Geweihte jurisdiktionelle Vollmachten in der Kirche ausüben, hat eine über tausendjährige Tradition in der Geschichte der katholischen Kirche. Mit Blick auf anstehende Reformen böte das zahlreiche Möglichkeiten, wichtige Ämter mit den dafür am besten qualifizierten Personen zu besetzen. Doch diese Optionen sind durch das Zweite Vatikanische Konzil weitgehend unmöglich gemacht worden. Denn die Konzilsväter haben die Ausübung der *potestas iurisdictionis* an die *potestas ordinis* gebunden. Ihr Ziel war es, damit das Bischofsamt gegenüber dem päpstlichen Primat aufzuwerten: Ihre Jurisdiktionsgewalt hatten sie jetzt als Nachfolger der Apostel durch die Bischofsweihe, sie waren nicht länger davon abhängig, ob der Papst ihnen die Rechte gewährte oder verweigerte, die zur Leitung der Diözesen notwendig waren. Die Konzilsväter waren bestrebt, die «‹sacra potestas› als eine einheitliche Wirklichkeit sakramental zu begründen» und nachdrücklich jegliche Unterscheidung zwischen der Gewalt, die aus der Weihe resultiert, und der Jurisdiktionsgewalt zu vermeiden.[11] Zu diesem Zweck wurde noch einmal betont, dass die Bischofsweihe die höchste Stufe des Weihe-Sakraments darstellt. Im kirchlichen Gesetzbuch von 1983 heißt es denn auch ziemlich lapidar: «Die Bischöfe empfangen durch die Bischofsweihe selbst mit dem Dienst des Heiligens auch die Dienste des Lehrens und des Leitens, die sie aber ihrer Natur nach nur in der hierarchischen Gemeinschaft mit dem Haupt und den Gliedern des Kollegiums ausüben können.»[12]

Damit vollzog das Zweite Vatikanische Konzil auch sakramententheologisch einen Bruch mit der kirchlichen Tradition. Denn das Konzil von Trient sprach 1563 in seinem Dekret über «Die wahre und katholische Lehre über das Sakrament des Ordo» ausdrücklich von sieben Stufen des Weihesakraments. Neben den fünf niederen Weihen des Ostiariers, also des für das Kirchengebäude zuständigen «Türhüters», des Lektors, des Exorzisten, des Akolythen – was wörtlich übersetzt «dem Diakon folgend» bedeutet und sich auf liturgische Hilfsdienste wie die Bereitung des Altars und die Kommunionausteilung bezieht – und des Subdiakons nennt es als höhere Weihestufen nur Diakone und Priester. Die Bischofsweihe sucht man hier noch vergebens.

Die vom Zweiten Vatikanischen Konzil angestrebte Aufwertung des Bischofsamtes gegenüber dem Primat des Papstes führte – absichtlich oder unabsichtlich – zu einer Abwertung aller anderen Glieder der Kirche, denn nach dem derzeit geltenden Kirchenrecht kann der Papst nur noch Männer zu Kardinälen ernennen, die zumindest bereits die Priesterweihe empfangen haben: «Wer noch nicht Bischof ist, muss die Bischofsweihe empfangen.»[13] Damit sind alle Diakone, aber auch alle «Laien», denen heute all die Funktionen zukommen, die vor dem Konzil mit den sogenannten niederen Weihen verbunden waren, vom Kardinalat ausgeschlossen. In Ausnahmefällen kann der Papst, insbesondere bei Theologieprofessoren, die Priester sind, vom Empfang der Bischofsweihe dispensieren, wenn er sie zu Kardinälen erhebt, was beispielsweise bei dem bekannten Theologen und Dominikaner Yves Congar der Fall war.

Nun sind nicht nur Äbtissinnen unvorstellbar geworden, die ohne Weihe bischöfliche Vollmachten ausüben, vielmehr sind alle Nicht-Bischöfe, weil ihnen die Bischofsweihe fehlt, nicht mehr in der Lage, Leitungsfunktionen in der Kirche wahrzunehmen. Das vorkonziliare Modell hätte zum Beispiel die Predigt von Laien – Männern und Frauen – nach dem Evangelium während der Heiligen Messe problemlos ermöglicht, weil der anwesende Priester jederzeit eine entsprechende Beauftragung und Teilhabe an seiner Vollmacht hätte aussprechen können. Vor dem Konzil wäre es zumindest theoretisch möglich gewesen, dass Frauen leitende Funktionen in der Römischen Kurie bekleiden, auch als Kardinalinnen.

Und vielleicht gibt es diese Möglichkeit nach wie vor. Zur Leitung und Kontrolle der Vatikanbank, zur Führung der Vatikanischen Bibliothek sowie des Vatikanischen Geheimarchivs und zur Verwaltung des Vatikanstaats beispielsweise benötigt man keine sakramentalen Kompetenzen, sondern professionelle Eignung in den Bereichen Finanzmanagement, Bibliotheks- und Archivwesen sowie Staats- und Verwaltungsrecht. Und diese werden definitiv nicht durch die Weihe übertragen.

3. Das Domkapitel
Kontrollorgan und Senat des Bischofs

Der Bischof als absoluter Monarch

Der Limburger Bischof Franz-Peter Tebartz-van Elst sah sich im Frühjahr 2014 gezwungen, Papst Franziskus seinen Amtsverzicht anzubieten, nachdem eine eigens eingesetzte Kommission der Deutschen Bischofskonferenz eine weitere Zusammenarbeit von Bischof und Bistum für unmöglich erklärt hatte. Die immer höher werdenden Kosten für seine Bischofsresidenz auf dem Limburger Domberg, ein absolut undurchsichtiges Finanzgebaren, die eidesstattliche Falschaussage zu einem Flug erster Klasse zu einem sozialen Projekt in der sogenannten Dritten Welt und vor allem ein Bischof, der keinen Fehler eingestehen kann, machten den «Fall Tebartz-van Elst» zu einem medialen Dauerbrenner und haben dem Ansehen der katholischen Kirche immensen Schaden zugefügt.

Aber wer trägt eigentlich die Verantwortung für das Desaster im Bistum Limburg? Der Großteil der öffentlichen Meinung sieht die Ursachen für das undurchsichtige Finanzgebaren, die Verschleuderung von Kirchengut und das Gespinst von Unwahrheiten und Halbwahrheiten vor allem in der Persönlichkeit des Oberhirten. Ein Blick in die Kirchengeschichte zeigt, dass diese Argumentation viel zu kurz greift. Denn das Problem, das an der Lahn offen zutage getreten ist, hat vor allem strukturelle Ursachen.

Dass der Diözesanbischof die rechtliche Allkompetenz für

seine Diözese besitzt, allein entscheiden kann und damit letztlich auch alles verantwortet, was in seinem Bistum geschieht, ist nicht selbstverständlich, sondern liegt in den Vorgaben des historisch gewachsenen katholischen Kirchenrechts und dem dort propagierten monarchischen System begründet.

Auf die Frage, wie eine römisch-katholische Diözese geführt werden soll, gibt der *Codex des kanonischen Rechtes* von 1983 eine eindeutige Antwort: «Dem Diözesanbischof kommt in der ihm anvertrauten Diözese alle ordentliche, eigenberechtigte und unmittelbare Gewalt zu, die zur Ausübung seines Hirtendienstes erforderlich ist.»[1] Eine Gewaltenteilung in Legislative, Exekutive und Judikative ist nicht vorgesehen. Vielmehr hat der Bischof die umfassende Kompetenz, sein Bistum «mit gesetzgebender, ausführender und richterlicher Gewalt zu leiten».[2]

Somit wird im derzeit geltenden Kirchenrecht das Amt des Diözesanbischofs wie das eines absoluten Monarchen beschrieben. Die einzige Einschränkung seiner Vollmachten kommt von oben: Seine Grenze findet der monarchisch regierende Hirte nur im Jurisdiktionsprimat des Papstes als Oberhirten, über den wiederum nur Gott selbst richten kann. Eine unabhängige Justiz und Rechtsprechung, bei der die Gläubigen gegen den Bischof ihr Recht in einem eigenständigen Instanzenzug einklagen könnten, existiert im katholischen Kirchenrecht nicht. Der Bischof ist oberster Gesetzgeber und Richter seiner Diözese in einer Person.

Der *Codex Iuris Canonici* von 1983 hat das Konzept der monarchischen Diözesanleitung jedoch nicht erfunden. Vielmehr wurde dieses Modell aus dem Vorgängerkodex von 1917 übernommen, der wiederum auf einer Reihe älterer Traditionen des römischen Kirchenrechts beruht. Was sind die wichtigsten Kennzeichen dieser monarchischen Organisation?

Die römisch-katholische Kirche wird wie ein Staat verstanden, den der Papst als absoluter Monarch souverän regiert. Sein Reich gliedert sich in Teilreiche, denen im Auftrag des Papstes jeweils ein Bischof vorsteht. Die Regierung eines solchen Teilreiches, also einer Diözese, ist wie die der Gesamtkirche strikt monarchisch: Alle Gewalt in einem Bistum geht vom Bischof aus.

Der Münchener Kanonist Klaus Mörsdorf hat dies in seinem bis zum Zweiten Vatikanischen Konzil maßgeblichen *Lehrbuch des Kirchenrechts* folgendermaßen formuliert: «Die Oberhirtengewalt des Bischofs erstreckt sich in sachlicher Hinsicht auf alle geistlichen und zeitlichen Angelegenheiten der Bistumsregierung, soweit dieser nicht durch die päpstliche Primatialgewalt Grenzen gezogen sind. Sie wird in formaler Hinsicht tätig in den hoheitlichen Funktionen der Gesetzgebung, Rechtsprechung und Verwaltung.»[3] Die einmalige Würde des Diözesanbischofs findet ihren Ausdruck in einem höfischen Zeremoniell und Hoheitszeichen wie Thron und Baldachin, die sonst nur von regierenden Fürsten verwendet werden.

Aus der monarchischen Stellung des Bischofs resultiert auch sein Recht, alle Mitarbeiter, die er zur Regierung seines Bistums benötigt, frei zu ernennen. Er ist dabei nicht an Vorschläge seines Klerus, geschweige denn der Laien seiner Diözese gebunden. Dahinter steht eindeutig das Konzept einer absoluten, nicht etwa einer konstitutionellen oder gar parlamentarischen Monarchie. Die Diözesankurie selbst, meist in ein Generalvikariat und ein Offizialat geteilt, besitzt nicht den Charakter einer eigenständigen juristischen Person. Ihre Mitarbeiter können vom Bischof jederzeit ohne Angabe von Gründen abgesetzt werden, sie sind strikt weisungsgebunden, und ihre Ämter erlöschen mit dem Tod oder dem Amtsverzicht des Bischofs. Sie sind, um es mit dem Kanonisten Paul Hinschius zu sagen, «nichts als Hilfsbeamte des Bischofs, und da Letzterem allein die selbstständige Verwaltung der Diözese zukommt und er ausschließlich für dieselbe verantwortlich ist, muss er auch in der Lage sein, das Hilfspersonal jeden Augenblick zu ändern».[4]

Die wichtigste Stütze dieser absolutistischen Regierungsform einer Diözese ist der Generalvikar. Er steht an der Spitze der Pyramide des Bischöflichen Ordinariats, das deshalb nicht selten Generalvikariat genannt wird. Der Generalvikar ist der leitende Minister seines Herrn. Die römische Kongregation für die Bischöfe entschied 1867, dass der Generalvikar nicht gleichzeitig dem Domkapitel angehören oder gar Domdekan beziehungsweise Dompropst, also Vorsteher des Domkapitels, sein darf, da «mit dessen Amt eine solche Stellung inkompatibel ist».[5] Diese Entscheidung griff ältere kuriale Stellungnahmen auf und führte sie weiter. Sie stellte sicher, dass der Generalvikar völlig vom Bischof abhängig blieb und nicht als Regulativ zu diesem auftreten konnte.

Zahlreiche romorientierte, sogenannte ultramontane Kirchenrechtler des neunzehnten Jahrhunderts sahen in einer möglichen Personalunion von Generalvikar und Domdekan eine nicht zu unterschätzende Gefahr für die Souveränität und Freiheit des regierenden Diözesanbischofs. Eine Mitwirkung Dritter bei der Bestellung des Generalvikars lehnten sie mit allem Nachdruck ab. So schrieb etwa Georg Phillips in seinem *Lehrbuch des katholischen Kirchenrechts*, bei der Ernennung seines Generalvikars sei der Bischof «nicht an die Mitwirkung des Domkapitels gebunden»; auch dürfe der Oberhirte keinesfalls «genötigt werden, sich den Generalvikar aus dem Kapitel zu nehmen».[6] Damit sollte dem Domkapitel von vornherein jede Möglichkeit genommen werden, sich als Kontrollorgan und Senat des Bischofs zu etablieren und auf die bischöfliche Exekutive Einfluss zu nehmen. In der Rechtsprechung besaß das Kapitel ohnehin keine Kompetenz.

Lediglich in der Legislative sprach das Kirchenrecht den Domkapiteln eine gewisse Mitwirkung zu und beschränkte so – zumindest theoretisch – die absolute Vollmacht des Ortsbischofs. Zustimmungspflichtig waren aber nur Sachverhalte, welche die inneren Angelegenheiten des Domkapitels selbst betrafen, etwa die Veränderung der Zahl der sogenannten Kanonikate (Domherrenstellen) und anderer Pfründen oder die Veräußerung des Vermögens der Kathedralkirche. Darüber hinaus war der Bischof aber immerhin gehalten, in wichtigeren Geschäften zwar nicht die Zustimmung, aber wenigstens den Rat des Kapitels einzuholen.

Einer Reihe von Kanonisten des neunzehnten Jahrhunderts gingen diese minimalen Mitwirkungsrechte der Domkapitulare aber immer noch zu weit: «Die Kirchengesetze legen es dem Bischof zwar ans Herz, wichtigere kirchliche Dinge seiner Diözese nicht allein, sondern mit Zuziehung seines Kapitels zu behandeln. Da aber nach göttlichem Rechte eine solche Beschränkung der Bischöfe nicht besteht, so kann diese kaum statthaft sein.»[7]

Indem die absolute Monarchie des Diözesanbischofs auf unveränderliches göttliches Recht zurückgeführt wurde, versuchte man, sie unangreifbar zu machen, da Vorgaben des göttlichen Rechtes nach den Vorstellungen des katholischen Kirchenrechtes unveränderlich sind. Der Benediktiner und Rechtshistoriker Philipp Hofmeister hat jedoch nachgewiesen, dass dies nicht immer so war. In der Kirchengeschichte habe sich eine vorsichtige Tendenz zur Monarchisierung in der Bistumsleitung angedeutet, die sich erst im Verlauf des neunzehnten Jahrhunderts endgültig durchgesetzt habe und vom *Codex* von 1917 in unhistorischer Weise festgeschrieben worden sei, mit dem Versuch, dem «Bischof gegenüber seinem Kapitel geringere Bindungen aufzuerlegen».[8] Daher habe das Kirchenrecht auch festgelegt, dass der Bischof bei den Sitzungen und Abstimmungen des Kapitels nicht zugegen sein, geschweige denn mit abstimmen dürfe, da er sonst als *primus inter pares* und Mitglied des Kollegiums des Domkapitels aufgefasst werden könnte.

Domkapitel und Bischöfliches Ordinariat sind nach der römischen Konzeption zwei streng getrennte Institutionen. Der Generalvikar leitet das Ordinariat im Auftrag des Bischofs monarchisch; der Bischof ernennt die Mitarbeiter und Abteilungsleiter frei, er muss sie nicht aus der Zahl der Domherren nehmen, nach Ansicht mancher Kanonisten soll er das nicht einmal. Das Domkapitel als kirchliche Korporation unter Vorsitz des Domdekans regelt nur seine internen Angelegenheiten und hat institutionell nichts mit der Bistumsleitung zu tun. Im äußersten Notfall können jedoch einzelne Domkapitulare vom Bischof als Wirkliche Geistliche Räte zur Mitarbeit im Ordinariat bestimmt werden.

Wenn der Bischof der Monarch seiner Diözese ist, der alle drei Gewalten in seiner Hand vereinigt, dann trägt er auch die alleinige Verantwortung für Wohl und Wehe seines Bistums und der ihm anvertrauten Gläubigen. Eine kollegiale Mitverantwortung durch die Priester des Bistums, als deren Repräsentanten die Domkapitulare gemeinhin gelten, ist ausdrücklich nicht vorgesehen. Der Diözesanbischof kann den Schwarzen Peter aber auch nicht anderen zuschieben, wenn in seinem Bistum etwas schiefläuft.

Wozu dieses absolutistische Konzept führen kann, haben die Vorgänge in Limburg drastisch vor Augen geführt: ausufernde Kosten beim Bau des neuen Bischofshauses, Verschleierungstaktik und Falschaussagen, Spaltungen unter den Gläubigen. Niemand in der Diözese war in der Lage, dem Gebaren des Bischofs Einhalt zu gebieten. Das liegt nicht nur an den handelnden Personen, sondern ist eine Folge des monarchischen Systems, nach dem der Bischof allein verantwortlich ist.

Ausgerechnet Limburg: Ein kollegiales Gegenmodell

Dabei wurde – Ironie der Kirchengeschichte – ausgerechnet im Bistum Limburg unmittelbar nach dessen Gründung im Jahr 1821 ein ganz anderes Modell der Diözesanleitung praktiziert, das den Bischof kollegial einband und einsame Entscheidungen und Verantwortlichkeiten unmöglich machte. Dieses Konzept stärkte vor allem das Domkapitel, das als Korporation den Diözesanklerus repräsentierte: Es sollte die Diözese kollegial gemeinsam mit dem Bischof leiten.

Gegründet wurde das Bistum Limburg nach einer der turbulentesten Phasen der deutschen Kirchengeschichte: Die Säkularisation zu Beginn des neunzehnten Jahrhunderts hatte das Ende der tausend Jahre alten Institution der Reichskirche mit ihren geistlichen Territorien und Fürstbischöfen besiegelt. Eine neue Organisation der deutschen Kirche war dringend geboten. Insbesondere mussten die Grenzen der Diözesen neu gezogen und Bischöfe gefunden werden, die nur noch geistliche Hirten, aber keine weltlichen Fürsten mehr waren.

Nachdem die großen Staaten Bayern, Preußen und Hannover mit Rom handelseinig geworden waren, entschlossen sich die kleineren protestantischen Staaten zu einem gemeinsamen Vorgehen gegenüber Rom. Ihre Verhandlungen in Frankfurt und Rom führten 1821 zur Errichtung der Oberrheinischen Kirchenprovinz mit dem Erzbistum Freiburg im Breisgau (für Baden, Hohenzollern-Hechingen und Hohenzollern-Sigmaringen) sowie den Bistümern Rottenburg (Württemberg), Mainz (Hessen-Darmstadt), Fulda (Kurhessen) und Limburg (Nassau und Freie Stadt Frankfurt am Main).

In diesem Rahmen wurde ein alternatives kollegiales Modell der Bistumsleitung entwickelt, das vor allem auf das Domkapitel setzte. Seit dem Wiener Kongress von 1815 hatten Vertreter verschiedener deutscher Staaten in den Verhandlungen mit der Römischen Kurie das Thema der Diözesanleitung wiederholt angesprochen. Ihre alternativen Vorstellungen sorgten immer wieder für heftige Kontroversen mit den Vertretern der Kurie. So machte etwa das Königreich Hannover Rom den Vorschlag, das Osnabrücker Domkapitel als *conseil permanent*, also als ständigen Rat des Bischofs, einzurichten, ohne dessen Zustimmung der Osnabrücker Bischof nicht handeln dürfe. Man sah die Domherren als «wahres Presbyterium» und somit als Repräsentanten aller Priester des Bistums.[9] Alle Domherren sollten daher automatisch Wirkliche Geistliche Räte des Bischofs sein, die an allen wichtigen Geschäften zu beteiligen waren. Der Bischof durfte zwar notfalls einen Generalvikar ernennen, musste diesen aber stets aus den Reihen der Domherren nehmen.

Gegen dieses Konzept, das das Domkapitel mit dem Geistlichen Rat, sprich dem Bischöflichen Ordinariat, gleichsetzte, verwahrte sich der damalige Kardinalstaatssekretär Ercole Consalvi umgehend. Er verlangte, der Bischof dürfe keinesfalls an den Rat der Domherren gebunden werden. Auch müsse er nach kanonischem Recht in der Ernennung seiner Mitarbeiter völlig frei sein. Das Königreich Hannover und seine theologischen Berater verzichteten schließlich auf die Einschränkung der Vollmachten des Bischofs durch das Domkapitel, um eine Einigung mit Rom nicht zu gefährden.

Ganz anders lagen die Dinge in den Oberrheinischen Staaten, die darauf bestanden, die Kompetenzen der künftigen Bischöfe zu begrenzen. Dabei gingen sie taktisch sehr klug vor. In der «Deklaration der in Frankfurt vertretenen Regierungen an den Heiligen Stuhl» vom 24. Juli 1818 hieß es, bewusst schwammig und sehr allgemein formuliert: «An jeder Domkirche wird als Presbyterium oder kirchlicher Senat ein Kapitel von Kanonikern gebildet werden, deren hauptsächliche Bestimmung, außer dem Gottesdienste und der Seelsorge, sein soll, den Bischof in der Verwaltung seiner Diözese zu unterstützen.»[10]

Die nur für den internen Gebrauch der Staaten bestimmte, vor Rom geheim gehaltene «Frankfurter Kirchenpragmatik» vom 14. Juni 1820 brachte dagegen die eigentlichen Absichten der vereinigten evangelischen Regierungen und ihrer katholischen theologischen Berater, die sich an den Idealen der alten Kirche orientierten, treffend auf den Punkt. In Paragraph 28 heißt es: «Das Domkapitel einer jeden Kathedralkirche tritt in den vollen Wirkungskreis der alten Presbyterien und bildet unter dem Bischof die oberste Verwaltungsbehörde der Diözese. Der Dekan führt die Direktion. Die Verwaltungsform ist kollegialisch.»[11]

Was mit diesen Formulierungen eigentlich gemeint war, macht ein Blick in die 1821 anonym erschienene Schrift *Die neuesten Grundlagen der teutsch-katholischen Kirchenverfassung* deutlich, deren Urheber aus dem Umfeld der kirchenrechtlichen Berater der Stuttgarter Regierung stammen dürfte. Hier wird ausdrücklich vom «Domkapitel *als* Generalvikariat» gesprochen, das kollegial organisiert war und unter der Leitung des Domdekans, nicht des Bischofs, stand.[12] Falls ein Generalvikar oder Weihbischof nötig sein sollte, musste dieser stets aus den Reihen des Domkapitels kommen.

Diesem Konzept widersprach, wie nicht anders zu erwarten, wiederum Kardinalstaatssekretär Consalvi mit Nachdruck. Er verlangte die freie Ernennung des Generalvikars durch den Bischof und lehnte die kollegialische Organisation des Ordinariats, das mit dem Domkapitel identisch war, ab. Er konnte sich aber nicht durchsetzen. Rom versuchte daraufhin, wenigstens einen Kompromiss zu erreichen. In dem päpstlichen Dokument zur Errichtung der Oberrheinischen Kirchenprovinz, der Zirkumskriptionsbulle «Provida solersque» vom 16. August 1821, war deshalb ausdrücklich von Generalvikaren die Rede, die von den Bischöfen ganz selbstverständlich ernannt werden sollten. Es wurde aber ausdrücklich die Möglichkeit eingeräumt, dass der Generalvikar zugleich Domkapitular oder gar Domdekan sein konnte. Damit folgte die Kurie nicht der radikalen Rechtsauffassung, die ein Kanonikat mit dem Amt des Generalvikars für grundsätzlich unvereinbar ansah.

Mit den «Landesherrlichen Verordnungen, die Ausübung des oberhoheitlichen Schutz- und Aufsichtsrechts über die katholische Landeskirche betreffend» vom 30. Januar 1830 wiesen die Regierungen allerdings auch dieses modifizierte römische Modell zurück. In den fünf Diözesen der Oberrheinischen Kirchenprovinz bildete das Domkapitel juristisch und faktisch das Bischöfliche Ordinariat. Das deutsche Staatskirchenrecht setzte sich gegen das römische Kirchenrecht durch, was sich exemplarisch an der Geschäftsordnung des Limburger Domkapitels als Bischöfliches Ordinariat zeigen lässt: Der Geschäftsgang war kollegial, der Bischof nahm regelmäßig an den Sitzungen des Kapitels teil, war zeremoniell der Präsident, während der Domdekan als Direktor politisch die entscheidende Stellung innehatte. So verfügte der Domdekan – und nicht der Bischof – über die Eilkompetenz bei unaufschiebbaren Entscheidungen, und alle Erlasse des Bischöflichen Ordinariates mussten von ihm – und eben nicht vom Bischof – unterschrieben werden.

Damit ist jedoch die Frage, was der kollegiale Geschäftsgang genau bedeutete, nicht beantwortet. Aus dem Wortlaut der Limburger Geschäftsordnung und der Frankfurter Kirchenpragmatik wird nicht klar, ob der Bischof bei der Leitung seiner Diözese von Mehrheitsentscheidungen seines Domkapitels abhängig war, ob das Domkapitel ihn also überstimmen konnte oder nicht. Es überrascht nicht, dass der Staat und seine theologischen Berater dazu ausdrücklich nichts in eine Ordnung hineinschrieben, die sie Rom vorlegen beziehungsweise bei der sie damit rechnen mussten, dass die Kurie durch Spitzel und Informanten von ihr Kenntnis erhalten würde. Die Praxis in Limburg und den anderen Oberrheinischen Diözesen lief jedenfalls auf eine Bindung des Bischofs, der selbst in den Sitzungen mit abstimmte, an die Entscheidungen des Domkapitels hinaus. Faktisch wurde die Diözese hier kollegial geleitet und nicht monarchisch; der Bischof konnte von seinem Domkapitel auch überstimmt werden.

Kirchenpragmatik, Landesherrliche Verordnung und Limburger Geschäftsordnung zielten letztlich darauf ab, den Bischof zum Mitglied des kollegial organisierten Ordinariats zu machen, ihn an Mehrheitsbeschlüsse zu binden und ihm das Domkapitel – auf dessen personelle Zusammensetzung er kaum Einfluss nehmen konnte – als Generalvikariat beziehungsweise Ordinariat vorzugeben. Das wird deutlich, wenn man die Geschäftsordnung des Ellwanger Generalvikariats vom 22. Oktober 1816 heranzieht. In Ellwangen, ursprünglich anstelle von Rottenburg als Bischofssitz für das neue katholische Landesbistum in Schwaben vorgesehen, hatten die württembergische Regierung und ihre aufgeklärten katholischen Ratgeber seit 1812 im Kleinen ausprobiert, was später im Großen in der Oberrheinischen Kirchenprovinz praktiziert werden sollte.

Die Frankfurter Kirchenpragmatik war daher nicht nur graue Theorie, sondern beruhte auf bereits erprobter Praxis. Überdies sind die Parallelen der Formulierungen zwischen der Limburger und der Ellwanger Geschäftsordnung aufschlussreich. Nur wurde in Ellwangen offen ausgesprochen, was man in Frankfurt und Limburg aus Rücksicht auf mögliche römische Leser bewusst zweideutig und verschwommen formuliert hatte: Das Präsidium führte der Bischof, das Direktorium dagegen der Provikar, der so genannt wurde, da es ein Ellwanger Domkapitel dem Namen nach noch nicht gab. Der Provikar übernahm aber faktisch den Part des späteren Domdekans. Bei Stimmengleichheit gab sein Votum den Ausschlag, ohne seine Anweisung durfte kein Schriftstück die bischöfliche Kanzlei verlassen. Ein Erlass vom 23. Januar 1818 präzisierte die Ellwanger Ordnung dahin, dass die oberste katholische Kirchenbehörde ein Kollegium bildete, «worin majora entscheiden, deren Beschluss der Bischof selbst nicht umändern kann».[13] Damit war der Bischof Teil eines Kollegiums, das nach Mehrheiten entschied, und konnte daher von diesem überstimmt werden.

Ganz ähnliche Modelle der Bistumsleitung hatte auch Ludwig Koch, seit 1815 Geheimer Kirchenrat bei der nassauischen Regierung in Wiesbaden, schon im Frühjahr 1816 in einer Denkschrift zur Struktur des Limburger Generalvikariats verfochten. Die juristische beziehungsweise moralische Person des Vikariats sollte nach Koch gerade nicht in der Person des Generalvikars, sondern im Vikariatskollegium als solchem bestehen, denn die «nach römisch kanonischem Rechte einzelnen Individuen zugedachten Kirchengeschäfte» seien in Deutschland «stets durch formierte Collegia» geführt worden. Wenn also im allgemeinen Kirchenrecht von einem «Vicarius» gesprochen werde, verstünden «wir Deutsche» – so Koch – «stets ein formiertes Collegium unter jenen Benennungen». Dies werde eindeutig belegt durch die «Organisation aller bischöflichen Vicariate in Deutschland, in denen alle Geschäfte collegialisch verhandelt werden».[14]

Unterdrückung der kollegialen Leitung

Der Widerspruch zwischen beiden Konzeptionen der Bistumsleitung ist offensichtlich: Im ersten, monarchischen Modell sind Domkapitel und Ordinariat institutionell vollständig getrennt, der Bischof ernennt seine Mitarbeiter und entscheidet auch sonst frei, ohne seine Untergebenen zu konsultieren, der Generalvikar agiert als sein *Alter Ego* mit Generalvollmacht. Im zweiten, kollegialen Modell gibt es nur eine Behörde, das Domkapitel ist zugleich das Ordinariat, der Bischof ist, nicht zuletzt bei der Ernennung neuer Mitarbeiter, an das Domkapitel und seine Mehrheitsentscheidungen gebunden, der Domdekan agiert als sein Gegenüber.

Bis zur Märzrevolution des Jahres 1848 wurde das kollegiale Modell der Bistumsleitung in den fünf Diözesen der Oberrheinischen Kirchenprovinz konsequent praktiziert. Die Bischöfe waren weitgehend von ihren Domkapiteln und insbesondere vom Domdekan abhängig, der zumeist auch das Vertrauen der zuständigen Staatsregierung besaß. Den Staaten ging es dabei nicht um demokratische Prinzipien, sondern um ihren Einfluss auf die katholische Kirche. Das Ziel der Bischöfe bestand darin, sich aus diesem Korsett zu befreien und die alleinige Kompetenz zur Leitung ihrer Diözesen zu erhalten. Die Päpste in Rom unterstützten sie dabei nach Kräften, gegen das Staatskirchentum formierte sich aber auch eine von breiten katholischen Kreisen getragene ultramontane Bewegung.

Die Freiheiten, welche die Revolution von 1848 auch der katholischen Kirche brachte, stärkten die Stellung des Bischofs gegenüber dem Staat. Im Laufe der fünfziger Jahre gelang es allen oberrheinischen Bischöfen, Generalvikare als persönliche Stellvertreter zu ernennen. Das war ein erster Schritt, um die Macht des Domkapitels und seines Repräsentanten, des Domdekans, auf dessen Bestellung der Bischof keinen Einfluss hatte, zurückzudrängen. Allerdings kam es auch hier zu einem Kompromiss, der das ganze neunzehnte Jahrhundert über in Geltung blieb: Es gab zwar bischöfliche Generalvikare, diese waren aber stets gleichzeitig Domkapitulare, und nicht selten bekleideten sie sogar das Amt des Domdekans. Deshalb kam es für eine Übergangsphase zu einer Verquickung des monarchischen mit dem kollegialen Modell.

Nach und nach gelang es Rom und den Bischöfen aber, die oberrheinischen Domkapitel immer weiter aus der Verantwortung für die Diözesanleitung zu verdrängen und das römische Modell des monarchisch regierenden Diözesanbischofs durchzusetzen. Letzte Relikte bestanden bis in die achtziger Jahre des zwanzigsten Jahrhunderts lediglich im Bistum Rottenburg fort: Die Besprechungen des Bischöflichen Ordinariats waren immer noch die Sitzungen des Rottenburger Domkapitels. Und wenn Pfarrstellen zu besetzen waren, übernahm der Domdekan sogar vom Bischof den Vorsitz und schlug die Kandidaten vor. Er agierte dabei als Repräsentant der Korporation Domkapitel, das sich selbst wiederum als Repräsentant des gesamten Diözesanklerus verstand.

Zu den Befürwortern des kollegialen Modells hatten schon die katholischen Aufklärer in Deutschland Ende des achtzehnten Jahrhunderts gezählt. Sie entdeckten das Presbyterium als Kollegium von Priestern, die gemeinsam mit dem Bischof eine Diözese leiten, in altkirchlichen Vorbildern wieder. Der Konstanzer Bistumsverweser Ignaz Heinrich von Wessenberg, ein Vordenker der katholischen Aufklärung, schrieb, jeder Bischof sei in der alten Kirche zugleich auch Presbyter gewesen. Er habe die ihm anvertraute Herde nach den Vorschriften des Evangeliums zu leiten, jedoch stets mit dem Rat seiner Priester und ihrer Synoden. Diese oberrheinische Tradition der kollegialen Diözesanleitung geriet jedoch in Vergessenheit und wurde sogar gezielt unterdrückt. In den einschlägigen Hand- und Lehrbüchern des Kirchenrechts wie der Kirchengeschichte finden sich dazu bezeichnenderweise keinerlei Informationen.

Vielleicht regt der Fall Limburg ja dazu an, solche vergessenen kollegialen Konzepte wiederzuentdecken, die Bischof, Priester und Gläubige angemessen an der Leitung einer Diözese beteiligen. Bischof Cyprian von Karthago stellte dazu bereits in der Mitte des dritten Jahrhunderts einen auch heute noch bemerkenswerten Grundsatz auf: nichts ohne den Bischof, nichts ohne den Rat der Priester, nichts ohne die Zustimmung des Volkes.[15]

4. Der Papst
Kollege und nicht gegen Fehler gefeit

«Die höchste, volle, unmittelbare und universale ordentliche Gewalt»

Millionen Menschen trieb es 2013 nach Rom. Sie erlebten vor Ort hautnah mit, wie der überraschend zurückgetretene Papst Benedikt XVI. in einem Helikopter nach Castel Gandolfo flog, die Kardinäle aus aller Welt in Rom eintrafen und den Argentinier Jorge Mario Bergoglio zum neuen Papst wählten. Mehr als eine Milliarde Menschen saß vor den Fernsehschirmen, um die Vorgänge um den alten und neuen Papst zu verfolgen, tausende Radio- und Fernsehjournalisten bevölkerten den Petersplatz und die Via della Conciliazione.

In Zeiten unübersehbarer Pluralisierung und eines vermeintlichen postmodernen Werteverlustes hat der Vatikan offenbar nichts an Faszination verloren. Vielen Medien gilt der Papst nicht nur als Oberhaupt der katholischen Konfession, sondern als Repräsentant des Christentums schlechthin. Selbst evangelischen Christen verschiedener Konfessionen ist der Papst nicht egal. Während des Pontifikats Johannes Pauls II. traten kurioserweise immer dann besonders viele evangelische Christen in Deutschland aus ihrer Kirche aus, wenn der Papst wieder einmal eindeutige Verbote im Bereich der Sexualmoral ausgesprochen hatte.

Dieser Befund fügt sich gut in neuere religionssoziologische Theorien des «God-Sellings» ein, die denjenigen Religionen und

Konfessionen die größte Sichtbarkeit auf dem religiösen Markt bescheinigen, die sich durch ein eindeutiges Markendesign auszeichnen. Diese «harten» Religionen müssten über ein klares Lehrgebäude, strenge moralische Anforderungen und vor allem über eine deutlich erkennbare und hierarchische Führungsstruktur verfügen, am besten mit einem unumstrittenen Chef als «Markenkern» an der Spitze. Kaum eine andere Religion erfüllt nach Ansicht von Religionssoziologen und Theologen diese Voraussetzungen derzeit besser als die römisch-katholische Kirche, die sich mediengerecht als Papstkirche vermarktet. Wenn es den Papst nicht schon gäbe, müsste man ihn erfinden, sagte schon Napoleon Bonaparte zu Beginn des neunzehnten Jahrhunderts.

Gerade im Medienzeitalter fesselt Katholiken, aber auch Außenstehende die Inszenierung des Geheimen, die Wahl des Nachfolgers Petri und Stellvertreters Jesu Christi im Konklave unter Michelangelos Gemälde des Jüngsten Gerichts in der Sixtinischen Kapelle, aus der die Gläubigen und die Öffentlichkeit strikt ausgeschlossen bleiben. Den Kardinälen ist es sogar ausdrücklich verboten, ein Handy mit ins Konklave zu nehmen, um sicherzustellen, dass sie nicht Interna per SMS oder Twitter verraten. Kaum ein Kupferrohr ist derart oft abgelichtet worden wie der Kamin, aus dem weißer oder schwarzer Rauch den Erfolg oder Misserfolg eines Wahlgangs bei der Papstwahl anzeigt. Und selten ist die gespannte Aufmerksamkeit so auf ein einziges Wort gerichtet wie bei der Verkündigung des neuen Papstnamens, die dem «Habemus Papam» auf der Mittelloggia der Petersbasilika folgt.

Jenseits aller gekonnten Inszenierung und medialen Faszination kommt dem Papst nach dem Kirchenrecht tatsächlich eine Stellung zu, die ihresgleichen sucht. Er verfügt «kraft seines Amtes in der Kirche über die höchste, volle, unmittelbare und universale ordentliche Gewalt, die er immer frei ausüben kann». So heißt es in Kanon 331 des *Codex Iuris Canonici*. Diese Gewalt erstreckt sich nicht nur auf die gesamte katholische Kirche, sondern auch auf alle Teilkirchen beziehungsweise Diözesen. Denn der Papst kann in jede Diözese unter Umgehung des zuständigen Bischofs direkt hineinregieren, wenn er dies für notwendig hält. Seine Gewalt ist unbeschränkt, seine Entscheidungen sind, wenn er sie einmal gefällt hat, definitiv und unumstößlich, ein Einspruch gegen sie ist nicht möglich: «Gegen ein Urteil oder Dekret des Papstes gibt es weder Berufung noch Beschwerde.»[1]

Diese umfassende jurisdiktionelle Vollmacht wird noch erweitert durch die Unfehlbarkeit des Papstes in Glaubens- und Sittenfragen: «Unfehlbarkeit im Lehramt besitzt kraft seines Amtes der Papst, wann immer er als oberster Hirt und Lehrer aller Gläubigen, dessen Aufgabe es ist, seine Brüder im Glauben zu stärken, eine Glaubens- oder Sittenlehre definitiv als verpflichtend verkündet.»[2] Das Zweite Vatikanische Konzil und das kirchliche Gesetzbuch von 1983 bestätigten hier im Grunde lediglich die Bestimmungen, die in der Konstitution «Pastor aeternus» am 18. Juli 1870 erstmals definiert worden waren.

Um die Dogmen von Jurisdiktionsprimat und Unfehlbarkeit war auf dem Ersten Vatikanischen Konzil heftig gestritten worden. Die Minderheit, die ein gutes Viertel der Konzilsväter ausmachte, sprach sich mit allem Nachdruck gegen die Definition aus und führte dabei eine ganze Reihe schwerwiegender Argumente ins Feld. Zunächst und vor allem sahen sie die Unfehlbarkeit weder im Zeugnis der Heiligen Schrift noch in der kirchlichen Tradition als ausreichend bezeugt an. Außerdem, so hieß es weiter, müssten dogmatische Entscheidungen auf Konzilien einstimmig oder doch zumindest mit moralischer Einmütigkeit beschlossen werden, um davon ausgehen zu können, dass sie vom Wirken des Heiligen Geistes inspiriert wurden. Ein bloßer Beschluss mit der Mehrheit der Konzilsväter, wie in der von Papst Pius IX. durchgesetzten Geschäftsordnung des Ersten Vatikanischen Konzils vorgesehen, sei nicht möglich. Die Bischöfe der Minderheit bestritten obendrein die Freiheit des Konzils, die nach dem Kirchenrecht als unerlässliche Voraussetzung für das gültige Zustandekommen von Beschlüssen galt. Sie zweifelten an der Geltung der Konstitution «Pastor aeternus», weil Pius IX. massiven Druck auf zahlreiche Bischöfe ausgeübt, in die Diskussion auf dem Konzil eingegriffen und die Debatten über das neue Dogma letztlich abgewürgt hatte.

Insbesondere wurden auch historische Argumente gegen die Möglichkeit der Definition der päpstlichen Unfehlbarkeit ins Feld geführt: In der Geschichte habe es durchaus auch fehlbare und irrende Päpste gegeben. Papst Honorius I. war vom Ökumenischen Konzil von Konstantinopel 680/81 sogar als Häretiker verurteilt worden. Die Minoritätsbischöfe sahen deshalb das Unfehlbarkeitsdogma als unerhörte Neuerung und Bruch mit den kirchlichen Traditionen. Der Tübinger Dogmatiker Johannes Evangelist von Kuhn brachte diese Diskontinuität nach der Verabschiedung des neuen Dogmas treffend auf den Punkt, als er fragte: «Ist es möglich, bis zum 18. Juli [1870] etwas für unwahr und von da an für wahr zu halten?»[3]

Die Opposition gegen das Unfehlbarkeitsdogma, zu der vier Fünftel der deutschen Bischöfe gehörten, war indes vergeblich: Die Konstitution «Pastor aeternus» wurde, nachdem die Bischöfe der Minderheit aus Protest vorzeitig aus Rom abgereist waren, fast einstimmig verabschiedet. Die Konstitution folgte im Wesentlichen einer vierstufigen Argumentation: Zunächst wird die Einsetzung des Primats durch Jesus Christus in Petrus festgehalten, dann die Fortdauer beziehungsweise Weitergabe des Primats an die Nachfolger Petri, die römischen Päpste, konstatiert, dann wird der Umfang des Jurisdiktionsprimats des Papstes beschrieben, bevor schließlich die päpstliche Unfehlbarkeit zum Dogma erhoben wird.

Über den Jurisdiktionsprimat heißt es im dritten Kapitel: «Demnach lehren und erklären wir, dass die römische Kirche auf Anordnung des Herrn über alle anderen Kirchen den Vorrang der ordentlichen Gewalt besitzt, und dass diese Jurisdiktionsgewalt des römischen Bischofs, die wirklich bischöflich ist, unmittelbar sei. Ihr gegenüber sind die Hirten und Gläubigen unabhängig von Ritus und Rang, je einzeln oder in ihrer Gesamtheit, zur hierarchischen Unterordnung und zu echtem Gehorsam verpflichtet. Dies gilt nicht nur in Fragen des Glaubens und der Sitten, sondern auch in Disziplinar- und Leitungsfragen.» Der römische Bischof wird zum obersten Richter der Gläubigen erklärt, und es wird ausdrücklich verboten, gegen das Urteil des Papstes «bei einem ökumenischen Konzil als der dem römischen Bischof übergeordneten Autorität Berufung» einzulegen.[4]

Das Unfehlbarkeitsdogma wird im vierten Kapitel definiert: «Wenn der römische Bischof *ex cathedra* spricht, das heißt, wenn er in Ausübung seines Amtes als Hirte und Lehrer aller Christen kraft seiner höchsten apostolischen Autorität entscheidet, eine Glaubens- oder Sittenlehre sei von der ganzen Kirche festzuhalten, dann vermag er dies durch göttlichen Beistand, der ihm im seligen Petrus verheißen ist, mit jener Unfehlbarkeit, mit der der göttliche Erlöser seine Kirche bei der Entscheidung einer Glaubens- oder Sittenlehre ausgestattet haben wollte. Und deshalb sind solche Entscheidungen des römischen Bischofs aus sich, nicht aber aufgrund der Zustimmung der Kirche unabänderlich. Wenn also jemand – was Gott verhüten möge – sich herausnehmen sollte, dieser Unserer Entscheidung zu widersprechen, der sei aus der Kirche ausgeschlossen. Anathema sit.»[5]

Das Konstanzer Konzil: Oberhoheit des Konzils über den Papst

Die Irritationen, die auf die Verkündigung des Unfehlbarkeitsdogmas folgten, führten in Deutschland zur Entstehung der altkatholischen Kirche und trugen maßgeblich zum Kulturkampf bei. Sie haben sich inzwischen zwar weitgehend gelegt, aber durch die Bestimmungen der Konstitution «Pastor aeternus» und des derzeit geltenden Kirchenrechts steht der Papst weiter als Stellvertreter Jesu Christi auf Erden, absoluter Monarch und unfehlbarer Inhaber des obersten Lehramts über der Kirche. Eine Instanz, die als Korrektiv wirken könnte, ist nicht vorgesehen. Dieses Konzept mag im Normalfall funktionieren, aber für einen Notstand sind keinerlei Regelungen vorgesehen. Was passiert, wenn heute ein Papst irrig lehrt? Oder aufgrund seines fortgeschrittenen Alters unzurechnungsfähig oder gar dement wird? Wer stellt dann seine Amtsunfähigkeit fest? Und wer könnte gegebenenfalls über eine Amtsenthebung entscheiden?

Die Erklärungen der beiden Vatikanischen Konzilien und das Kirchenrecht sehen dafür keine Lösungen vor, auch nicht für den Fall, dass es zu einem Schisma kommt. Was passiert, wenn Richtungsstreitigkeiten in der Kirche und im Kardinalskollegium eine einhellige Papstwahl unmöglich machen und möglicherweise sogar zwei Päpste um die Rechtmäßigkeit der Nachfolge Petri konkurrieren? Dieser Fall ist keinesfalls hypothetisch. Er ist vielmehr in der Kirchengeschichte wiederholt vorgekommen, und so bietet diese auch Lösungen zur Beantwortung der aufgeworfenen Fragen. Am virulentesten wurde das Problem, wie ein Schisma zu beheben ist, auf dem Konstanzer Konzil.

Was war geschehen? Nach fast sieben Jahrzehnten in Avignon war der Papst 1377 endlich wieder nach Rom zurückgekehrt. Man hoffte auf eine Konsolidierung des Papsttums in der Ewigen Stadt. Doch der Tod Gregors XI. am 26. März 1378 machte all diese Hoffnungen zunichte. Erstmals fand wieder ein Konklave in Rom statt. Da unter den sechzehn Kardinälen elf Franzosen und nur vier Italiener waren, befürchtete die römische Bevölkerung, es würde wieder ein französischer Papst gewählt werden, der seine Residenz zurück nach Avignon verlegen würde. Die Römer belagerten das Konklave und stürmten es; unter dem Druck des Volkes wählten die Kardinäle mit Erzbischof Bartolomeo Prignano einen Italiener und Nicht-Kardinal zum Papst. Prignano nannte sich Urban VI. Die Freiheit des Wahlaktes war zwar umstritten, die Kardinäle blieben aber, nachdem die Pressionen nachgelassen hatten, bei ihrem Votum, huldigten Urban VI. als Papst und versandten Wahlanzeigen an die Fürsten. Im Verlauf des Sommers 1378 fielen die Kardinäle jedoch von Urban VI. ab. Sie bezeichneten ihn als rücksichtslosen Despoten, der nicht in der Lage sei, das Papstamt auszuüben. Sie verwiesen auf die Unfreiheit des Konklaves, behaupteten, Urbans Fähigkeit zur Leitung der Kirche völlig falsch eingeschätzt und sich in Bezug auf seinen Charakter geirrt zu haben. Die Kardinäle verließen Rom und wählten am 20. September Kardinal Robert von Genf zum Papst, der den Namen Clemens VII. annahm und seine Residenz nach Avignon verlegte, während Urban VI. in Rom blieb.

Es entwickelten sich zwei Papstreihen: In Rom folgten auf Urban VI. Bonifaz IX., Innozenz VII. und Gregor XII.; nach dem Tod Clemens' VII. wurde in Avignon Benedikt XIII. gewählt. Die christliche Welt spaltete sich in zwei Teile. Ein Ende des Schismas war nicht möglich, da es für die Rechtmäßigkeit beider Päpste gute Argumente gab. Das nach dem Kirchenrecht zuständige Kollegium der Kardinäle hatte zweimal nacheinander einen Papst gewählt – dadurch unterschied sich dieses Schisma von den zahlreichen anderen, die es im Mittelalter gab, wenn der Kaiser einen Gegenpapst ernannte oder sich das Kardinalskollegium bei einer Wahl spaltete und gleichzeitig zwei Päpste wählte.

Fünf Wege zur Beendigung dieses Schismas wurden diskutiert und ausprobiert. Zunächst wollte man *via facti* vorgehen: Einer oder beide Päpste sollten auf politischem oder militärischem Weg ausgeschaltet werden. Beide Päpste warben Truppen an und versuchten die europäischen Staaten für sich zu gewinnen. Das europäische Mächtegleichgewicht verhinderte jedoch eine Entscheidung auf diesem Weg. Dann wurde die *via cessionis* ins Spiel gebracht: Einer oder beide Päpste sollten zurücktreten. Zwar versprach jeder der in Avignon und Rom in den folgenden Jahrzehnten neu gewählten Päpste, diesen Schritt zu gehen, wenn dadurch die Kirchenspaltung überwunden werden könne, aber auch dazu kam es nie, weil jeder den Rücktritt zunächst vom jeweils anderen Papst verlangte. Es folgte die *via iustitiae:* Man suchte ein allgemein anerkanntes Schiedsgericht, das die Gültigkeit beider Papstwahlen verbindlich prüfen sollte. Die Frage war nur, wer in Rom und Avignon als unparteiischer Richter anerkannt würde. Da das Lehramt in der Kirche damals bei den Universitäten lag, wurde die theologische Fakultät der Pariser Sorbonne ins Spiel gebracht, die der römische Papst aber als befangen ablehnte. Als vierter Weg kam die *via discussionis* ins Gespräch: Beide Päpste sollten sich treffen und in einem gemeinsamen Gespräch die Sache entscheiden. Tatsächlich machten sich die Päpste in den Jahren 1405 bis 1407 von Rom und von Avignon aus auf den Weg, um sich in Norditalien zu treffen. Die Etappen wurden jedoch immer kürzer, wenige Kilometer vor dem vereinbarten Treffpunkt kehrten beide Päpste um. Deshalb blieb am Schluss nur die *via concilii* übrig. Die Kardinalskollegien in Rom und Avignon kamen zu der Einsicht, beide Päpste müssten sich dem Urteilsspruch eines allgemeinen Konzils unterwerfen. Dies konnte aber nur funktionieren, wenn dogmatisch und kirchenrechtlich klargestellt war, dass das Konzil über dem Papst stand.

Ein solches «konziliares» Konzil hatte es aber bisher in der Geschichte der Kirche nicht gegeben. Bislang waren nur monarchische Konzilien abgehalten worden, die entweder unter der Leitung der römischen Kaiser oder der Päpste standen. Die ersten acht ökumenischen Konzilien des Altertums, beginnend mit dem Konzil von Nicäa 325, waren Reichssynoden, die vom Kaiser einberufen, geleitet und bestätigt wurden. Die Konzilsbeschlüsse erlangten erst durch kaiserliche Unterschrift Rechtsgültigkeit. Diese Konzilien bedurften weder der Einberufung noch der Mitwirkung, noch der Bestätigung durch den Papst. Hier fand sich ein erster Anknüpfungspunkt zur Lösung des Problems, weil diese Sichtweisen den Papst der Autorität des Konzils unterordneten, das jedoch seine Vollmacht letztlich durch die Autorität des Kaisers begründete. Diese in der ganzen Christenheit anerkannte Autorität eines römischen Kaisers fehlte freilich Ende des vierzehnten Jahrhunderts. Die ökumenischen Konzilien des Mittelalters wie etwa die vier Lateransynoden waren zwar ebenfalls monarchische Konzilien, standen aber unter der Regie des Papstes und repräsentierten kaum die Gesamtkirche. Sie waren im Grunde genommen nichts anderes als päpstliche Haussynoden und schieden deshalb als Vorbild zur Beendigung des Schismas aus.

Das «Decretum Gratiani» von 1140, die wichtigste Sammlung des klassischen Kirchenrechts der römischen Kirche, hielt für die Lösung des Schismas durchaus ein Konzept bereit, das im Laufe des vierzehnten Jahrhunderts weiter entwickelt worden war: die konziliare Idee. Ihre Vertreter fassen die Kirche als Korporation auf: Nicht nur der Papst, sondern alle Stände der Kirche repräsentieren Christus. Dem Papst kommt nur die *potestas actualis*, die aktuelle Gewalt, in der Kirche zu, die er als Repräsentant und Sprecher der Korporation wahrnimmt. Diese Gewalt erlischt augenblicklich, wenn die Korporation in einem Konzil zusammentritt. Dann muss der Papst in Reih und Glied zurücktreten, denn dem Konzil kommt die *potestas habitualis*, die eigentliche und ordentliche Gewalt, in der Kirche zu. Die Leitung des Konzils liegt nicht bei einem vom Papst ernannten Präsidenten, sondern wird aus der Mitte des Konzils selbst gewählt. Wenn sich der Papst weigert, ein Konzil einzuberufen, oder wenn es miteinander konkurrierende Päpste gibt, dann sind zunächst die Kardinäle, dann der Kaiser und notfalls jeder Bischof dazu ermächtigt.

Der erste Versuch eines konziliaren Konzils wurde im Jahr 1409 in Pisa unternommen. Kardinäle aus Rom und Avignon beriefen dieses gemeinsam ein. Im Sinne der konziliaren Idee, dass das Konzil über dem Papst steht, setzte das Konzil den avignonesischen Papst Benedikt XIII. und den römischen Papst Gregor XII. ab. Die Kardinäle wählten Alexander V. und nach dessen Tod Johannes XXIII. (senior) zum neuen Papst.

Doch das Konzil von Pisa wurde zu einem Fehlschlag: Der hier gewählte Papst fand keine allgemeine Anerkennung in der Kirche. Jetzt gab es drei statt zwei Päpste, aus der «verfluchten Zweiheit» wurde die «verruchte Dreiheit».[6] Der Einigungsversuch war vor allem deshalb gescheitert, weil dem Konzil die einhellige politische Unterstützung der europäischen Mächte gefehlt hatte. Das Konzil brauchte einerseits einen starken politischen und militärischen Arm zur Durchsetzung seiner Beschlüsse, musste andererseits aber einen Weg finden, um die einzelnen europäischen Nationen angemessen in seine Entscheidungen einzubinden.

Beides gelang schließlich auf dem Konzil von Konstanz, das in den Jahren 1414 bis 1418 stattfand. Der römisch-deutsche König und spätere Kaiser Sigismund machte die konziliare Idee und die Beendigung des Schismas zu seiner Sache. Er war zum Beispiel in der Lage, Johannes XXIII. gefangen zu nehmen, als dieser vom Konzil floh. Überdies setzte er eine Geschäftsordnung durch, in der nicht mehr nach Köpfen, sondern nach «Nationen» abgestimmt wurde. Ein Beschluss galt nur dann als angenommen, wenn er in allen Nationen – Italien, Frankreich, England, Deutschland mit Polen, Ungarn, Böhmen und Skandinavien, Spanien – und schließlich innerhalb des Kardinalskollegiums eine Mehrheit fand. Auch die Papstwahl wurde vom Kardinalskollegium auf das Konzil übertragen. Hier war in allen Nationen und im Kardinalskollegium eine Zweidrittelmehrheit notwendig. Dies sollte verhindern, dass sich irgendein Herrscher, ein Orden oder irgendeine Gruppe in der Kirche übergangen fühlte.

Das Konzil von Konstanz stand vor drei Aufgaben: Wiederherstellung der Einheit der Kirche, Reform der Kirche und Klärung offener Glaubensfragen. Damit es die drei konkurrierenden Päpste absetzen und einen allgemein anerkannten Papst wählen konnte, musste zuerst die Oberhoheit des Konzils über den Papst definiert werden. Dies geschah im berühmten Dekret «Haec sancta» vom 6. April 1415: «Die rechtmäßig im Heiligen Geist versammelte Synode bildet ein Generalkonzil und repräsentiert die streitende katholische Kirche; sie hat ihre Vollmacht unmittelbar von Christus. Jeder Mensch, gleich welchen Ranges und welcher Würde, und wenn es die päpstliche sein sollte, ist daher verpflichtet, dem Konzil in allem, was den Glauben, die Beilegung des genannten Schismas und die Reform der Kirche an Haupt und Gliedern betrifft, strikt zu gehorchen.»[7] Wer sich den Beschlüssen des Konzils widersetze, werde mit dem Anathem, dem Kirchenbann, belegt. Bei umstrittenen Entscheidungen des Papstes sollte es jederzeit möglich sein, ein Konzil als letzte Berufungsinstanz anzurufen.

Die ordentliche und eigentliche Gewalt in der Kirche kam demnach dem Konzil zu. Um ein neues Schisma und eine päpstliche Willkürherrschaft zu verhindern, wurde im Dekret «Frequens» vom 9. Oktober 1417 das Konzil als ständige Kontrollinstanz des Papstes und seiner Kurie etabliert: «Die häufigere Feier von Generalkonzilien ist eines der besten Mittel, den Acker des Herrn zu bestellen. Sie rottet die Sträucher, die Dornen und das Unkraut der Häresien, der Irrtümer und der Schismen aus, korrigiert die Exzesse, reformiert das Deformierte und führt dem Weinberg des Herrn überreiche Fruchtbarkeit zu. Ihre Unterlassung hingegen verbreitet und fördert die genannten Schäden … Daher setzen wir fest, bestimmen und ordnen durch diesen immerwährenden Erlass an, dass von jetzt an allgemeine Konzilien so gehalten werden: dass ein erstes vom Ende dieses Konzils an innerhalb des Zeitraums des nächsten Jahrfünfts, ein zweites aber vom Ende des unmittelbar folgenden Konzils an innerhalb des Zeitraums von sieben Jahren und von da an Jahrzehnt zu Jahrzehnt beständig an solchen Orten abgehalten wird, welche der Papst einen Monat vor Beendigung eines jeden Konzils mit der Billigung und Zustimmung des Konzils – oder, falls er es unterlässt, das Konzil selbst – anzuordnen und zu ernennen verpflichtet ist, sodass beständig ein Konzil tagt oder an dem bestimmten Termin zu erwarten steht. Diesen Termin darf der Papst auf Anraten seiner Brüder, der Kardinäle der heiligen Kirche, aus zufällig auftretenden Ursachen vorverlegen, auf keinen Fall aber hinausschieben.»[8]

Danach ging das Konzil von Konstanz daran, die vier Jahrzehnte dauernde Kirchenspaltung zu beenden. Die drei konkurrierenden Päpste wurden abgesetzt und mit Martin V. 1417 ein allgemein anerkannter Papst gewählt, auf den sich die bis heute gültige Papstreihe zurückführt. Eine umfassende Reform der Kirche war jedoch zum Scheitern verurteilt, weil die Päpste in der Folgezeit versuchten, die entsprechenden Dekrete des Konzils zu unterlaufen. Zwar berief Martin V., dem Dekret «Frequens» folgend, 1423 ein Konzil nach Pavia ein, löste dieses jedoch mit fadenscheinigen Argumenten relativ rasch wieder auf. Außerdem war die Kirchenversammlung in Pavia nur schwach besucht, vor allem weil die eigentliche Motivation der konziliaren Idee – die Beseitigung der Kirchenspaltung – weggefallen war. Im Konzil von Basel, das von 1431 bis 1449 dauerte, kam es zum letzten Mal zu einer Konfrontation zwischen Papst und Konzil, die in der Dogmatisierung von «Haec sancta» und damit der Oberhoheit des Konzils über den Papst durch die Konzilsmehrheit gipfelte. Am Schluss setzte sich jedoch das Papsttum durch, das Konzil von Basel radikalisierte sich immer mehr und wurde schließlich aufgelöst. Wie Klaus Schatz treffend bemerkt, verhinderten die Päpste, seitdem sie «die Konzilien zu fürchten begannen», erfolgreich deren Einberufung und belegten die Appellation an ein allgemeines Konzil sogar mit schweren Kirchenstrafen.[9]

Dies ist einer der entscheidenden Gründe dafür, dass die katholische Kirche auf die Herausforderungen der Reformation viel zu spät reagierte. Die Forderungen der deutschen Protestanten und der Reichsstände nach einem allgemeinen Konzil in deutschen Landen zur Lösung der Kirchenfrage wurden von den Päpsten torpediert. Als 1545, mehr als ein Vierteljahrhundert nach Luthers Thesenanschlag, das Konzil von Trient einberufen wurde, war es zu spät. Die Kirchenspaltung war bereits zu weit fortgeschritten, als dass sie durch eine grundlegende Reform der katholischen Kirche noch hätte aufgehalten werden können. Jetzt ging es nur noch um eine Abgrenzung der katholischen Kirche von den Protestanten und ein Festschreiben katholischer Positionen. Interessanterweise wurde aber die Frage nach dem Verhältnis von Papst und Konzil beziehungsweise von Primat und Episkopat von der Tagesordnung genommen, weil dies zu einem Auseinanderbrechen des Konzils geführt hätte.

In der Phase der «Gegenreformation» versuchte Kardinal Robert Bellarmin, das Verhältnis von Konzil und Papst einseitig zu regeln, wobei er die konziliaren Ideen sowie die Vorgänge in Konstanz missachtete. Er stellte die Behauptung auf, ein ökumenisches Konzil sei nur dann gültig, wenn es vom Papst einberufen, geleitet und bestätigt worden sei. Dies trifft aber für Konstanz nicht zu und auch nicht für die Konzilien der alten Kirche, auf denen unter anderem das Glaubensbekenntnis der Kirche formuliert wurde.

Von 1563, dem Ende des Konzils von Trient, bis 1870, der Einberufung des Ersten Vatikanischen Konzils, sollte kein weiteres Konzil mehr stattfinden. Und Letzteres war ein eindeutig monarchisches Konzil: Der Papst sprach die Einladung aus, er besetzte die vorbereitenden Kommissionen, er erließ die Geschäftsordnung und bestimmte die Präsidenten, er veränderte die Tagesordnung und verkürzte die Diskussion einzelner Dekrete und verkündete schließlich die Beschlüsse des Konzils.

Das Erste Vatikanum: Unfehlbarkeit und Primat des Papstes

Die Bestimmungen des Ersten Vatikanischen Konzils, die Eingang ins heutige Kirchenrecht fanden, und die Beschlüsse des Konstanzer Konzils, die nach Jahrzehnten des Schismas die Einheit der Kirche wiederherstellten, sind kaum unter einen Hut zu bringen, wie die neuere Konziliengeschichtsschreibung eindrucksvoll zeigt.

Vor allem der Tübinger Kirchenhistoriker Karl August Fink hat wiederholt auf den Widerspruch zwischen den beiden Konzeptionen von Kirche hingewiesen: Kann ein und derselbe Satz 1415 wahr und 1870 falsch sein? Und kann die Lehre der Kirche sich in ihr Gegenteil verkehren? Genau das sei, folgt man Fink, geschehen: Konstanz verbietet die Appellation gegen Beschlüsse des Konzils an den Papst, umgekehrt verbietet das Erste Vatikanum die Appellation gegen Beschlüsse des Papstes an ein allgemeines Konzil. Konstanz weist alle Autorität in der Kirche dem Konzil zu, das Erste Vatikanum dagegen schaltet das Konzil aus und spricht dem Papst allein den Jurisdiktionsprimat und die Unfehlbarkeit zu. Konstanz vertritt eine kollegiale, das Erste Vatikanum eine monarchische Ekklesiologie.

Diesen Widerspruch konnten auch papstnahe Kirchenhistoriker nicht ignorieren. Sie versuchten deshalb, den Ursprung der konziliaren Idee Marsilius von Padua und Wilhelm von Ockham in die Schuhe zu schieben, die beide nicht zuletzt wegen ihrer Parteinahme für den vom Papst exkommunizierten Kaiser Ludwig den Bayern als Häretiker galten. Dagegen gelang es dem amerikanischen Mediävisten Bryan Tierney nachzuweisen, dass die Lehre von der Oberhoheit des Konzils über den Papst «keineswegs in häretischem Gedankengut wurzelte, sondern aus der hochmittelalterlichen Kanonistik, mithin innerkirchlichem Traditionsgut, erwachsen war».[10]

Ein heftiger Streit entspann sich auch um die Frage, ob es sich beim Konstanzer Dekret «Haec sancta» um eine dogmatische Definition gehandelt habe oder nur um einen kirchenrechtlichen Beschluss. Im ersten Fall stünden «Haec sancta» von 1415 und «Pastor aeternus» von 1870 auf einer Ebene, bei beiden handelte es sich um Dogmen, die ihrer Natur nach unveränderlich wären. Dann wäre ihr Widerspruch unauflösbar. Diese Position hat vor allem Paul de Vooght vertreten. Walter Brandmüller dagegen hat «Haec sancta» «nicht als Lehrentscheidung, sondern als legislative Notstandsmaßnahme» aufgefasst, der keine über die damalige konkrete Situation hinausreichende Gültigkeit zukomme. Das Dekret habe nur bis zur Beseitigung des Schismas gegolten und «der Kirche die Wiedergewinnung der für sie lebensnotwendigen Einheit» ermöglicht.[11] In ähnlicher Weise hat Brandmüller auch die Verbindlichkeit des Dekrets «Frequens» infrage gestellt. Der ehemalige Augsburger Kirchenhistoriker und heutige Kurienkardinal interpretiert das Dekret nur als «moralischen Appell», der «keinesfalls als rechtsverbindlicher Befehl» zur regelmäßigen päpstlichen Einberufung von Konzilien verstanden werden dürfe.[12]

Dieser abschwächenden Interpretation hat Karl August Fink widersprochen, der darin – zumindest zwischen den Zeilen – eine grundsätzliche Infragestellung des Konstanzer Konzils und der konziliaren Idee sah, hatte doch schon Kardinal Bellarmin Konstanz von seiner Liste der allgemein verbindlichen ökumenischen Konzilien gestrichen. «Gegen diese einseitige Stellungnahme und den Versuch, durch kirchliche Autorität geschichtliche Fakten zu entscheiden», müssten sich wirklich historisch arbeitende Gelehrte wenden. Tatsächlich hänge alles von der Stellungnahme zu «Haec sancta» ab. «Da wäre es nun wirklich besser, statt dieses Dekret an der Konstitution des Ersten Vatikanischen Konzils zu messen, umgekehrt zu verfahren und somit der geschichtlichen

Entwicklung gerecht zu werden.»[13] Das Konzil – nicht das Kardinalskollegium – habe mit Martin V. einen Papst gültig gewählt und damit nach vier Jahrzehnten das Große Abendländische Schisma beendet. Das konnte nur aufgrund der Superiorität des Konzils über den Papst geschehen. Wenn Konstanz gültig und bleibend einen Papst wählen konnte, dann könnten seine Dekrete nicht nur zeitlich befristet gelten, unabhängig davon, ob man sie als dogmatische Definitionen auffasst oder nicht. Entweder seien also Martin V. und damit auch alle seine Nachfolger legitime Päpste, die sich auf den Konstanzer Papst zurückführen. Dann gelte auch «Haec sancta», dann sei aber «Pastor aeternus» fragwürdig. Oder Konstanz sei kein gültiges ökumenisches Konzil, dann sei aber auch die Papstwahl Martins V. nichtig, dann wäre auch Pius IX., der das Erste Vatikanum einberief, kein legitimer Papst und somit das Erste Vatikanum kein Ökumenisches Konzil gewesen. Für Fink ist klar: Das kollegiale Modell der Kirchenleitung mit der Superiorität des Konzils über den Papst ist aus historischer Sicht das gültige Modell.

Der Streit um die Interpretation von «Haec sancta» und das Verhältnis dieses Konstanzer Dekrets zu den Beschlüssen des Ersten Vatikanischen Konzils ist bis heute weder in der wissenschaftlichen Diskussion noch in der kirchlichen Ekklesiologie zu einer befriedigenden Lösung gekommen. Neuere historische Studien sehen in fast typisch postmoderner Manier in «Haec sancta» ein «Kompromissdekret von intendierter Mehrdeutigkeit» beziehungsweise «gewollt mehrdeutiger Offenheit», wie der Frankfurter Historiker Heribert Müller in seinem großen Forschungsüberblick über den Konziliarismus herausgearbeitet hat.[14]

Demgegenüber ist die Position Benedikts XVI. beziehungsweise Joseph Ratzingers, auf dem Zweiten Vatikanischen Konzil Berater von Joseph Kardinal Frings, weiterführend, der anders als Brandmüller eine nur einmalige Gültigkeit von «Haec sancta» und «Frequens» abgelehnt hat. Ratzinger sah in beiden Dekreten zwar keine dogmatischen Definitionen, sondern bezeichnete sie als «eine für einen ganz bestimmten Ausnahmefall getroffene Notmaßnahme». Er fügte jedoch hinzu: «Das bedeutet freilich nicht, dass das Ganze damit bloß als ein vergangenes Ereignis ohne jede bleibende Bedeutung für die Sache selbst anzusehen wäre.» «Haec sancta» und «Frequens» und damit die konziliare Option gehörten für die Kirche «als Notrecht bleibend zu ihren Möglichkeiten». Insofern biete Konstanz «in gewissem Sinn eine Komplementäraussage zu den Definitionen des I. Vaticanum».[15]

Daher versuchte Ratzinger, die Konstitution «Pastor aeternus» von 1870 an die Geschichte der ökumenischen Konzilien zurückzubinden, indem er in einer dogmengeschichtlichen Relecture im Text des Ersten Vatikanischen Konzils Anknüpfungspunkte für eine Integration konziliarer Traditionsstränge in das papalistische Dogma suchte. Tatsächlich finden sich in «Pastor aeternus» vereinzelte Formulierungen, die so gedeutet werden können, etwa der Hinweis auf die Akten der ökumenischen Konzilien und die heiligen Canones. Ratzinger kam zu dem Ergebnis: «Der neue Text ist zu lesen in Einheit mit dem vorangegangenen, wie umgekehrt dieser vergegenwärtigt und entfaltet wird durch das Neue.»[16]

Die Ausblendung der konziliaren Option

Trotz aller theologischen Versuche und dogmengeschichtlicher Relecture: Die Integration der bleibenden konziliaren Option in die derzeit gültige Lehre vom umfassenden Primat des Papstes in der Kirche steht immer noch aus. Sie ist, wie der Frankfurter Jesuit Klaus Schatz feststellt, anderslautenden Behauptungen zum Trotz, auch in der Kirchenkonstitution «Lumen gentium» des Zweiten Vatikanischen Konzils nicht gelungen. In der Praxis habe sich seither die monarchische Kirchenleitung durch den Papst durchgesetzt. Rom habe keinerlei «Schwächung der eigenen Autorität» zugelassen, vielmehr «Kollegialität» als «störendes kritisches Element und Risikofaktor» konsequent unterdrückt. «Kollegiale Entscheidung ist dann dort erwünscht, wo von ihr keine unangenehmen Überraschungen zu erwarten sind, nicht jedoch da, wo die Gefahr besteht, dass sie unabsehbare Entwicklungen auslösen könnte.»[17]

Mit dieser Ausblendung der konziliaren Option ist die katholische Kirche schlecht beraten, denn notwendige Reformen sollten auf einer breiten Konsensbasis durchgesetzt werden. Ein allgemeines Konzil, das die Weltkirche repräsentiert, könnte die Instanz für solche Reformen sein, aber auch die Instanz für den Fall, einen irrenden, dementen oder regierungsunfähigen Papst als solchen zu identifizieren und notfalls abzusetzen. Zurzeit gibt es noch nicht einmal eine Instanz, die den freiwilligen Amtsverzicht eines Papstes entgegennehmen könnte. Das hat sich am 28. Februar 2013 im Fall des Rücktritts von Papst Benedikt XVI. gezeigt – übrigens der erste Rücktritt, seitdem vor fast sechshundert Jahren Gregor XII. auf dem Konstanzer Konzil seinen Verzicht auf das Amt als Pontifex maximus erklärt hatte. Benedikt XVI. wählte als Forum ein Konsistorium der Kardinäle, weil er das Amt in die Hände seiner Wähler zurücklegen wollte. Einige zogen die Rechtmäßigkeit dieses Schrittes in Zweifel, was der emeritierte Papst entschieden zurückwies. Wäre nicht ein Konzil, das bleibend zu den Möglichkeiten der Kirche gehört, die adäquate Instanz gewesen? Denn kein Geringerer als Joseph Ratzinger hatte schon vor einem halben Jahrhundert am Ende des Zweiten Vatikanischen Konzils gefordert, dass Konzil und Papst bleibend aufeinander verwiesen seien und deshalb «Pastor aeternus» im Licht von «Haec sancta» gelesen werden müsse.

Erst dann ist die katholische Kirche mit sich im Lot, weil Monarchie und Kollegialität sich gegenseitig ausbalancieren. Wenn Papst Franziskus, wie er mehrfach angedeutet hat, diesen Ausgleich anstrebt und sich den Bischöfen gegenüber als Kollege verstehen will, stellt ihm die Tradition der Kirche dafür erprobte Modelle bereit.

5. Die Kardinäle
Gegengewicht zur päpstlichen Macht

Die Williamson-Affäre: Ein Papst der einsamen Entscheidungen

Am 21. Januar 2009 erschien ein Dekret, das wie eine Bombe einschlug und nicht nur innerhalb der katholischen Kirche, sondern weit darüber hinaus für heftige Reaktionen sorgte: Kardinal Giovanni Battista Re, der Präfekt der Bischofskongregation, hatte in einer Privataudienz von Papst Benedikt XVI. ausdrücklich die Vollmacht erhalten, vier Bischöfe der traditionalistischen Priesterbruderschaft Sankt Pius X. wieder in die volle Gemeinschaft mit der katholischen Kirche aufzunehmen und die Strafe der Exkommunikation aufzuheben. Der Papst reagierte damit auf eine Bitte ebendieser vier Bischöfe Bernard Fellay, Bernard Tissier de Mallerais, Richard Williamson und Alfonso de Galarreta. Er brachte durch diesen Schritt sein «väterliches Empfinden gegenüber der von den Betroffenen bekundeten geistlichen Beschwernis» zum Ausdruck, wie es im Dekret hieß.[1]

Selbst die deutsche Bundeskanzlerin Angela Merkel sah sich durch diesen im Grunde internen Vorgang der Aufhebung einer Kirchenstrafe zum Handeln gezwungen und forderte vom Papst klare Worte. Denn mit Bischof Williamson nahm Benedikt XVI. einen entschiedenen Leugner des Holocausts wieder in die Gemeinschaft der katholischen Kirche auf. Williamson hatte die Existenz von Vernichtungslagern wie Auschwitz öffentlich in Zweifel gezogen und war deswegen ins Visier der deutschen Justiz geraten.

Auf den massiven medialen Druck hin musste der Papst einräumen, von Williamsons antisemitischen Äußerungen nichts gewusst zu haben. Jedoch kam auch ans Tageslicht, dass es im Vatikan ein umfangreiches Dossier über Williamson und dessen Holocaust-Leugnung gab, denn der Päpstliche Rat zur Förderung der Einheit der Christen, in dessen Zuständigkeit auch das Verhältnis der katholischen Kirche zum Judentum fällt, hatte den Fall seit Jahren aufmerksam verfolgt. Diese Informationen erreichten den Papst aber nicht, allem Anschein nach, weil er seine Absicht zur Aufhebung der Exkommunikation der genannten Bischöfe innerhalb der Kurie vorher nicht kommuniziert hatte. Der Präsident des Einheitsrats, Walter Kardinal Kasper, erfuhr wie zahlreiche andere hohe Kuriale von diesem Schritt offenbar erst aus der Presse. Eine interne gemeinsame Beratung mit den Präfekten der weiteren zuständigen Kongregationen der Römischen Kurie war unterblieben. Papst Benedikt XVI. traf eine einsame Entscheidung auf der Basis eines offenkundig unzureichenden Informationsstandes. Dieser Fauxpas wurde gerade ihm als Deutschem, von dem man eine besondere Sensibilität beim Thema Holocaust erwartete, negativ angekreidet.

Es spricht viel dafür, dass das Vorgehen im Fall Williamson kein Einzelfall war, sondern dass Entscheidungen an der Kurie Benedikts XVI. häufig nach diesem Muster getroffen wurden. Ein gutes Beispiel dafür ist seine Regensburger Rede vom 12. September 2006, die bei Muslimen heftige Empörung hervorrief, weil der Papst den byzantinischen Kaiser Manuel II. Palaiologos mit den Worten zitierte: «Zeig mir doch, was Mohammed Neues gebracht hat, und da wirst du nur Schlechtes und Inhumanes finden wie dies, dass er vorgeschrieben hat, den Glauben, den er predigte, durch das Schwert zu verbreiten.»[2] Offenbar hatte die Rede niemand vorher kritisch gelesen und ihre möglichen Missverständnisse und politischen Folgen eingeschätzt. Dabei hätte es nur eines einzigen zusätzlichen Halbsatzes bedurft, um die Irritationen zu vermeiden: Auch Christen – und nicht nur Muslime – haben in ihrer Geschichte, etwa in den Kreuzzügen, Gewalt eingesetzt, um ihre religiösen Überzeugungen durchzusetzen. Dieses Eingeständnis fehlte in der Regensburger Rede.

In den Medien wurden diese und ähnliche Pannen nicht selten dem persönlichen Regierungsstil Benedikts XVI. zugeschrieben, der auch als Papst dem Habitus eines deutschen, allwissenden Universitätsprofessors treu geblieben sei. Diese Interpretation greift allerdings zu kurz: Erstens muss danach gefragt werden, ob es sich nicht um ein grundsätzliches Strukturproblem der Entscheidungsfindung im Vatikan des zwanzigsten und beginnenden einundzwanzigsten Jahrhunderts handelt. Zweitens ist aus historischer Perspektive nach den Voraussetzungen, Formen, Verfahren, Abläufen und Logiken kurialer Entscheidungsfindungen und ihrer Entwicklung zu fragen.

Wie kommen verbindliche Entscheidungen des Papstes überhaupt zustande? Fällt er sie grundsätzlich allein an seinem Schreibtisch im Apostolischen Palast des Vatikans, oder sind die Organe der Römischen Kurie einbezogen? Reden die Kardinäle ein entscheidendes Wort mit oder dürfen sie die päpstlichen Beschlüsse nur noch abnicken? Gibt es so etwas wie ein Veto des Kardinalstaatssekretärs, oder handelt der Papst als absoluter Monarch und Stellvertreter Jesu Christi auf Erden allein und somit unkontrolliert? Dabei darf man freilich die absolute Papstmonarchie des Ersten Vatikanischen Konzils von 1870 und des kirchlichen Gesetzbuches, des *Codex Iuris Canonici* von 1917, nicht einfach auf frühere Zeiten der Kirchengeschichte zurückprojizieren.

Kleine Geschichte der Kardinäle

Es dauerte viele Jahrhunderte, bis der Bischof von Rom einen Primatsanspruch über die katholische Kirche zumindest theoretisch erheben, und noch viel länger, bis er diesen vereinzelt auch faktisch durchsetzen konnte. Außerdem wurde innerkirchlich lange Zeit heftig darüber gestritten, ob dem Papst oder dem ökumenischen Konzil die Leitung der Kirche zukam. Das große Manko konziliarer Ideen war jedoch offensichtlich: Ein Konzil als Versammlung der Bischöfe konnte zwar als Legislative tätig werden und Dekrete verabschieden. Es fehlte ihm aber einerseits die Stetigkeit, da es nur eine bestimmte Zeit tagen konnte, und andererseits vor allem eine Exekutive zur Umsetzung seiner Beschlüsse. Der Versuch des Konzils von Basel, sich in Konkurrenz zur päpstlichen Kurie in Rom eine eigene Konzilskurie als ausführendes Organ zu schaffen – «et sic hic formatur curia Romana» –, wird vor diesem Hintergrund verständlich, war aber zum Scheitern verurteilt.[3] Damit konzentrierte sich aller konziliaren Rhetorik zum Trotz die Frage nach der letzten Entscheidungskompetenz in der katholischen Kirche doch wieder auf den Papst und die – mehr oder weniger intensiv eingebundene – Römische Kurie.

Die absolute Papstmonarchie konnte es aber auch deswegen vor dem neunzehnten Jahrhundert nicht geben, weil die Päpste lange Zeit von der Gnade politischer Mächte abhängig waren, zunächst von den römischen und byzantinischen Kaisern, später von den Karolingern, römischen Adelsgeschlechtern, den Königen und Kaisern des Heiligen Römischen Reiches Deutscher Nation, dem französischen König oder den Habsburgern. Schon Karl der Große hatte eine klare Vorstellung von der Entscheidungskompetenz des Papstes in der Kirche, wie er in einem Brief an Leo III. von 796 mehr als deutlich machte: Der Papst durfte lediglich für das Wohl der Kirche beten, die Aufgabe des Kaisers dagegen war es, die Kirche nach außen gegen die Heiden zu verteidigen und im Inneren den katholischen Glauben zu festigen.

Für das zehnte Jahrhundert, das sogenannte *Saeculum obscurum*, ist ebenfalls kaum von souverän entscheidenden Bischöfen von Rom zu sprechen, vielmehr wurden die Päpste immer mehr zum Spielball stadtrömischer Adelsgeschlechter. Sie waren nichts anderes als Marionetten der konkurrierenden Familien, etwa der Tusculaner und Crescenzier, die mit Mafiamethoden Kirchenstaat und Kirche beherrschten. Papstschismen waren an der Tagesordnung, Päpste wurden nach Belieben ein- und abgesetzt, verstümmelt und ermordet. Ihre Regierungsdauer war häufig sehr kurz.

Zu einem entscheidenden Einschnitt wurde jedoch die Synode von Sutri 1046, auf der Kaiser Heinrich III. drei konkurrierende Päpste absetzte und mit Suidger von Bamberg, der sich Clemens II. nannte, die Ära des sogenannten Reformpapsttums einläutete. Hatten die bisherigen Herrscher Papstschismen immer nur dadurch gelöst, dass sie einen neuen Papst politisch oder gewaltsam durchsetzten, so versuchte Heinrich III. der notwendigen Reform in Rom dadurch Dauer zu verleihen, dass er gleichzeitig für eine Aufwertung des Kardinalskollegiums sorgte, das ebenfalls mit Männern der Reform von nördlich der Alpen besetzt wurde. Dadurch wurde dem Papst ein ständiger Senat an die Seite gestellt, der ihn in allen wichtigen Fragen beraten, kontrollieren und vor allem auf Reformkurs halten sollte. Im Papstwahldekret von 1059 kam dieses neue Selbstverständnis des Kardinalskollegiums treffend zum Ausdruck, das für sich erstmals das Recht der Papstwahl exklusiv reservierte und die bis dahin übliche Mitwirkung von Klerus und Volk Roms ausschaltete. Die Zahl der Kardinäle schwankte damals zwischen zwölf und fünfundzwanzig, sodass es sich stets um eine überschaubare Gruppe handelte, die sich regelmäßig als Gremium mit dem Papst treffen konnte, um alle anstehenden Entscheidungen zu besprechen und abzustimmen.

Als geeignete Form für die Mitwirkung des Kardinalskollegiums an der Regierung der Kirche etablierte sich im Lauf der Zeit das Konsistorium, in dem sich über Jahrhunderte hinweg alle in Rom anwesenden Kardinäle mit dem Papst trafen. Das Konsistorium tagte wenigstens dreimal in der Woche, in manchen Phasen auch täglich. Der Papst musste den Kardinälen über die anstehenden Entscheidungen berichten und sie mit der Frage *Quid vobis videtur?* – «Welche Ansicht habt Ihr zu dieser Sache?» – in der Reihenfolge ihres Ernennungsalters um ihre Meinung bitten. Damit waren die päpstlichen Entscheidungen kollegial abgesichert. Zugespitzt formuliert könnte man sagen, dass das Konsistorium die päpstliche Kurie bildete.

Im Laufe der Zeit versuchten die Päpste jedoch, das Konsistorium immer mehr zu entmachten und es zu einer rein zeremoniellen Bühne zu degradieren, auf der sie ihre souveränen Entscheidungen inszenierten, ohne dass den Kardinälen ein wirkliches Einspruchsrecht blieb. In der Folge etablierten die Päpste eine absolutistische Regierung und schalteten das Konsistorium als *Senatus divinus* weitgehend aus. Aus der Oligarchie der Kardinäle als Kirchenfürsten wurde immer mehr die Monarchie des Papstes.

Dessen ungeachtet blieb das kleine Kardinalskollegium mit etwa zwei Dutzend Mitgliedern, zumal wenn es sich einig war, ein ernst zu nehmendes kollegiales Gegengewicht zur päpstlichen Macht. Dies veranlasste Sixtus V., der von 1585 bis 1590 auf dem Stuhl Petri saß, zu einer grundlegenden Reform der Kurie in Rom, die erstmals als Behörde im neuzeitlichen Sinn gestaltet wurde. Durch zwei Maßnahmen beschnitt Sixtus V. sowohl die Kompetenz des einzelnen Kardinals als auch des gesamten Kardinalskollegiums. Nie mehr sollten die Kardinäle die Möglichkeit haben, Entscheidungen des Papstes infrage zu stellen, geschweige denn an ihnen aktiv mitzuwirken:

Zum einen erhöhte der Papst die Zahl der Kardinäle von rund zwanzig auf siebzig. Als Vorbild dienten ihm dabei nicht die zwölf Apostel, sondern die siebzig Jünger Jesu. Das kam einer Ämterinflation gleich und minderte den Einfluss des einzelnen Kardinals drastisch, sodass der deutsche Kurienkenner Paul Maria Baumgarten noch zu Beginn des zwanzigsten Jahrhunderts davon sprach, seit Sixtus V. seien die Kardinäle keine machtvollen Kirchenfürsten mehr, sondern lediglich Statuen in den Nischen des Vatikans. Die Kardinäle wurden in drei Ordines (Gruppen) eingeteilt: sechs Kardinalbischöfe, fünfzig Kardinalpriester und vierzehn Kardinaldiakone. Dies sollte erst in der zweiten Hälfte des zwanzigsten Jahrhunderts von Johannes XXIII. und Paul VI. verändert werden, die die Zahl der aktiven Kardinäle auf einhundertzwanzig anhoben.

Zum anderen richtete Sixtus V. fünfzehn ständige Kardinalskongregationen ein, von denen sechs für die Verwaltung und die Rechtsprechung des Kirchenstaats zuständig waren, die übrigen sollten den Papst in der Regierung der Gesamtkirche beraten. Zu diesen zählten die Römische Inquisition als oberste Glaubensbehörde, die Indexkongregation, zuständig für Buchzensur, die Konzilskongregation für die authentische Interpretation der Beschlüsse des Konzils von Trient, die Bischofskongregation, befasst mit allen Angelegenheiten der Bischöfe, die Regularenkongregation, in deren Kompetenz die Orden fielen, sowie die Konsistorialkongregation, zuständig für die Errichtung und Aufhebung der Bistümer und die Durchführung der Informativprozesse für Bischofskandidaten. Weitere Dikasterien waren die Kongregation für die *Segnatura di Grazia* für außergerichtliche Gnadenakte und Vergünstigungen, die Riten- und Zeremonienkongregation, zuständig für die Liturgie und das päpstliche Zeremoniell, sowie die Kongregation für die vatikanische Druckerei, die für die Edition zuverlässiger Quellenausgaben, wie etwa der Beschlüsse des Konzils von Trient, zu sorgen hatte.

Die Einrichtung der Kongregationen wurde in der Forschung sehr zwiespältig beurteilt. Die einen sahen in Sixtus V. den Erfinder der neuzeitlichen Ministerien, dessen Maßnahmen zahlreiche weltliche Staaten Europas in den folgenden Jahrzehnten kopierten, was wiederum zu einer Professionalisierung und Effizienzsteigerung des Regierungshandelns beigetragen habe. Die anderen monierten die Konzentration der Entscheidung auf den Papst. Tatsächlich unterstanden die Kongregationen dem Pontifex und hatten ausschließlich beratende Funktion. Nur noch der Papst allein verfügte über das gesamte Regierungswissen, da nur er in Privataudienz die Präfekten der einzelnen Kongregationen, also quasi seine Fachminister, empfing, während es eine gemeinsame Beratung im Konsistorium oder eine Versammlung der Präfekten nicht mehr gab. Die faktische Entmachtung der Kardinäle wurde diesen aber durch Kompensationen auf zeremoniellem Gebiet versüßt. So erhielten sie das Recht, den Purpur zu tragen, vor allem einen roten Hut, der in der Antike Kaisern vorbehalten war, und sich mit «Eminentissimus» anreden zu lassen.

Allerdings regierten die Päpste seit dem Ende des Mittelalters, insbesondere in der Renaissance und Barockzeit, nicht zuletzt aufgrund ihres oft hohen Alters kaum in eigener Person. Vielmehr machten sie häufig einen jungen Neffen zum Kardinalnepoten, der im Auftrag und Namen des Onkels die Geschäfte führte und der eigentlich starke Mann an der Kurie war. Neben den Kongregationen und dem Kardinalnepoten entstand jedoch nach und nach ein eigenes Büro des Papstes, das zu Beginn des siebzehnten Jahrhunderts den Namen Staatssekretariat erhielt und mit dessen Leitung später stets ein Kardinal betraut wurde. Dieses Sekretariat sollte sich – zunächst noch in Konkurrenz mit dem «Amt» des Kardinalnepoten – zur entscheidenden politischen Schaltzentrale der Kurie entwickeln, dem die Inquisition als Vorläufer der Kongregation für die Glaubenslehre als Gegengewicht im Bereich des Glaubens und der Sitten gegenüberstand.

Betrachtet man die Arbeit der einzelnen Kongregationen genauer, so lässt sich feststellen, dass diese trotz der alleinigen Entscheidungsbefugnis des Papstes eine elaborierte Diskussionskultur entwickelten, die wenigstens innerhalb der einzelnen «Ministerien» eine kollektive Absicherung der Beschlussvorlagen garantierte. Anschaulich wird dies zum Beispiel an der Arbeit der Indexkongregation und der Inquisition auf dem Feld der Buchzensur. Hier war es keinesfalls so, dass die Kongregationen einen Autor nur deshalb auf den *Index der verbotenen Bücher* brachten, weil der Papst es so wollte. Vielmehr setzte sich immer stärker eine Autonomie des Verfahrens durch, das einer klaren Geschäftsordnung folgte. So wurde für jedes Werk mindestens ein schriftliches Gutachten angefertigt, das in der Versammlung der Konsultoren, der beratenden Fachleute und Theologen, mitunter kontrovers diskutiert wurde. Dieses Gremium formulierte eine erste Beschlussempfehlung, die dann in der eigentlichen Kongregation, der Versammlung der Kardinäle, behandelt wurde. Die Kardinäle ihrerseits erstellten einen Beschlussvorschlag für den Papst, den der Sekretär der Kongregation diesem in Privataudienz vorzulegen hatte. Der Papst modifizierte zwar gelegentlich diesen Vorschlag, setzte sich aber kaum einmal einfach über ihn hinweg, sodass es faktisch zu einer weitgehenden Bindung der päpstlichen Entscheidung an die Arbeit der Kongregation kam. Durch die Schriftlichkeit des Verfahrens lässt sich dies heute sehr gut in den Akten des Archivs der Kongregation für die Glaubenslehre nachvollziehen.

Es wird aber auch deutlich, dass nur wenig Kommunikation zwischen den einzelnen Dikasterien stattfand. Der Papst behielt als einziger den Überblick über das Gesamtgefüge. Dieses Defizit wurde nach der großen kirchenpolitischen Katastrophe zu Beginn des neunzehnten Jahrhunderts erkannt, als Napoleon den Kirchenstaat besetzt und den Papst ins französische Exil verschleppt hatte. Pius VII., Papst von 1800 bis 1823, errichtete daher unmittelbar nach seiner Rückkehr nach Rom im Jahr 1814 die «Congregazione per gli Affari Ecclesiastici Straordinari», eine Kongregation, die für alle politisch wichtigen Angelegenheiten der Kirche zuständig sein sollte. Der Papst wollte offenbar aus den Fehlern lernen, die zum vorübergehenden Verlust des Kirchenstaats geführt hatten, für außerordentliche Herausforderungen besser gewappnet sein und politisch brisante Entscheidungen nicht mehr allein oder nur gestützt auf den Kardinalstaatssekretär fällen.

Ein vatikanischer Sicherheitsrat

Der Kongregation für die außerordentlichen kirchlichen Angelegenheiten gehörten die einflussreichsten Kurienkardinäle an, die meistens auch Präfekten oder profilierte Mitglieder anderer wichtiger Kongregationen waren. Sie wurde vom Papst immer dann hinzugezogen, wenn er beziehungsweise sein Kardinalstaatssekretär Beratung für den Umgang mit einer heiklen Frage brauchten. Dazu wurden den Kardinälen in den sogenannten *Dubia* Fragen vorgelegt, die wiederum von Konsultoren, die als Fachleute für die betreffende Thematik galten, schriftlich zu bearbeiten waren. Diese Antworten wurden im Geheimdruck vervielfältigt und dienten den Kardinälen als Grundlage für ihre Entscheidungen, die sie in regelmäßigen *Sessiones* fällten, in Sitzungen, die sie gemeinsam mit dem Kardinalstaatssekretär abhielten. Im neunzehnten Jahrhundert diskutierten die Kardinäle alle wichtigen kirchenpolitischen Fragen wie Konkordate, das Verhältnis der Kurie zu verschiedenen Staaten und Staatsformen, das aktive und passive Wahlrecht von Katholiken, Bischofsstuhlbesetzungen oder auch die Frage nach Krieg und Frieden in den Sitzungen der Kongregation auf der Basis umfangreicher gedruckter Gutachten. Meistens formulierten sie juristisch und politisch abgesicherte, äußerst abgewogene Entscheidungsvorschläge, die der Papst in der Regel übernahm.

Um ein Beispiel aus der Gründungszeit der Kongregation zu nennen: Der evangelische König Württembergs, das im Zuge der Säkularisation zum Königreich geworden war, hatte 1812 für seine katholischen Untertanen in Ellwangen eigenmächtig ein katholisches Landesbistum gegründet und dazu die württembergischen Landesteile von der Diözese Augsburg abgetrennt. Die Frage war, wie die Kurie auf diesen Akt reagieren sollte. Sowohl die Gutachten als auch die Niederschrift der Sitzungen, auf denen dieses Thema seit 1814 beraten wurde, zeigen heftige Auseinandersetzungen zwischen «Tauben» und «Falken». Erstere, die Gemäßigten, plädierten für eine pragmatische Lösung, während die Hardliner auf Konfrontationskurs gehen wollten. In langen Auseinandersetzungen kam es schließlich zu einem klugen Kompromiss: Der evangelische König wurde öffentlich nicht kritisiert. Vielmehr würdigte die Kongregation ausdrücklich seine Sorge um das Seelenheil der ihm anvertrauten Katholiken. Mehr noch: Die einseitigen staatlichen Rechtsakte wurden im Nachhinein auch kirchlich gebilligt. Die katholischen Berater des Königs und insbesondere der Augsburger Weihbischof Franz Karl Fürst zu Hohenlohe, der sich vom König zum Generalvikar in Ellwangen hatte ernennen lassen, gerieten dagegen in den Fokus der Kritik. Die Kardinäle in der Kongregation waren der Meinung, Hohenlohe habe sich durch sein Vorgehen schwere kirchliche Strafen zugezogen, von denen ihn nur der Papst selbst befreien könne. Aber er sollte nicht öffentlich getadelt, sondern intern zurechtgewiesen werden. So wurde denn auch verfahren, nachdem der Papst dem Vorschlag zugestimmt hatte.

Modern ausgedrückt, erinnert die Arbeitsweise der Kongregation für die außerordentlichen kirchlichen Angelegenheiten in vielem an die Tätigkeit eines Kabinetts. Pius VII. zog damit neben der vertikalen Kommunikation zwischen den Präfekten der einzelnen Kongregationen und dem Papst eine horizontale Kommunikationsebene ein. So brachte er die wichtigsten «Minister» der

Kurie über zentrale Themen miteinander ins Gespräch. Damit wussten in wesentlichen Angelegenheiten die entscheidenden Männer in Rom Bescheid und konnten die Perspektive ihrer jeweiligen Kongregation in die Entscheidungsfindung einbringen. Das minderte die Gefahr, dass vorhandene Informationen in den Gängen des Apostolischen Palastes versickerten und die rechte Hand der Kurie nicht wusste, was die linke tat.

Von Pius VII. an bedienten sich die Päpste regelmäßig der Kongregation für die außerordentlichen kirchlichen Angelegenheiten als päpstlichen Sicherheitsrates, wenn sie brisante kirchenpolitische Fragen zu beantworten hatten. Die Sachakten und Sitzungsunterlagen im Vatikanischen Geheimarchiv legen davon beredt Zeugnis ab. Damit erweisen sich die monarchischen Entscheidungen des Papstes bis ins zwanzigste Jahrhundert hinein zumindest zum Teil als kollegial abgesichert.

Im Pontifikat von Pius X. in den Jahren 1903 bis 1914 entwickelte sich jedoch neben dem offiziellen Kurienapparat mit dem Staatssekretariat an der Spitze ein *Sacro Tavolo* genanntes Geheimsekretariat des Papstes als Parallelbehörde. Diese geheime *Segretariola* traf mit dem Papst zahlreiche, vor allem Italien betreffende Entscheidungen an der Römischen Kurie vorbei. Zudem führte dieser Papst 1908 eine Reform durch, mit der er die inzwischen auf siebenunddreißig Behörden angewachsene Kurie auf drei Gerichtshöfe, fünf Ämter und elf Kongregationen mit klaren Zuständigkeiten reduzierte. Es gelang aber nicht, das «Kompetenzwirrwarr»[4] – wie einer der besten Kenner der Römischen Kurie, Erwin Gatz, es einmal bezeichnet hat – zu beseitigen. Die Entscheidungsabläufe in Rom blieben unübersichtlich, in einigen Fällen reklamierten gleich mehrere Kongregationen eine Angelegenheit für sich, was nicht gerade die Effizienz steigerte, aber die Stellung des Papstes stärkte.

Der Nachfolger Pius' X., der von 1914 bis 1922 regierende Benedikt XV., setzte wieder verstärkt auf die Kongregation für die außerordentlichen kirchlichen Angelegenheiten, auch wenn die Anzahl der Sitzungen etwas zurückging. So versammelte er – um nur ein Beispiel zu nennen – die Kardinäle der Kongregation am 29. März 1917 zu einer Sitzung, um mit ihnen über die äußerst brisante Situation des Heiligen Stuhls während des Ersten Weltkriegs zu beraten. Im Vordergrund stand dabei die sogenannte Römische Frage, denn im Verlauf der Entstehung des italienischen Nationalstaats im neunzehnten Jahrhundert hatte das Königreich Italien 1870 auch den Kirchenstaat und Rom annektiert, sodass der Papst seitdem keinem eigenen Staat mehr vorstand und zum Untertan des italienischen Königs geworden war. Diese Situation war mit der Unabhängigkeit des Papstes als Oberhaupt der Weltkirche nur schwer in Einklang zu bringen. In der Kongregation hoffte man, die Römische Frage im Zusammenhang einer Friedenskonferenz auf internationaler Ebene diskutieren und endlich einer Lösung zuführen zu können, was Italien jedoch um jeden Preis verhindern wollte.

Auch für den Nachfolger Benedikts XV., Papst Pius XI., lassen sich die Abläufe der Entscheidungsfindung im Vatikan präzise rekonstruieren, weil für sein von 1922 bis 1939 dauerndes Pontifikat seit 2006 alle einschlägigen Quellen im Vatikanischen Geheimarchiv zugänglich sind. Für die folgenden Päpste Pius XII., Johannes XXIII., Paul VI., Johannes Paul I., Johannes Paul II. und Benedikt XVI. ist dies bislang noch nicht der Fall.

Die Entmachtung der Kardinäle im zwanzigsten Jahrhundert

Pius XI. sah sich im Dezember 1931 vor die Frage gestellt, ob Katholiken sich mit einer Waffe in der Hand gegen totalitäre Regime wehren durften und ob das mit dem Verweis auf einen «gerechten» Krieg zu legitimieren sei. Konkret ging es um Mexiko, wo

Priester und Gläubige seit Jahren vom dortigen Regime verfolgt und drangsaliert wurden. Tausende Katholiken fanden dabei den Tod. Einige Bischöfe und Laien in Mexiko waren der Meinung, die Kirche müsse sich notfalls auch mit Gewalt wehren, und nicht wenige leisteten im Zuge der sogenannten *Cristiada* tatsächlich gewaltsamen Widerstand. Die mexikanischen Katholiken wandten sich an Rom und baten um Weisung, wie sie sich verhalten sollten. Pius XI. beriet sich in der Kurie mit niemandem über dieses brisante Thema, sondern teilte seinem Kardinalstaatssekretär Eugenio Pacelli während einer Privataudienz einfach seine Entscheidung mit: Er betonte, der Heilige Stuhl segne und stärke zwar all diejenigen, die in diesem Kampf in Mexiko die Rechte Gottes und der Religion verteidigten, unter den gegebenen Umständen könne er aber «den bewaffneten Widerstand weder autorisieren noch dazu ermutigen, um nicht zu sagen, dass er den bewaffneten Kampf ausdrücklich missbillige».[5]

Dies ist kein Einzelfall. Pius XI. brach radikal mit der Praxis seiner Vorgänger. Er berief so gut wie keine Sitzung der Kardinäle der Kongregation für die außerordentlichen kirchlichen Angelegenheiten mehr ein. Auch mit den Lateranverträgen 1929, dem Reichskonkordat 1933 oder der päpstlichen Verurteilung des Nationalsozialismus und des Kommunismus 1937 wurde die Kongregation nicht befasst. Bei einer der seltenen Sitzungen im Jahr 1935 machte Kardinalstaatssekretär Eugenio Pacelli den Eminenzen sogar eingangs klar, dass der Papst keine Entscheidung von ihnen verlange, sondern nur ganz allgemein und unverbindlich ihre Meinung hören wolle.

Dies passt zum autokratischen Führungsstil Pius' XI. Die kollegial organisierten Kontrollmechanismen des päpstlichen Primats wurden systematisch ausgeschaltet; Kongregationen oft nicht involviert, auch wenn ihr Zuständigkeitsbereich inhaltlich direkt berührt war. Jetzt entschied der Papst allein, meistens in Privataudienzen, in denen der Kardinalstaatssekretär offene Fragen vortrug. So wurde die Privataudienz beim Papst zum maßgeblichen Entscheidungsort der Kurie Pius' XI.

Ein Beispiel: Kardinalstaatssekretär Pietro Gasparri und der damals noch als Nuntius in Deutschland wirkende Eugenio Pacelli behandelten in vielen Weisungen und Berichten die Zusammenarbeit zwischen der Katholischen Zentrumspartei und der SPD, die seit der Verfassunggebenden Nationalversammlung im Januar 1919 gemeinsam mit der liberalen DDP, der Deutschen Demokratischen Partei, die «Weimarer Koalition» bildeten – obwohl Sozialismus und Liberalismus vom kirchlichen Lehramt mehrfach feierlich verdammt worden waren und den Katholiken die Zusammenarbeit mit den Sozialisten und Liberalen somit verboten war. Mitte der zwanziger Jahre geriet diese Koalition vermehrt in die Kritik konservativer Katholiken, die vom Heiligen Stuhl eine öffentliche Verurteilung forderten. Als Paul von Hindenburg im Frühjahr 1925 zum Reichspräsidenten gewählt wurde und sich gegen den Zentrumskandidaten Wilhelm Marx durchsetzte, beschrieb der Nuntius weisungsgemäß die Hintergründe der Wahl: Ein «Rechtsblock» habe Hindenburg, ein «Linksblock» den Zentrumspolitiker Wilhelm Marx unterstützt. Gasparri schrieb in deutlichen Worten an Pacelli, dass die Allianz der katholischen Partei mit den Sozialisten dem Papst Sorgen bereite. Dabei berief er sich auf Formulierungen des Papstes im Konsistorium vom Dezember 1924. Der Kardinalstaatssekretär wies den Nuntius an, er solle den deutschen Bischöfen diese Sorgen in Erinnerung rufen und sie fragen, ob diese Koalition «für die Autorität der Kirche auf lange Sicht nicht eine ernsthafte Gefahr» bedeute.

Aus Pacellis Sicht war nach diesem Schreiben zu befürchten, dass Pius XI. im anstehenden Konsistorium die Koalition des Zentrums mit der SPD feierlich verurteilen würde. Um dies zu verhindern, sandte er am 1. Dezember 1925 einen Nuntiaturbericht an Gasparri. Nachdem die Deutschnationalen die Locarno-Verträge, mit denen Deutschland unter anderem den Verlust von

Elsass-Lothringen und die Entmilitarisierung des Rheinlands anerkannte, abgelehnt hatten und deswegen die Mitte-Rechts-Koalition zerbrochen war, sah es Pacelli als äußerst unklug an, wenn der Papst im nächsten Konsistorium eine Koalition der katholischen Partei mit den Sozialisten ausdrücklich verurteilen würde, denn dem Zentrum bliebe angesichts der konkreten Situation nichts anderes übrig als eine Neuauflage der Mitte-Links-Koalition unter Einschluss der SPD. Zwischen den Zeilen forderte der Nuntius den Kardinalstaatssekretär auf, auf Pius XI. einzuwirken und ihn von einem «katastrophalen» Schritt abzuhalten. Eine Grundsatzentscheidung über dieses nicht nur für Deutschland wichtige Thema vorzubereiten, wäre eigentlich die Aufgabe der Kongregation für die außerordentlichen kirchlichen Angelegenheiten gewesen, eine Sitzung fand indes nicht statt. Die Entscheidung trafen Kardinalstaatssekretär und Papst wieder einmal in einer Privataudienz. Tatsächlich hatte der Nuntius Erfolg, und Pius XI. äußerte sich im Konsistorium am 14. Dezember 1925 nicht zur politischen Zusammenarbeit von Katholiken und Sozialisten. Das war Pacelli aber nur gelungen, weil er über einen guten Draht zu Gasparri verfügte. Niemand außer dem Kardinalstaatssekretär hätte die Möglichkeit gehabt, mit dem Papst über dieses heikle Thema zu reden, geschweige denn, den impulsiven Pius XI. zu bremsen.

Das Beispiel belegt die fortschreitende Entmachtung des Konsistoriums: Die Kardinäle trafen keine Entscheidungen mehr. Vielmehr war aus der Entscheidungsinstanz Konsistorium ein Forum zur Verkündung und Entgegennahme päpstlicher Entscheidungen geworden. So diente es dem Papst 1924 als Bühne für seine Kritik an der Zusammenarbeit von Katholiken mit Sozialisten. Indem der Entscheidungsort von den kollegialen Beratungen auf die Privataudienz verlegt und dabei der kuriale Verwaltungsapparat gezielt umgangen wurde, verringerte sich auch die Anzahl der Personen, die in die Verfahren eingebunden waren, drastisch. Welche Aufgaben konnten die Kongregationen überhaupt noch übernehmen, außer päpstliche Entscheidungen auszuführen und Routineangelegenheiten zu erledigen? Die Kongregation für die außerordentlichen kirchlichen Angelegenheiten scheint sich in den zwanziger Jahren zu einer reinen Behörde zur Ablage von Akten entwickelt zu haben.

Das Staatssekretariat wurde unterdessen von Informationen aus den unterschiedlichen Ländern wahrhaft überflutet. Allein Nuntius Pacelli sandte aus Deutschland täglich ein bis drei Berichte nach Rom, versehen mit unzähligen, umfangreichen Anlagen. Man müsste einmal stichprobenartig überprüfen, wie viele Briefe, Berichte und Telegramme an einem einzigen Tag aus der ganzen Weltkirche in Rom eingingen. Die Menge der Informationen, die das kirchliche Netzwerk weltweit sammelte, war gewaltig. Und das Staatssekretariat scheint damit überfordert gewesen zu sein, wie zum Beispiel die Ablagepraxis in den Beständen der Abteilung zu Mexiko zeigt. Hier wurden die zahlreichen Denkschriften, die zur Christenverfolgung in Mexiko in den zwanziger Jahren eingingen, in den meisten Fällen bereits einen Tag nach ihrer Ankunft in Rom zur Ablage ans Archiv weitergeleitet. Die Denkschriften dürften daher entweder gar nicht oder nur von einem Mitarbeiter der unteren Ebene, einem *Apprendista* oder *Minutante*, gelesen, für unwichtig erklärt und abgelegt worden sein. Die wichtigen Informationen gelangten gar nicht zu den beiden entscheidenden Männern, dem Papst und seinem Staatssekretär, und spielten damit in der kurialen Entscheidungsfindung für die vatikanische Mexikopolitik keine Rolle.

Dies führt mitten hinein in entscheidende Fragen der Informationsverarbeitung innerhalb des Vatikans: Wie und von wem wurden die eingehenden Informationen sortiert und ausgewählt? Leiteten die Mitarbeiter sie in Sachakten gebündelt an den Kardinalstaatssekretär weiter? Und las dieser die eingehende Post wirklich komplett selbst? Das dürfte angesichts der Masse schlicht unmöglich gewesen sein. Wie konnte die Doppelspitze von Kardinalstaatssekretär und Papst nach Ausschaltung der kollegialen Entscheidungsprozesse diese Informationsflut bewältigen? Oder war sie vielleicht in einem autokratischen System gar nicht zu bewältigen, und die weltweite Informationsbeschaffung durch die Nuntiaturen lief in Rom ins Leere? Wurden die für Entscheidungen notwendigen Informationen möglicherweise an den Heiligen Stuhl geliefert, dort aber nicht abgerufen, nicht verarbeitet?

Es zeigt sich, dass die kuriale Entscheidungsfindung im Hinblick auf ein bestimmtes Land entscheidend von der Person und vom Standing des jeweiligen Nuntius abhing. Eugenio Pacelli beispielsweise, Nuntius in München und Berlin von 1917 bis 1929, danach Kardinalstaatssekretär und seit 1939 bis 1958 als Pius XII. Papst, war ein starker päpstlicher Diplomat. Zwar musste er gleich nach seinem Amtsantritt in München 1917 das Scheitern der päpstlichen Friedensinitiative verkraften, das er in seiner Privatkorrespondenz wenigstens zum Teil auch sich selbst zuschrieb, während er in seinen Berichten nach Rom die Schuld bei der deutschen Regierung, dem protestantischen Reichskanzler Georg Michaelis und nicht zuletzt in den zu optimistischen Informationen des Zentrumspolitikers Matthias Erzberger suchte. Nach wenigen Jahren im Amt zeigte sich Pacelli aber wesentlich selbstbewusster. In der so wichtigen Konkordatspolitik in Deutschland entwarfen letztlich nicht Gasparri und Pius XI. in Rom die großen Linien, sondern der Nuntius vor Ort. Mehrfach entwickelte Pacelli in seinen Berichten Strategien, die der Staatssekretär nach Rücksprache mit Pius XI. so gut wie immer bestätigte.

Ein Nuntius mit Standing und einem guten Draht zum Kardinalstaatssekretär konnte also Einfluss auf die Entscheidungen Pius' XI. nehmen. Ob dies die Ausnahme war, die sprichwörtlich die Regel bestätigte, müsste eine große vergleichende Studie über die Nuntien zur Zeit Pius' XI. zeigen. Deutlich wird aber schon jetzt: Unter Pius XI. funktionierte die Römische Kurie wie ein frühneuzeitlicher Fürstenhof. Entscheidend war der Zugang zum Herrscher. Wer den Papst persönlich in einer Privataudienz sprechen konnte oder schriftlich über den Kardinalstaatssekretär an ihn herankam, konnte dessen zumeist einsame Entscheidungen zumindest mit beeinflussen. Wem diese Wege versperrt blieben, der konnte inhaltlich über noch so gute Argumente verfügen, er drohte in diesem System wirkungslos zu bleiben.

Paul VI., Papst von 1963 bis 1978, setzte im Jahr 1967 eine Kurienreform durch, mit der er den römischen Hof entfeudalisieren, die Amtsträger professionalisieren und die Effizienz der kurialen Prozesse steigern wollte. Neben die Kongregationen, Ämter und Gerichtshöfe trat eine Reihe weiterer Räte und Sekretariate, zu denen jetzt nicht mehr nur Kurienkardinäle, sondern auch Diözesanbischöfe aus der Weltkirche gehörten. Die Kurie wurde internationalisiert. Die Amtszeit der nichtitalienischen Kurienmitarbeiter in Rom wurde auf fünf Jahre begrenzt. Letztlich hatten diese Maßnahmen aber kaum Erfolg. Für die Kurienmitarbeiter gab es die Möglichkeit der Verlängerung, sodass viele doch ihr gesamtes Leben in Rom blieben. Und nicht selten schickten Bischöfe Priester an die Kurie, die für die Seelsorge in den Pfarreien weniger geeignet erschienen – eine bequeme Art der «Wegbeförderung», die wenig zur angestrebten Professionalisierung der Kurie beitrug.

Ein zentraler Schritt Pauls VI. war die nochmalige Aufwertung des Staatssekretariats zu einer Superbehörde, einer Art Präsidialamt unter dem Papst. Bis heute ist der Kardinalstaatssekretär nicht nur der Außenminister, sondern auch der Regierungschef des Papstes und Koordinator der gesamten Kurie. Fast der gesamte Kontakt mit den übrigen Behörden läuft über ihn. Auch mächtige Kongregationen wie die Glaubenskongregation dürfen nicht direkt mit Bischöfen in der Weltkirche Verbindung aufnehmen, vielmehr muss der Schriftverkehr über das Staatssekretariat laufen. Damit verschaffte Paul VI. der seit Pius XI. üblichen Praxis, die Entscheidungskompetenz auf Papst und Staatssekretär zu konzentrieren, auch eine rechtliche Grundlage. Das gesamte System der Römischen Kurie steht und fällt daher mit der Person des Staatssekretärs. Ist er dieser gigantischen Aufgabe juristisch, verwaltungstechnisch, kommunikativ, theologisch, spirituell und menschlich gewachsen, dann kann das Konzept vielleicht aufgehen. Ist er das nicht, funktioniert das System nicht.

Optionen gegen den autokratischen Führungsstil

Angesichts der Empörung nach der Aufhebung der Exkommunikation des Holocaust-Leugners Williamson kritisierte auch der damalige Leiter des deutschsprachigen Programms von Radio Vatikan, der Jesuit Eberhard von Gemmingen, die unzureichende Abstimmung unterschiedlicher kurialer Behörden. Er griff zudem eine alte Forderung des ehemaligen bayerischen Kultusministers Hans Maier wieder auf. Dieser hatte bereits 2001 angeregt, ein regelmäßig tagendes Kabinett aus führenden Vertretern der Kongregationen und kurialen Räte unter Vorsitz des Papstes zu bilden. Er sah in der kollegialen Rückbindung ein probates Mittel gegen die hohe Fehleranfälligkeit einsamer Entscheidungen des Papstes. Solche Vorschläge scheinen beim neuen Papst nicht ungehört geblieben zu sein. Franziskus hat jedenfalls eine weitere grundlegende Kurienreform in Aussicht gestellt und in einem ersten Schritt ein beratendes Kollegium aus acht Kardinälen aus aller Welt berufen.

Die Geschichte der Entwicklung kurialer Entscheidungen zeigt zwar eine deutliche Tendenz zum autokratischen Führungsstil und zur Allkompetenz des Papstes, es gab aber immer auch Gegenbewegungen, die die Entscheidungen des Papstes von der Zustimmung der Kardinäle oder der Kurie abhängig machten. Die Etablierung des Konsistoriums im hohen Mittelalter und die

Gründung der Kongregation für die außerordentlichen kirchlichen Angelegenheiten zu Beginn des neunzehnten Jahrhunderts sind dafür gute Beispiele. Diese bewährten Modelle kollegialer Entscheidungsfindung sollten mit Blick auf die anstehende Reform der Kurie nicht vergessen werden.

6. Mönche und Nonnen
Höchste Autorität durch radikale Nachfolge

Der heilige Martin: Vollmacht ohne Weihe

Poitiers, Ende der sechziger Jahre des vierten Jahrhunderts. Ein junger Mann ist fasziniert von der radikalen Christusnachfolge des Martin von Tours, der ein Kloster mit strengster Askese gegründet hat. Der Jüngling meldet sich zum Taufunterricht an; er will zuerst Christ und dann Mönch werden. Als Martin für einige Tage abwesend ist, wird der Taufbewerber von einem starken Fieber befallen und stirbt. «Unter Tränen und Seufzen kam Martin hinzu. Doch er fühlte sich innerlich vom Heiligen Geist erfüllt. Er wies deshalb die Brüder aus der Zelle, in der der Tote lag. Dann verriegelte er die Tür und legte sich über die entseelten Glieder des verstorbenen Bruders. Er betete eine Zeitlang innig und fühlte daraufhin, dass der Geist ihm eine besondere Kraft des Herrn mitteilte. Dann richtete er sich ein wenig auf, blickte unverwandt auf den Toten und wartete voller Zuversicht auf die Frucht seines Gebetes und der göttlichen Barmherzigkeit. Kaum waren zwei Stunden vergangen, da sah er, wie der Tote nach und nach alle Glieder bewegte; die Augen öffneten sich und begannen blinzelnd zu sehen … ein wunderbares Schauspiel: Sie sahen den leben, den sie tot verlassen hatten.»[1]

Sulpicius Severus, dem wir die Heiligenvita Martins verdanken, berichtet in seiner Lebensbeschreibung mehrfach von Wundern aller Art, von Heilungen und sogar Totenauferweckungen, aber auch von Sündenvergebungen. Martin von Tours konnte diese als Asket und Mönch, so stellt es Sulpicius Severus dar, aufgrund der Radikalität seiner Nachfolge Jesu Christi vollbringen. Die Vollmacht und die Fähigkeit zu diesen Handlungen, auch der Sündenvergebung, stammt dabei nicht aus der Bischofsweihe, die Martin erst Jahre später, im Jahr 371, erhalten sollte. Martin war, wie ursprünglich alle Mönche, ein Laie, als er den Toten zum Leben erweckte. Wie Sulpicius Severus weiter berichtet, stand ihm nach seiner Bischofsweihe «während seiner bischöflichen Amtsverwaltung keineswegs die gleiche Wunderkraft zu Gebot ..., über die er früher ... verfügen konnte».[2]

Diese Aussage von Sulpicius Severus steckt voller Sprengkraft. Denn sie führt mitten hinein in die äußerst kontroversen Debatten um das kirchliche Amt: Nach heutigem Verständnis erhält der – männliche – Amtsträger alle jurisdiktionellen, sakramentalen und seelsorgerlichen Vollmachten, die er für das Heil und Glück der ihm anvertrauten Gläubigen benötigt, durch das Sakrament der Weihe. Deshalb wird heute angesichts des grassierenden Priestermangels intensiv über alternative Zugänge zum Amt diskutiert: Zum ersten werden sogenannte *Viri probati* vorgeschlagen, also verheiratete, in Beruf und Familie bewährte Männer, die nicht mit fünfundzwanzig Jahren, sondern erst jenseits der Vierzig die Priesterweihe erhalten sollen. Zum zweiten wird ein Ende der Zölibatspflicht verlangt. Und zum dritten geht es um eine Öffnung des Amts, wenigstens des Diakonats, auch für Frauen. Reformen in diesen Bereichen sind angesichts der eindeutigen Position, die Rom dazu in den letzten Jahren eingenommen hat, allerdings nicht zu erwarten.

Vielleicht bietet das Beispiel des Martin von Tours eine Möglichkeit, das Thema einmal anders anzugehen. Während es für das heutige Amtsverständnis außer Frage steht, dass seelsorgerliche Kompetenzen wie die Sündenvergebung durch die Weihe übertragen werden, scheint Sulpicius Severus die Bischofsweihe kritisch zu sehen, wenn er beschreibt, dass Martins Fähigkeiten nach seiner Weihe geschwächt gewesen seien. Das kann an der Weihe selbst liegen, die den Status des asketischen Mönches aufhebt, oder an den mit der Weihe verbundenen Amtspflichten und den Präsentationsaufgaben, die Martin von Tours möglicherweise daran gehindert haben, ausreichend Zeit für Askese und Gebet aufzubringen. Die Totenerweckung geschah nicht nur aufgrund der göttlichen Barmherzigkeit, also durch Gnade, sondern war – wie Sulpicius Severus schreibt – wesentlich Frucht des Gebets und der radikalen Nachfolge Jesu, beruhte also auf einer Glaubensleistung Martins, die er sich hart erarbeiten musste.

Kirchenhistorisch gesehen ist bemerkenswert, dass Martin die Vollmacht zur Sündenvergebung hatte, und zwar aufgrund seiner radikalen Nachfolge Christi und nicht aufgrund einer ihm übertragenen Weihegnade, die nach der Lehre der katholischen Kirche unabhängig von der Würdigkeit des Empfängers wirkt. Martin von Tours ist in dieser Hinsicht keineswegs eine Ausnahme. Im Gegenteil: Wie der Münsteraner Kirchenhistoriker und ausgewiesene Mittelalterspezialist Arnold Angenendt überzeugend nachgewiesen hat, war Martin von Tours der Prototyp eines vorbildlichen Mönchs. Deshalb gilt es, den Blick auf einen oft vergessenen dritten Stand in der Kirche jenseits von Klerikern und Laien zu werfen: die Mönche und Nonnen und ihre besondere Form der Christusnachfolge.

«Göttliche Kraft» durch Askese

Religionsgeschichtlich ist das Mönchtum ein weit verbreitetes Phänomen, das sich im Buddhismus und Islam genauso findet wie im Christentum. Seine wesentlichen Merkmale sind: Eine

Gruppe von Frauen oder Männern löst sich aus ihrem Umfeld, um ein Leben mit besonders strenger Befolgung der Gebote ihrer Religion zu führen. Typisch sind eine rigide Askese mit Keuschheit, Armut und Gehorsam sowie ein klar geregelter Tagesablauf. Mönch und Nonne sind meistens auch durch eine einheitliche Ordenstracht erkennbar, mit der sie sich von den «Weltleuten» unterscheiden; sie verstehen sich als abgesonderte Heilssucher, die ihre Berührung mit der profanen Welt auf ein Minimum reduzieren.

Innerhalb des frühen Christentums etablierte sich die organisierte Askese seit Ende des dritten Jahrhunderts. Während die allerersten Christinnen und Christen in einer mehr oder weniger radikalen Nachfolge Christi lebten und auf Besitz und sozialen Status verzichteten, weil sie damit rechneten, dass Christus in allernächster Zeit zum Gericht wiederkommen würde, richteten sich die Christen der folgenden Generationen immer mehr *in der Welt* ein und arrangierten sich mit den politischen, wirtschaftlichen und sozialen Gegebenheiten. Die Formel für diese Anpassung lautete: Wir leben zwar *in* dieser Welt, sind aber nicht *von* dieser Welt.

Diesen Kompromiss empfanden eine Reihe von Christinnen und Christen als Verrat an den Idealen Jesu. Sie wollten den nach politischem Vorbild durchorganisierten Gemeinden mit Episkopen – was ursprünglich nichts anderes als «Aufseher» bedeutete –, also mit Bischöfen an der Spitze, entkommen und Christus radikal nachfolgen, entweder allein als Eremiten oder in Gemeinschaften in der Wüste. Die Wiege des christlichen Mönchtums stand in Ägypten, wo Antonius um 275 als Einsiedler zu leben begann und Pachomius, gestorben 346, das erste Wüstenkloster gründete.

So entstand eine Zwei-Stufen-Ethik: Nicht die Gemeinde als Ganze lebte radikal asketisch und in der Nachfolge Jesu, sondern nur einige auserwählte Mönche und Nonnen, weil die Masse der

Christen diesen Anforderungen nicht nachkommen konnte. Nach dem Ende der Christenverfolgungen im Römischen Reich übernahmen diese Asketinnen und Asketen weitgehend die Funktion der Märtyrer. Zu einem Märtyrer hatte man am Tag vor seiner Hinrichtung gehen und ihn für sich selbst um Sündenvergebung bitten oder ihm auch ein anderes Bittgesuch bei Gott mitgeben können. Jemandem, der Christus im Leiden sogar bis in den Tod folgte, wurde allgemein zugetraut, diese Funktion erfüllen zu können. Damit Mönchen und Nonnen vergleichbare Fähigkeiten zugesprochen wurden, mussten sie in ihrer Askese besonders bedingungslos sein und diese quasi bis zu einem unblutigen spirituellen Martyrium steigern.

Diese Asketen bezeichnet Arnold Angenendt als «vir Dei» oder «famula Dei». Ein solcher Gottesmann oder eine solche Gottesfrau verstehen sich demnach als ein Gefäß, das durch Askese und Gebet mit göttlicher Gnade und *virtus* gefüllt wird, was am ehesten mit «göttlicher Kraft» zu übersetzen wäre. Je intensiver jemand Christus nachfolgt, desto mehr füllt sich dieses Gefäß, im Idealfall läuft es sogar über. Diesen Überfluss an Gnade können der Asket und die Asketin nach der Vorstellung der Zeit anderen Christen weitergeben, um so Sünden zu vergeben, Krankheiten zu heilen oder andere Wunder zu tun. Und solche asketischen Höchstleistungen konnten Frauen ebenso wie Männer erbringen. «Zur Voraussetzung aber», betont Angenendt, «hat die Virtus die persönliche Askese und Heiligkeit; nur den Reinen und Heiligen wird sie verliehen, nicht den Sündern. Von dem Maß der Askese kann auf die Wundermacht geschlossen werden, wie auch umgekehrt alles Wunderbare Gradmesser zuvor geleisteter Askese ist.»[3]

Von Ägypten aus verbreitete sich die Idee der organisierten Askese zunächst nach Gallien, wo unterschiedliche Mönchskreise entstanden, unter diesen die Gruppe um Martin von Tours. In Italien gewann Benedikt von Nursia bald die größte Bedeutung. Seine Regel wurde seit Beginn des neunten Jahrhunderts im Reich der Franken sogar zur einzig erlaubten Mönchsregel, sodass die bis dahin herrschende Regelvielfalt verschwand und Mönchtum mit Benediktinertum gleichgesetzt wurde. Neben der politischen Protektion durch die Karolinger verdankte die Benediktsregel ihren Erfolg vor allem ihrer Ausgewogenheit und Gemäßigtheit, die alle Extreme anderer Lebensordnungen für Asketen vermied und sie dadurch für eine größere Zahl von Kandidaten lebbar machte.

Mit dem Verzicht auf radikale Askese trat auch das Modell des *vir Dei*, der göttliche *virtus* für sich und andere erarbeitet, mehr und mehr in den Hintergrund. Gleichzeitig kam es zu einer klerikalen Überformung des Mönchtums. Ursprünglich waren alle Mönche Laien gewesen, nach und nach erhielten aber immer mehr die Priesterweihe, sodass die mit der Ordination verbundenen Aufgaben die mönchische Askese in den Hintergrund treten ließen.

Die Erfindung der Privatbeichte in Irland

Auf fruchtbaren Boden fiel die ägyptische Idee der radikalen Askese jedoch im fernen Irland und Schottland. In diesen von den Römern nie eroberten Gebieten blieb der keltische Einfluss erhalten, und das Mönchtum entwickelte sich hier zu einem Gegenmodell zur Kirchenstruktur auf dem europäischen Festland. Die römische Kultur war von Städten mit ihren sozialen und kulturellen Einrichtungen geprägt. Im Raum der Stadt entwickelten sich die immer mehr institutionalisierten Gemeinden mit einem Bischof an der Spitze. Bald etablierte sich der Grundsatz: Wo eine Stadt, da ein Bischof, wo ein Bischof, da die Kirche. *Ubi civitas, ibi episcopus, ubi episcopus, ibi ecclesia.*

Da sich in Irland keine Stadtkultur entwickelt hatte, konnte sich dort auch die Episkopalverfassung nicht etablieren. Vielmehr kam es nach der Christianisierung des Landes während des fünften Jahrhunderts unter dem Einfluss des heiligen Patrick zu einem ganz anderen Modell von Kirche, das an die bei den Kelten übliche Sozialstruktur anknüpfte. Hier gab es kein zentrales Königtum, sondern große Clans teilten Irland in über hundert kleine Herrschaftsbereiche ein. Jedem dieser Clan-Gebiete war ein Frauen- oder Männerkloster zugeordnet, das den spirituellen Mittelpunkt bildete. Es kam zu einer sogenannten Klosterkirchenstruktur: Der Abt oder auch die Äbtissin, die nicht selten aus der dominierenden Familie stammten, bestimmten nicht nur das Leben des Klosters, sondern auch der Dörfer, die zu der Klosterpfarrei gehörten. Einer der Mönche war als geweihter Bischof dafür zuständig, die Weihen zu spenden und die heiligen Öle zu segnen. Er war jedoch völlig von den Leitern der Klöster abhängig. Zwar hatte der aus England stammende Patrick, der Missionar Irlands, versucht, das System der Bischofskirche auch dort zu etablieren, die Kelten glaubten aber, dass die Asketinnen und Asketen bei Gott wirkmächtiger Fürbitte einlegen und Gnaden spenden konnten als die geweihten Bischöfe. Die irische Klostertheologie war stark von alttestamentlichem Gedankengut beeinflusst, wobei die Wiederentdeckung der kultischen Reinheit, eine rigide Sexualmoral und die Heiligung des Sonntags eine zentrale Rolle spielten.

Eine nachhaltige Wirkung auf die gesamte Kirchengeschichte hatte ein ganz neues Konzept von Beichte, das vor allem auf pastorale Notwendigkeiten zurückging. In der spätantiken christlichen Kirche des Imperium Romanum gab es nach der Taufe, die mit einer umfassenden Sündenvergebung verbunden war, nur noch einmal die Chance, Vergebung durch die Buße zu erlangen. Dabei handelte es sich um ein öffentliches Verfahren, bei dem der Sünder vor der Gemeinde seine Verfehlungen bekennen musste und dann exkommuniziert, also von der Teilnahme am Gottesdienst und dem Empfang der heiligen Kommunion ausgeschlossen wurde. Der Pönitent wurde dem Büßerstand zugewiesen und erhielt Bußleistungen auferlegt, die er über einen längeren Zeitraum nachprüfbar ableisten musste. Erst wenn dies vollständig geschehen war, erfolgten die Rekonziliation, die Versöhnung mit Gott und den Menschen, sowie stufenweise die Wiederzulassung zur Eucharistie. Sollte der Sünder rückfällig werden, war er des Fegefeuers oder der ewigen Verdammnis gewiss. Diese Praxis der Sündenvergebung war über sechs Jahrhunderte in der europäischen Kirche des Festlandes die einzig legitime Form der Buße.

Die außerordentlich strenge Bußpraxis führte häufig dazu, dass die Gläubigen sich nur äußerst zögernd der Bußprozedur unterzogen. Niemand wollte frühzeitig seine einzige Chance verspielen. Man wartete meistens, bis der Tod unmittelbar bevorstand, und war erst auf dem Sterbebett bereit, das Bußverfahren einzuleiten, das dann mitunter in verkürzter Weise abgeschlossen werden musste.

Die Mönche und Nonnen in Irland erkannten bald, dass dieses Bußkonzept nur schwer mit der menschlichen Natur und ihren zahllosen Versuchungen zur Sünde in Einklang zu bringen war. Sie erfuhren dies bei ihren Bemühungen, Christus radikal nachzufolgen, aber auch am eigenen Leib, da sie aus menschlicher Schwäche immer wieder hinter ihrem Ideal zurückblieben. Dabei ging es nicht nur um die großen Sünden und Kapitalverbrechen wie Mord oder Totschlag, sondern auch um jede kleine Verfehlung gegen die göttlichen Gebote, über die Rechenschaft abzulegen war.

Aus dieser öffentlichen Bußpraxis wurde in Irland im sechsten und siebten Jahrhundert die private Beichte. Diese konnte so oft man wollte wiederholt werden und wurde dadurch zu einer regelmäßigen Einrichtung, die das Leben der Asketen und der anderen Christen begleitete. Um das Bekennen der Sünden zu erleichtern, erfolgte dieses nicht mehr öffentlich vor der Gemeinde, sondern privat in einem geschützten Raum vor einem Beichtvater. Nach dem Bekenntnis wurden Bußleistungen auferlegt, dann folgte die Vergebung der Sünden, sodass die Werke der Buße erst nach der Lossprechung zu erbringen waren. So konnte es passieren, dass jemand starb, bevor er die Bußleistungen abgearbeitet hatte, weshalb er diese dann – so meinte man – als zeitliche Sündenstrafen im Fegefeuer abbüßen musste. Dieses Bußverständnis ging vom alttestamentlichen Satisfaktionsgedanken aus, wonach der Mensch für sein Vergehen eine Wiedergutmachung zu leisten hatte. In der Regel bestand diese in Fasten und Gebet. Da für jedes Vergehen in den sogenannten Bußbüchern ein bestimmtes Strafmaß vorgeschrieben wurde, spricht man auch von einer Tarifbuße.

Die Buße wurde dabei nicht mehr als pädagogischer Vorgang verstanden, der den Pönitenten auf den Weg der Besserung oder Heilung führen sollte, sondern sie war fast ausschließlich Strafe. Auf den Diebstahl eines Ochsen etwa standen dreimal vierzig Tage Buße bei Wasser und Brot, also einhundertzwanzig Tage Fasten; für einen Meineid wurden vier Jahre Fasten verordnet; wer eine Hostie ausspuckte, weil er vorher der Völlerei gehuldigt hatte, wurde mit vierzig Tagen bestraft; wer aber eine Hostie erbrach, die dann von einem Hund gefressen wurde, sollte hundert Tage büßen.

Es leuchtet ein, dass bei diesen bis ins Detail geregelten Tarifen die Lebensspanne eines regelmäßig Beichtenden häufig kaum ausgereicht hätte, um die notwendige Satisfaktion zu erreichen, sodass der arme Sünder leicht auf diesen zeitlichen Sündenstrafen sitzen bleiben konnte. Wer war schon in der Lage, hundert Tage am Stück zu fasten? Hier bot die irische Mönchs- und Nonnenkirche zwei Auswege an:

Zum einen konnte ein Büßer Freunde und Verwandte mit in die Ableistung seiner Bußwerke einbeziehen. War jemand beispielsweise zu einem Jahr Fasten verurteilt, so war der Beichttarif auch dann erfüllt, wenn dreihundertfünfundsechzig Mitglieder seines Clans jeweils einen Tag fasteten.

Zum anderen konnte man eine Bußleistung durch ein Gebet ersetzen, zum Beispiel ein Jahr Fasten durch dreihundertfünfundsechzig am Stück mit erhobenen Händen gebetete Vaterunser. Die ausgefallene Fastenleistung wurde dann von den Mönchen und Nonnen, die sich durch ihr asketisches Leben einen Überschuss an Gnade erarbeitet hatten, kompensiert, sodass die Rechnung vor Gott wieder stimmen sollte.

Hier liegt auch der eigentliche Ursprung der kirchlichen Ablasslehre: Wer nicht in der Lage war, die zeitlichen Sündenstrafen vor seinem Tod abzuarbeiten, hatte die Möglichkeit, einen Ablass für seine Sündenstrafen zu erhalten. Stellvertretend konnten Verwandte oder Freunde diesen Ablass erwerben, wenn der Sünder etwa schon verstorben und mutmaßlich im Fegefeuer gelandet war. Dieser Ablass konnte Tage, Monate oder Jahre umfassen; später wurde sogar ein vollkommener Ablass aller Sündenstrafen gewährt. Die Kirche begründete diese Möglichkeit mit dem *Thesaurus Ecclesiae*, dem Gnadenschatz der Kirche, den Märtyrer und Asketen durch ihr vorbildliches christliches Leben angehäuft hatten. Von diesem Gnadenschatz gab die Kirche bedürftigen Sündern etwas ab. Allerdings gerieten der irische Ursprung des Ablassgedankens und die notwendige asketische Hochleistung unzähliger Mönche und Nonnen sehr bald in Vergessenheit. Dass die Kirche über diesen «Schatz» verfügte, galt als Selbstverständlichkeit. Seit dem Ende des Mittelalters machte sie nicht selten eine finanzielle Gegenleistung zur Bedingung, den Ablass zu gewähren. In dem Satz «Wenn das Geld im Kasten klingt, die Seele aus dem Fegefeuer springt», der den Reformator Martin Luther auf den Plan rief, kommt zum Ausdruck, wie eine ursprünglich aus pastoralen Gründen ersonnene Hilfestellung für den sündigen Menschen in ein Mittel der Geldbeschaffung verkehrt wurde.[4]

Es ist in der Forschung umstritten, ob in Irland ein geweihter Priester notwendig war, um das Sündenbekenntnis entgegenzunehmen. Es scheint einiges dafür zu sprechen, dass auch Mönche und Nonnen, insbesondere Äbte und Äbtissinnen, als Beichtväter und -mütter tätig werden konnten, zumal es sich dabei noch nicht um eine sakramentale Beichte im Sinne eines genau bestimmten und theologisch reflektierten Sakramentenbegriffs der Scholastik und namentlich eines Thomas von Aquin handelte.

Umgekehrt dürfte aber feststehen, dass ein Priester, der das Sündenbekenntnis entgegennahm, in Irland zugleich ein bekannter Asket sein musste. «Der zum Priester geweihte Mönch ist offenbar ein besserer Mittler, weil alle seine amtliche Tätigkeit durch seine persönliche Heiligkeit gestützt ist; den Ausschlag gibt die persönliche Heiligkeit», stellt Hermann Josef Vogt fest.[5] Damit verblasste allerdings die «hergebrachte kirchliche Amtsauffassung, der zufolge jeder Amtsträger in gleicher Weise die Heilsgnaden der Kirche auszuteilen vermochte», wie Arnold Angenendt es formuliert.[6]

Dieses irische Beichtkonzept entstand unabhängig von der auf dem Festland praktizierten öffentlichen Buße und ging von ganz anderen Voraussetzungen aus. Aber es störte die Einheit mit der Kirche im übrigen Europa genauso wenig wie die andere Berechnung des Ostertermins auf der Insel. Iro-schottische Wandermönche brachten im Verlauf des sechsten und siebten Jahrhunderts ihre Vorstellung von einer Mönchskirche, die dem Ideal einer radikalen Askese folgte, sowie ihr Beichtkonzept mit aufs Festland, wo dieses bald das spätantike Bußmodell verdrängte. Die so oft wie notwendig wiederholbare Einzelbeichte, bei der das Lossprechen von den Sünden dem Ableisten der Bußwerke vorausging, wurde zu *der* katholischen Form des Bußsakraments überhaupt. Allerdings wurde bald die Priesterweihe zum allein entscheidenden Kriterium, um die Beichte abnehmen zu können. Der Priester besaß diese Vollmacht zur Sündenvergebung unabhängig von der Qualität seiner persönlichen Christusnachfolge.

Amt statt Nachfolge?

Das irische Mönchtum übernahm von den Anfängen der organisierten Askese in Ägypten die Sehnsucht nach Einsamkeit, nach der Wüste, die einen frei für Christus machen sollte. Im übertragenen Sinn suchten viele irische Mönche diese Wüste auf dem europäischen Festland, sie missionierten vor allem in Gallien und Germanien, die aus christlicher Perspektive Glaubenswüsten darstellten. Zahlreiche iro-schottische Wandermönche wurden zu wichtigen Missionaren. Neben Columban dem Jüngeren, gestorben um 615, der in Gallien das berühmte Kloster Luxeuil gründete, sind hier vor allem Kilian, gestorben 690 in Würzburg, Rupert, gestorben 720 in Salzburg, Emmeram, gestorben 720 in Regensburg, Korbinian, gestorben 725 in Freising, Gallus, gestorben 640 in Sankt Gallen, und Pirmin, gestorben 753, für die Reichenau zu nennen. Ihre Bedeutung für die Christianisierung der Germanen wurde lange Zeit unterschätzt, weil sie anders als Bonifatius, gestorben 755, nicht im römischen Auftrag wirkten. Der angelsächsische Apostel der Deutschen kam stärker als die iro-schottischen Mönche den römischen Vorstellungen von einer Bischofskirche entgegen.

Auch die irische Herkunft der «Ohrenbeichte», also des Gesprächs eines Beichtkindes mit seinem Beichtvater unter vier Augen, und ihre ursprünglich asketischen Voraussetzungen gerieten immer mehr in Vergessenheit. Die römische Kirche übernahm das irische Bußmodell weitgehend – mit dem Unterschied, dass jetzt jeder Priester aufgrund seiner Weihe die Beichte abnehmen konnte, ohne in der Nachfolge Jesu durch Fasten und Gebet besondere religiöse Leistungen erbracht zu haben.

Wie die Erinnerung an die irischen Beichtkonzepte wandelte sich auch das Bild des asketischen Gottesmannes Martin von Tours im Laufe der Zeit. Die Karolinger verehrten ihn zunächst als Kriegsheiligen, weil er vor seiner Bekehrung zum Christentum Soldat im römischen Heer gewesen war. Später trat die Mantelteilung immer mehr in den Mittelpunkt des Martinsbildes: Er wurde zum Heiligen der Caritas und der christlichen Nächstenliebe. Christliche und nichtchristliche Genießer hingegen schätzen den Asketen Martinus als Patron der Martinsgans; dann verehren ihn die Narren, weil an seinem Gedenktag, dem 11. November, die fünfte Jahreszeit beginnt, und schließlich die Kinder, weil sie ihm den Laternenumzug verdanken.

Die Erinnerung an den weltfremden Asketen, der durch Fasten und Gebet Höchstleistungen in der Nachfolge Jesu vollbracht hatte und deshalb die Vollmacht besaß, Wunder zu tun und sogar Tote zu erwecken, wurde innerhalb und außerhalb der Kirche bewusst ausgeblendet, wenn nicht sogar unterdrückt. Ein solcher *vir Dei* hätte das kriegerische Treiben der Karolinger genauso infrage gestellt wie das Schlemmen moderner Prasser oder das übersteigerte Amtsverständnis mancher geweihter Bischöfe.

Der Blick auf Martin von Tours und das iro-schottische Mönchtum zeigt, dass es in der Geschichte der katholischen Kirche jenseits der Vollmachten, die durch die Priester- und Bischofsweihe übertragen werden, Vollmachten gab, die ohne eine sakramentale Weihe durch die Radikalität der Nachfolge Christi erworben wurden und jene mitunter sogar übertrafen. Die Totenerweckung, von der Sulpicius Severus berichtet, geht eindeutig nicht auf das Konto der Weihegnade, sondern auf das intensive Beten und Fasten des heiligen Martin zurück. Die Fähigkeit, in der Nachfolge Christi Wunder zu tun, ließ laut Sulpicius Severus nach der Bischofsweihe überraschenderweise sogar drastisch nach.

Vielleicht noch wichtiger ist das iro-schottische Modell der Sündenvergebung, das letztlich auf den stellvertretenden asketischen Höchstleistungen der Mönche und Nonnen basiert. Ob man die Kompetenzen, die die Asketinnen und Asketen durch die radikale Nachfolge Jesu Christi erworben haben, ausdrücklich als priesterliche Vollmachten bezeichnen kann oder nicht, ist umstritten. Sündenvergebung im Namen der Kirche ist heute jedenfalls einem geweihten Priester vorbehalten; das Bußsakrament wirkt wie alle Sakramente nach der Lehre der Kirche ohne Rücksicht auf den Gnadenstand des Spenders und seine Lebensführung.

Wenn es dazu in der Geschichte der Kirche eine Alternative gab, dann wäre zu fragen, ob dieser Weg zur Erlangung seelsorgerlicher Vollmachten nicht auch institutionell anerkannt und entsprechend honoriert werden könnte. Davon abgesehen stünde es gerade leitenden Klerikern selbst gut an, ihr Leben so auszurichten, dass Weihe- und Nachfolgevollmacht ins Gleichgewicht kommen. Dann könnte die Diskussion um den Priestermangel in der katholischen Kirche auch einmal anders geführt werden: Es gäbe neben dem geweihten Priester andere Seelsorgerinnen und Seelsorger mit der Vollmacht zur Sündenvergebung, oder ganz allgemein Christinnen und Christen, die durch intensive Christusnachfolge die *virtus*, die Gotteskraft, in sich aufladen und diesen Schatz durch Fürbitte und Gebet für die Gemeinschaft der Kirche fruchtbar machen. Neben die priesterliche Amtskirche träte wieder die monastische Nachfolgekirche. Ob diese dabei an die frühmittelalterlichen Formen gebunden sein müsste oder ganz andere Konzepte entwickeln könnte, ist eher sekundär.

7. Die Gemeinden
Primat der kleineren Einheit

Subsidiarität: Ein Konzept der katholischen Soziallehre

«Das Subsidiaritätsprinzip ist die Lösung für fast alle Probleme der Europäischen Union. Es denkt Europa vom Bürger her und will Europa von unten nach oben bauen und nicht den Menschen über den Kopf stülpen. Europa muss vom Kopf auf die Füße gestellt werden.» Mit diesen Formulierungen versuchte der langjährige baden-württembergische Ministerpräsident Erwin Teufel im Vorfeld der Europawahl 2014 einen Ausweg aus der Krise der Europäischen Union zu weisen. Insbesondere griff er die Europaskepsis jener Bürger auf, die befürchten, dass die Brüsseler Bürokraten alles und jedes an sich ziehen und Vorschriften erlassen, die sich vor Ort kaum noch umsetzen lassen. Gegen diesen Zentralismus machte Erwin Teufel das Subsidiaritätsprinzip als «Zuständigkeitsprinzip» stark: «Es will den Vorrang der je kleineren Einheit. Öffentliche Aufgaben sollen so nah wie möglich an den Menschen und so an den Problemen erledigt werden. Den Bürgern muss Übersicht, Mitsprache, Mitbeteiligung und Einbringen des Sachverstandes und der Erfahrung aller ermöglicht werden.» Deshalb sei zunächst die Gemeinde zuständig, dann der Kreis, dann die Region, dann das Bundesland, dann der Nationalstaat und erst ganz am Schluss die Europäische Union.[1]

Erwin Teufel, praktizierender katholischer Laie und langjähriges Mitglied im Zentralkomitee der deutschen Katholiken, griff damit auf ein Prinzip zurück, das ihm aus der katholischen Soziallehre von Jugend an bestens vertraut sein dürfte, gelten doch der 1939 verstorbene Papst Pius XI. beziehungsweise seine sozialethischen Berater und «Ghostwriter» weithin als Erfinder des Subsidiaritätsprinzips.

In der Tat hat die Kirche mit der katholischen Soziallehre ein Konzept für das Zusammenleben der Menschen in Staat und Gesellschaft entwickelt, das weit über den kirchlichen Bereich hinaus Anerkennung gefunden hat. Es verbindet die Würde der einzelnen Persönlichkeit mit ihrem Angewiesensein auf Gemeinschaft und gilt als «dritter Weg» zwischen den Extremen eines uneingeschränkten Liberalismus und eines radikalen Sozialismus. Die «soziale Marktwirtschaft» eines Ludwig Erhard beruft sich genauso auf dieses Konzept wie der Föderalismus in der Bundesrepublik Deutschland.

Die katholische Soziallehre fand ihren klassischen Ausdruck in den Prinzipien, die in den großen Sozialenzykliken der Päpste formuliert wurden. Den Ausgangspunkt bilden das christliche Menschenbild, das jeden Einzelnen als Geschöpf Gottes mit einer besonderen individuellen Würde ausgezeichnet sieht, und das Personalitätsprinzip. In der Enzyklika «Rerum novarum» von 1891 definierte Papst Leo XIII. es folgendermaßen: «Die Arbeiter dürfen nicht wie Sklaven angesehen und behandelt werden; ihre persönliche Würde, welche geadelt ist durch ihre Würde als Christen, werde stets heilig gehalten; ... unehrenvoll dagegen und unwürdig ist es, Menschen bloß zu eigenem Gewinne auszubeuten und sie nur so hoch anzuschlagen, als ihre Arbeitskräfte reichen. ... Dem Arbeiter den ihm gebührenden Verdienst vorzuenthalten, ist eine Sünde, die zum Himmel schreit.»[2]

Der Mensch als freies Individuum ist für die katholische Soziallehre aber nur die eine Seite der Medaille. Die andere, soziale Seite besteht in der Grundüberzeugung, dass jeder Mensch auf andere Menschen angewiesen und notwendig auf eine Gemeinschaft bezogen ist, um sich als eigenständige Persönlichkeit entfalten zu können. Deswegen braucht Personalität als komplementäre Größe zwingend die Solidarität, denn Wohl und Wehe des Einzelnen sind unlösbar mit Wohl und Wehe der Gemeinschaft verbunden. Eine Gesellschaft kann nur funktionieren, wenn ihre einzelnen Glieder sich nicht nur egoistisch verhalten, sondern der Gemeinschaft nach ihren Möglichkeiten und Fähigkeiten das zurückgeben, was sie von ihr empfangen haben. Folgerungen aus dem Solidaritätsprinzip zog Leo XIII. ebenfalls in der Enzyklika «Rerum novarum»: «Möge jeder Berufene Hand anlegen und ohne Verzug, damit die Heilung des bereits gewaltig angewachsenen Übels nicht durch Säumnis noch schwieriger werde. Die Staatsregierungen mögen durch Gesetze und Verordnungen vorgehen; die Reichen und die Arbeitsherren mögen sich ihrer Pflicht bewusst bleiben; die Besitzlosen, um deren Los es sich handelt, mögen auf gerechte Weise ihre Interessen vertreten.»[3]

Die eigentlich spannende Frage war jedoch, wie zwischen diesen beiden Prinzipien vermittelt werden konnte. Wann ist der Einzelne gefragt? Und wann die Gemeinschaft? Und ist der Begriff der Gemeinschaft nicht viel zu unspezifisch? Ist immer die ganze Gesellschaft oder der Staat als solcher am Zug oder reichen zum Teil auch kleinere Einheiten? Es dauerte vier Jahrzehnte, bis Papst Pius XI. auf diese Fragen eine Antwort gab. In seiner Enzyklika «Quadragesimo anno» von 1931, die zum vierzigsten Jahrestag der ersten Sozialenzyklika erschien, führte er ein drittes Sozialprinzip ein, das Subsidiaritätsprinzip: «Wie dasjenige, was der Einzelmensch aus eigener Initiative und mit seinen eigenen Kräften leisten kann, ihm nicht entzogen und der Gesellschaftstätigkeit zugewiesen werden darf, so verstößt es gegen die Gerechtigkeit, das, was die kleineren und untergeordneten Gemeinwesen leisten und zum guten Ende führen können, für die weitere und übergeordnete Gemeinschaft in Anspruch zu nehmen; zugleich ist es überaus nachteilig und verwirrt die ganze Gesellschaftsordnung. Jedwede Gesellschaftstätigkeit ist ja ihrem Wesen und Begriff nach subsidiär; sie soll die Glieder des Sozialkörpers unterstützen, darf sie aber niemals zerschlagen oder aufsaugen.»[4]

Der Begriff Subsidium stammt ursprünglich aus dem Militär, wo er eine Unterstützung der kämpfenden Truppe aus der Reserve bezeichnet. Die Soziallehre wendet ihn auf ein gestuftes Gesellschaftsmodell an, das den Einzelnen in zahlreiche Gemeinschaften eingebettet sieht: die Familie, den Freundeskreis, die Arbeitskollegen, den Betrieb, die Gemeinde, den Landkreis, das Bundesland, den Staat, die Staatengemeinschaft und schließlich die gesamte Weltbevölkerung. Subsidiarität bedeutet dann: so viel Eigeninitiative und Problemlösung durch den Einzelnen wie irgend möglich und so viel Hilfe der nächsthöheren Ebene wie unbedingt notwendig. Das gilt nicht nur für das Verhältnis des Einzelnen zur Gesellschaft, sondern auch für die Beziehungen der unterschiedlichen gesellschaftlichen Ebenen zueinander: Wenn ein Einzelner mit einer Sache überfordert ist, sind zunächst seine Familie und sein Freundeskreis in der Pflicht, ihm zu helfen. Die Gemeinde, der Landkreis oder gar der Staat haben sich zunächst nicht einzumischen und dürfen die kleinere soziale Einheit nicht durch eine unnötige Intervention entmündigen. Die obere Ebene gewährt allenfalls Hilfe zur Selbsthilfe und hat sich dann wieder zurückzuziehen, um die Eigeninitiative nicht zu gefährden.

Mit dem Subsidiaritätsprinzip hat die katholische Kirche auch eigene Interessen verfochten, es richtete sich nicht zuletzt gegen den starken Staat: Leo XIII. hatte im Kulturkampf mit liberal geprägten Nationalstaaten gerungen, die der katholischen Kirche ihre Kompetenzen unter anderem in Ehe- und Schulfragen streitig machten. In der Zeit, als Pius XI. das Subsidiaritätsprinzip formulierte, waren autoritäre Staaten gerade dabei, die Freiheiten des Einzelnen und der unteren sozialen Ebenen zu missachten und alle Macht an der Spitze zu konzentrieren. Dies gilt für den italienischen Faschismus und den deutschen Nationalsozialismus genauso wie für den Stalinismus.

Die Kirche: Zentralistisch oder doch lieber subsidiär?

Die katholische Kirche ist für ihre Soziallehre und insbesondere für das Subsidiaritätsprinzip ausdrücklich von unterschiedlichen Gruppen, Richtungen und Parteien gelobt worden. Eine entscheidende Frage wurde jedoch bisher kaum gestellt: Warum hat das Subsidiaritätsprinzip bislang in der katholischen Kirche selbst keine Anwendung gefunden?

Die Außerordentliche Bischofssynode, die im Herbst 1985 in Rom stattfand und den Papst in wichtigen Fragen der Kirchenleitung beraten sollte, konnte sich jedenfalls nicht dazu durchringen, das Subsidiaritätsprinzip zur Grundlage der Regelung des Verhältnisses der römischen Zentrale zu den einzelnen nationalen Bischofskonferenzen zu machen. Einerseits schienen der universale Jurisdiktionsprimat des Papstes und das hierarchisch-zentralistische Kirchenrecht von 1983 dies grundsätzlich auszuschließen. Andererseits wurde gegen die Anwendung des Subsidiaritätsprinzips auf die katholische Kirche das Argument ins Feld geführt, diese sei zwar auch ein soziales Gebilde, erschöpfe sich jedoch nicht darin. Auf die Kirche als mystischen Leib Christi könnten die Sozialprinzipien nicht angewendet werden. Immerhin hielt diese Bischofssynode in ihrem Schlussbericht fest: «Es wird eine Studie zur Klärung der Frage empfohlen, ob das für den Bereich der menschlichen Gesellschaft gültige Subsidiaritätsprinzip auch im Bereich der Kirche angewandt werden kann und – wenn ja – bis zu welchem Grade und in welchem Sinne seine Anwendung möglich beziehungsweise nötig sei.»[5]

Der Jesuit Oswald von Nell-Breuning, der Altmeister der katholischen Soziallehre, griff nach Erscheinen der Akten der Außerordentlichen Bischofssynode diese Empfehlung auf. Er zeigte sich überrascht, dass es der Synode im Hinblick auf die Anwendbarkeit des Subsidiaritätsprinzips auf die katholische Kirche «an der wünschenswerten Klarheit» gefehlt habe. Nell-Breuning hielt lapidar fest: «Die Kirche ist … ein echtes Sozialgebilde und versteht sich auch selbst als solches, und darum gilt alles, was von Sozialgebilden als solchen gilt, begriffsnotwendig auch von ihr.» Da die katholische Kirche sich selbst ausdrücklich als *Societas perfecta*, als vollkommene Gesellschaft, definiere, könne das Subsidiaritätsprinzip nicht nur Anwendung finden, es müsse es sogar notwendig. Dann geht der Jesuit auf den Einwand ein, die Kirche sei zwar ein Sozialgebilde (*Ecclesia ut societas*), aber eben auch mehr als ein solches, ein Mysterium (*Ecclesia ut mysterium*): «Ex definitione hat das Subsidiaritätsprinzip es ausschließlich mit der ‹Ecclesia ut societas› zu tun, was allerdings nicht ausschließt, dass Implikationen oder analoge Aspekte davon auch auf die ‹Ecclesia ut mysterium› zutreffen können.»[6]

Für die äußere Struktur der katholischen Kirche, ihre Organisation, Verfassung oder Kommunikationswege, gilt das Subsidiaritätsprinzip demnach ohne Einschränkung, und selbst für die Kirche als «Geheimnis», Sakrament oder Mysterium könne eine analoge Anwendung sinnvoll sein.

Nachdem Nell-Breuning so die prinzipielle Anwendbarkeit des Subsidiaritätsprinzips auf die katholische Kirche geklärt hatte, holte er zum entscheidenden Schlag gegen die Kritiker dieses Konzepts aus, indem er ein unhinterfragbares Autoritätsargument ins Feld führte: Ob es legitim sei oder nicht, brauche man gar nicht mehr theoretisch zu diskutieren, da kein Geringerer als Papst Pius XII. selbst die Umsetzung des Subsidiaritätsprinzips in der Kirche angemahnt habe, und das gleich zwei Mal.

Das erste Zitat stammt aus der Ansprache des Papstes im Konsistorium am 20. Februar 1946, als er nach Ende des Zweiten Weltkriegs neue Kardinäle aus aller Welt ernannte und das Kollegium dadurch weiter internationalisierte. Pius XII. griff die Worte des Apostels Paulus in seinem Brief an die Epheser über die verschiedenen Gnadengaben zum Aufbau der Kirche auf: Die Struktur der Kirche müsse so beschaffen sein, dass sie allen Gemeindegliedern helfe, «vollkommene Menschen zu werden und Christus in seiner vollendeten Gestalt darzustellen». Gleichzeitig komme es aber entscheidend auf den Einzelnen und seine freie Entscheidung an: «Wir sollen nicht mehr unmündige Kinder sein, ein Spiel der Wellen, hin und her getrieben von jedem Widerstreit der Meinungen.»[7] Die Kirche sei nicht die Herrin des Glaubens ihrer Mitglieder, sondern müsse subsidiär bereitstehen, wenn der einzelne Gläubige Hilfe brauche. Pius XII. fuhr fort, aus diesen Gedanken des Paulus habe sein Vorgänger Pius XI. 1931 das Subsidiaritätsprinzip abgeleitet. Nach einem ausgiebigen Zitat der einschlägigen Stelle aus der Enzyklika «Quadragesimo anno» akzentuierte Pius XII. seine eigene Meinung: «Wahrhaft lichtvolle Worte! Sie gelten für alle Stufen des gesellschaftlichen Lebens. Sie gelten auch für das Leben der Kirche, unbeschadet ihrer hierarchischen Struktur.»[8]

Nell-Breuning wehrte sich entschieden gegen Kritiker, die in dem Zusatz «unbeschadet ihrer hierarchischen Struktur» eine Einschränkung der Geltung des Subsidiaritätsprinzips in der Kirche sehen wollen. Diese hätten den springenden Punkt des Subsidiaritätsprinzips nicht verstanden, das gerade von einer hierarchisch gestuften Verantwortlichkeit ausgehe: Wenn etwas unten nicht geklärt werde, müsse die nächsthöhere Ebene helfend eingreifen. Was ein einzelner Gläubiger selbst hinbekomme, solle er selbst machen. Erst danach könne er die Hilfe der Gemeinde vor Ort und des Pfarrers in Anspruch nehmen. Subsidiär könne der Dekan einspringen, dann sei der Bischof gefordert, dann die Bischofskonferenz. Wenn hier etwas definitiv nicht geregelt werden könnte, kämen die Kongregationen der Römischen Kurie ins Spiel, und erst ganz am Schluss die oberste Spitze der Hierarchie, der Papst. «Pius XII. verrät hier weder Schüchternheit noch Zurückhaltung, seine Aussage ist kategorisch», betont Nell-Breuning. Das Subsidiaritätsprinzip gilt – auch in der katholischen Kirche.[9]

Das zweite Zitat, das Nell-Breuning anführt, stammt aus der Rede Pius' XII. aus Anlass des Zweiten Weltkongresses des katholischen Laienapostolats am 5. Oktober 1957. Dieses Mal stand die Selbstverantwortung der Laien im Vordergrund, die der Papst ausdrücklich nicht nur als Objekte der Seelsorge und unmündige Schafe in der Obhut ihrer geweihten Hirten sah. Vielmehr billigte er ihnen ganz im Sinne des Subsidiaritätsprinzips eine eigene apostolische Aufgabe zu: «Im Übrigen verlangen die Beziehungen zwischen Kirche und Welt, auch unabhängig von der geringen Zahl der Priester, die Einschaltung von Laienaposteln. … Auch hier möge die kirchliche Autorität das allgemein gültige Prinzip der Subsidiarität und gegenseitigen Ergänzung anwenden. Man möge den Laien Aufgaben anvertrauen, die sie ebenso gut oder selbst besser als die Priester erfüllen können. Sie sollen in den Grenzen ihrer Funktion und denjenigen, die das Gemeinwohl der Kirche ihnen zieht, frei handeln und ihre Verantwortung auf sich nehmen.»[10]

Die Anwendung des Subsidiaritätsprinzips auf die Kirche wurde also vom obersten päpstlichen Lehramt zweimal unmissverständlich gefordert. Wie ist es dann möglich, dass die Mitglieder der Bischofssynode noch 1985 eine grundsätzliche Untersuchung anordneten, die klären sollte, ob dies überhaupt möglich und erlaubt sei? Daniel Deckers verdanken wir eine lesenswerte theologische Skizze zu diesem Thema. Der Theologe und Journalist der *Frankfurter Allgemeinen Zeitung* stellt verwundert fest: «Auch so kann man mit lehramtlichen Äußerungen umspringen, wenn es beliebt.»[11] Deckers weist nach, dass im Pontifikat Pius' XII., während des Zweiten Vatikanischen Konzils und sogar noch zu Beginn der Arbeit an der Reform des kirchlichen Gesetzbuches in den siebziger Jahren über Subsidiarität in der Kirche ganz selbstverständlich und offen diskutiert werden konnte, während das Thema seit dem Amtsantritt Johannes Pauls II. geradezu tabuisiert worden sei. Alle subsidiären Ansätze in Theologie und Kirchenrecht seien in diesem Pontifikat konsequent unterdrückt worden. So nahm etwa noch der Kölner Erzbischof Kardinal Frings in seinem Fastenhirtenbrief des Jahres 1961 ausdrücklich Bezug auf die Ansprache Pius' XII. im Konsistorium von 1946, in dessen Rahmen er selbst zum Kardinal konsekriert worden war, und bekräftigte: «Das Prinzip der Subsidiarität muss auch im kirchlichen Leben gelten.» Was Subsidiarität in der katholischen Kirche konkret bedeutet, machte Frings an zwei Beispielen deutlich, einmal am Verhältnis des Papstes zu den Bischöfen, dann am Verhältnis des Bischofs zu seiner Diözese: «Nicht der Papst allein soll die Kirche Gottes regieren. Auch die Bischöfe haben ein ordentliches Leitungsrecht, das sich in Lehre und Leitung bestätigt.» Dieses üben sie – so Frings – zunächst als ordentliche Hirten in ihren Diözesen aus, ohne dass der Papst sich hier einzumischen habe. Darüber hinaus bedeute Subsidiarität für die Bischöfe, dass sie «auch zur Mitregierung der Gesamtkirche» berufen seien, die dem Papst nicht allein zukomme.

Zugleich schränke, wie der Kölner Kardinal seinen Gläubigen schrieb, das Subsidiaritätsprinzip aber auch alle monarchischen Allüren der Bischöfe gegenüber den Gemeinden, Pfarrern und Laien deutlich ein: «Auch der Bischof kann und soll nicht rein patriarchalisch und unumschränkt seine Diözese regieren. ... Je mehr Eigenverantwortung den Gemeinden gegeben ist, um so besser ist es für ihr religiöses Leben. ... Wenn zwar die Pfarrer in ihrer Lehr- und Hirtentätigkeit nur als Gehilfen des Bischofs anzusehen sind, so haben sie doch in ihrem Amt große Freiheit und Eigenverantwortung.»[12]

Das Zweite Vatikanum und die Rolle der Laien

Eine zentrale Rolle spielt das Subsidiaritätsprinzip auch in den Prinzipien, die Paul VI. 1967 den Teilnehmern der ersten ordentlichen Bischofssynode vorlegen ließ, die den alten *Codex Iuris Canonici* von 1917 im Sinne des Zweiten Vatikanischen Konzils überarbeiten sollten. Hier ging es vor allem um eine neue Verhältnisbestimmung von Welt- und Ortskirche, von Papst und Bischöfen: «Genauso soll das Prinzip berücksichtigt werden, das ... Subsidiaritätsprinzip genannt wird; es muss in der Kirche umso mehr angewendet werden, weil das Amt der Bischöfe mit den damit zusammenhängenden Vollmachten göttlichen Rechts ist.» Zwar müsse nach dem Prinzip der Angemessenheit das gesamtkirchliche Recht gewahrt bleiben, es sei aber auch für eine «recht verstandene Autonomie» der Teilkirchen zu sorgen. Gestützt auf das Subsidiaritätsprinzip solle «der neue Codex es entweder dem partikularen Recht oder der ausführenden Gewalt überlassen, was für die Einheit der gesamtkirchlichen Disziplin nicht notwendig ist». So könne in geeigneter Weise für die notwendige «Dezentralisation» der katholischen Kirche gesorgt werden, ohne die Bildung unabhängiger Nationalkirchen zu riskieren.[13]

Tatsächlich spielte das Subsidiaritätsprinzip bei den Arbeiten am neuen *Codex* eine wichtige Rolle. Das gilt, wie Daniel Deckers weiter zeigt, besonders für die Konzeption eines kirchlichen Grundgesetzes, der sogenannten *Lex Ecclesiae Fundamentalis*, als «Kodifizierung des gemeinsamen Rechtsbestandes aller katholischen Kirchen, unterhalb dessen es Spielraum geben könne für einzelne Rechtskreise wie den der unierten Ostkirchen und der lateinischen Kirche, möglicherweise aber auch für partikularrechtliche Differenzierungen».[14] Erst kurz vor Erscheinen des neuen kirchlichen Gesetzbuches wurden diese Bestimmungen

Deckers zufolge von Johannes Paul II. und seinen Mitstreitern – Kardinalstaatssekretär Agostino Casaroli, dem Kanonisten Eugenio Corecco und Joseph Kardinal Ratzinger als Präfekt der Kongregation für die Glaubenslehre – gestrichen und damit das Subsidiaritätsprinzip aus dem Kirchenrecht weitgehend entfernt.

In den Dekreten des Zweiten Vatikanischen Konzils wird das Subsidiaritätsprinzip mit Blick auf die katholische Kirche nicht genannt. Es findet sich lediglich in sozialethischen Aussagen der Pastoralkonstitution «Gaudium et spes» über die «Kirche in der Welt von heute» als «praktische Norm» für die wirtschaftliche Zusammenarbeit: Die internationale Gemeinschaft müsse «unter Berücksichtigung des Subsidiaritätsprinzips die wirtschaftlichen Verhältnisse weltweit so ordnen, dass sie sich nach der Norm der Gerechtigkeit entwickeln».[15] Auch wenn der Begriff Subsidiarität in der Ekklesiologie des Zweiten Vatikanischen Konzils nicht vorkommt, so bestimmte die damit gemeinte Sache doch wesentlich das Kirchenbild der Synode.

Das gilt für das Dekret «Christus Dominus» über die Hirtenaufgabe der Kirche. Dieses spricht, ganz subsidiär gedacht, den Bischöfen «von selbst jede ordentliche, eigenständige und unmittelbare Gewalt» zu, die «zur Ausübung ihres Hirtenamtes erforderlich ist».[16] Sie erhalten demnach die Vollmacht zur Leitung ihrer Diözesen durch die Bischofsweihe und nicht erst durch eine päpstliche Beauftragung wie bisher. Sie sind in ihren Teilkirchen Hirten eigenen Rechts und haben als Nachfolger der Apostel zusammen mit und unter dem Papst auch Verantwortung für die Gesamtkirche.

Das gilt ebenso für das Dekret über das Laienapostolat «Apostolicam actuositatem», demzufolge Laien am dreifachen Amt Christi als Priester, Prophet und König teilhaben und als Experten in Wirtschaft und Politik besonders gefordert sind, die Botschaft Christi in diesen «weltlichen» Bereichen zu verkünden. Die kirchliche Hierarchie könne hier den Laien allenfalls auf deren Bitten subsidiär beistehen.

Dass das Subsidiaritätsprinzip untergründig die Kirchenlehre des Zweiten Vatikanischen Konzils bestimmte, zeigt sich nicht zuletzt an der Kirchenkonstitution «Lumen gentium» und der von ihr entwickelten Communio-Ekklesiologie. Diese bestimmt vor allem das Verhältnis der Gesamtkirche zu den einzelnen Diözesen. Das Konzil hielt mit Blick auf die Teilkirchen fest, dass die katholische Kirche «in ihnen und aus ihnen» bestehe.[17] Diese Aussage kann im Sinne des Subsidiaritätsprinzips gelesen werden. Natürlich besteht die katholische Kirche als Weltkirche aus der Summe der einzelnen Diözesen, aber sie ist auch in jeder einzelnen Diözese ganz da. Und der Bischof besitzt durch seine Weihe alle Vollmacht, diese Diözese zu leiten. Ein Eingreifen des Papstes in die Teilkirche ist daher nur im Notfall und im Sinne eines Subsidiums, einer Hilfe zur Selbsthilfe, notwendig.

Weltkirche gegen Ortskirche? Theologische Debatten

Bezeichnenderweise kam es rund dreißig Jahre nach dem Zweiten Vatikanischen Konzil zu einer Kontroverse zwischen Walter Kasper und Joseph Ratzinger um die Formulierung «in ihnen und aus ihnen». Dabei ging es, ohne dass dies ausdrücklich angesprochen wurde, auch um die Geltung des Subsidiaritätsprinzips in der katholischen Kirche: 1992 veröffentlichte die Kongregation für die Glaubenslehre unter Leitung von Kardinal Ratzinger ein Schreiben über «einige Aspekte der Kirche als communio». Kasper sah darin das Ineinander von Orts- und Universalkirche, wie es die Erklärung «Lumen gentium» festgehalten hatte, aufgegeben. Der Text stelle «den ontologischen und zeitlichen Vorrang der Universalkirche» vor der Ortskirche heraus und behaupte ein «Hervorgehen der Ortskirchen aus der Universalkirche». Historisch gesehen sei diese Formel nicht akzeptabel, weil die Kirche «von Anfang an ‹in und aus Ortskirchen›» bestanden habe. Das von der Kongregation für die Glaubenslehre vertretene Konzept diente nach Ansicht Kaspers dazu, den zunehmenden römischen Zentralismus und die Marginalisierung der Bischöfe und ihrer Diözesen zu rechtfertigen: «Vollends problematisch wird die Formel, wenn die eine universale Kirche unter der Hand mit der römischen Kirche, *de facto* mit Papst und Kurie, identifiziert wird. Geschieht dies, dann kann man das Schreiben der Glaubenskongregation nicht als Hilfe zur Klärung der Communio-Ekklesiologie, sondern muss es als deren Verabschiedung und als Versuch einer theologischen Restauration des römischen Zentralismus verstehen. Dieser Prozess scheint in der Tat im Gange zu sein. Das Verhältnis von Orts- und Universalkirche ist aus der Balance geraten.»[18] Kasper beklagte insbesondere, dass die Römische Kurie zunehmend die Eigenverantwortlichkeit der Bischöfe bei der Leitung ihrer Bistümer missachte und die Ortskirchen bei der Ernennung von Bischöfen weitgehend ausgeschaltet worden seien. Das sind – ohne dass Kasper es ausspricht – klassische Argumente in Anlehnung an das Subsidiaritätsprinzip.

Ratzingers Replik fiel deutlich aus: «Diese ontologische Vorgängigkeit der Gesamtkirche, der einen Kirche und des einen Leibes, der einen Braut, vor den konkreten empirischen Verwirklichungen in den einzelnen Teilkirchen scheint mir so offenkundig, dass es mir schwerfällt, die Einsprüche dagegen zu verstehen.» Wer diese Vorgängigkeit aufgebe, könne die «große Gottesidee Kirche» nicht mehr sehen und halte sie für «theologische Schwärmerei», übrig bleibe «nur das empirische Gebilde der Kirche in ihrem Mit- und Gegeneinander».[19]

Kasper wiederum sah darin eine Karikatur seiner Auffassung. Eine Präexistenz der Universalkirche vor den Teilkirchen bestritt er nach wie vor entschieden und hielt sie für eine bloße Abstraktion. Historisch gesehen existierte laut Kasper zunächst die Ortskirche von Jerusalem, ihr folgten zahlreiche andere Gemeinden, irgendwann dann auch die Ortskirche von Rom, die nicht mit der

Universalkirche gleichgesetzt werden dürfe. Im ökumenischen Gespräch könne das Ziel einer «Communio-Einheit der Kirche» nur dann glaubwürdig vertreten werden, «wenn wir in unserer eigenen Kirche das Verhältnis von Universal- und Ortskirche als Einheit in der Vielfalt und als Vielfalt in der Einheit exemplarisch verwirklichen. Eine einseitig universalistische Sicht dagegen weckt schmerzliche Erinnerungen und Misstrauen; sie wirkt ökumenisch abschreckend.»[20]

Die Debatte über das Verhältnis von Universalkirche und Teilkirche, bei der es unausgesprochen auch darum ging, ob das Subsidiaritätsprinzip auf die Kirche angewandt werden kann, blieb unentschieden, eine Annäherung der Standpunkte fand nicht statt. Kirchenpolitisch und praktisch setzte sich jedoch die Position Ratzingers durch. Alles und jedes in der katholischen Weltkirche wurde und wird in Rom entschieden, die Ortskirchen werden immer weiter marginalisiert. Um seine Position in der Schwangerenkonfliktberatung durchzusetzen, griff Johannes Paul II. beispielsweise direkt in das Bistum Limburg ein und setzte die ordentliche Leitungsfunktion des Limburger Bischofs Franz Kamphaus in diesem Bereich aus. Über Bischofsernennungen entscheidet Rom, die Meinung der betroffenen Gläubigen einer Diözese wird kaum einmal berücksichtigt. In der katholischen Kirche hat sich ein zentralistischer und autokratischer Führungsstil entwickelt, der in deutlicher Spannung zum Subsidiaritätsprinzip steht.

«Der Hirt muss den Geruch seiner Herde annehmen»

Doch das könnte sich jetzt wieder ändern: Papst Franziskus scheint bei Pius XII., den Aussagen des Zweiten Vatikanischen Konzils und den Prinzipien der *Codex*-Reform anknüpfen zu wollen. Jedenfalls ist in seinen Aussagen mehrfach vom Subsidiaritätsprinzip und dessen Nutzen für die anstehende Reform der Kirche die Rede. Franziskus will den Ortskirchen mehr Freiheiten einräumen, anstehende Probleme selbstständig vor Ort zu lösen. Zugleich soll der Eurozentrismus der katholischen Kirche zugunsten anderer Kontinente weiter abgebaut werden. Ganz im Sinne des Subsidiaritätsprinzips könnte dann auch die Römische Kurie verkleinert werden, weil ihre Zuständigkeiten deutlich verringert und an untere Ebenen der Kirche abgegeben würden.

Damit geht der Papst auf zahlreiche Initiativen von unten ein, die in den letzten Jahrzehnten die Durchsetzung des Subsidiaritätsprinzips in der katholischen Kirche eingeklagt haben. Insbesondere katholische Laien aus unterschiedlichen Ländern haben sich dafür engagiert, während Bischöfe ihre Kritik am römischen Zentralismus zumeist nur hinter vorgehaltener Hand zu äußern wagten. Auch in einer Reihe von Diözesansynoden wurden zumindest zwischen den Zeilen subsidiäre Strukturen angemahnt. Der Zentralismus in der katholischen Kirche scheint aber so tief eingewurzelt zu sein, dass die Durchsetzung von Subsidiarität nur von oben erfolgen kann, obwohl dies dem Prinzip eigentlich widerspricht.

In einem Interview mit den Jesuitenzeitschriften hat Papst Franziskus die subsidiäre Funktion der Römischen Kurie sehr deutlich gemacht: «Die römischen Dikasterien (Kongregationen, Räte und die anderen Ämter) stehen im Dienst des Papstes und der Bischöfe. Sie müssen den Ortskirchen helfen oder den Bischofskonferenzen. Es sind Einrichtungen des Dienstes. In Einzelfällen, wenn man sie nicht richtig versteht, laufen sie Gefahr, Zensurstellen zu werden. Es ist eindrucksvoll, die Anzeigen wegen Mangel an Rechtgläubigkeit, die in Rom eingehen, zu sehen. Ich meine, dass diese von den Bischofskonferenzen untersucht werden müssen, die ihrerseits Hilfe aus Rom bekommen können. Die Fälle werden besser an Ort und Stelle behandelt. Die römischen Dikasterien sind Vermittler, sie sind nicht autonom.»[21] Ganz ähnlich argumentierte Franziskus in seinem apostolischen Schreiben «Evangelii gaudium», in dem er den Bischofskonferenzen sogar eine «gewisse authentische Lehrautorität» zusprach.[22]

Damit hat der Papst die Kompetenzen der Kurie deutlich eingegrenzt. Sie habe Hilfe zu leisten, ein Subsidium zu geben, wenn die nationalen Bischofskonferenzen und die Bischöfe vor Ort sie darum bitten. Mehr nicht. Um Subsidiarität wirklich zu ermöglichen, versprach der Papst sogar, über eine zeitgemäße Ausgestaltung des Primats des Petrus nachzudenken.

Das Prinzip der Subsidiarität, das sich in Wirtschaft, Gesellschaft und Politik bewährt hat, könnte also endlich auch dort Anwendung finden, wo es konzipiert wurde: in der katholischen Kirche. Das Ganze würde dem Ziel dienen, die katholische Kirche wieder näher zu den Menschen zu bringen, mit ihnen vor Ort ihre Probleme, Sehnsüchte und Nöte anzugehen. Dann könnten Fragen wie die Auswahl geeigneter Bischofskandidaten, der Umgang mit wiederverheirateten Geschiedenen, die Gemeindeleitung durch Laien und die Predigterlaubnis für Laientheologen oder ökumenische Gottesdienste aus Anlass von Vereinsjubiläen am Sonntagvormittag dort entschieden und gelöst werden, wo sie entstehen. Die Probleme in den Slums lateinamerikanischer Riesenstädte oder im ländlichen Afrika sind ganz andere als diejenigen, die in Deutschland für Diskussionen sorgen. Das Subsidiaritätsprinzip in der Kirche würde zugleich die notwendige Inkulturation des Katholizismus in ganz unterschiedliche Milieus und Mentalitäten erleichtern. Nur so kann die Forderung von Papst Franziskus erfüllt werden, der Hirte müsse den Geruch seiner Herde annehmen und den Weg gemeinsam mit ihr gehen.

8. Die Laien
Keine unmündigen Schafe

Gleichheit in der Theorie, Unterordnung in der Praxis

«Kleriker und Laien sind in der römisch-katholischen Kirche scharf voneinander geschieden und in ein Verhältnis der Über- und Unterordnung gestellt. Geweihten Männern als solchen gebührt Ehrfurcht, das heißt achtungsvolle Scheu und Respekt vor ihrer geistlichen Erhabenheit, sowie als Trägern von Jurisdiktion Gehorsam. Die verpflichtende Klerikertracht ist sozialstützende visuelle Standesmarkierung. Rechtlich begründet die Ordination der einen die Subordination der anderen. Was die Logik der ständischen Gliederung an rechtlicher Ungleichheit fordert, kann mit noch so wohlgeformter konziliarer oder nachkonziliarer theologischer Gleichheitsrhetorik nicht überbrückt werden. Die Kleriker bilden den Leitungs- oder Führungsstand, Laien den Gefolgschaftsstand. Die katholische Kirche ist unaufgebbar eine *communio hierarchica* oder *societas inaequalis*.»[1]

Mit diesen klaren Worten bringt der Bonner Kirchenrechtler Norbert Lüdecke die strikte Trennung von Klerus und Laien im derzeit geltenden katholischen Kirchenrecht auf den Punkt. Zugleich erklärt er die im Zweiten Vatikanischen Konzil definierte Lehre vom allgemeinen Priestertum aller Getauften und vom Anteil der Laien am dreifachen Amt Christi zu einer schönen, aber für die kirchliche Realität bedeutungslosen Rhetorik. Und in der

Tat: Die katholische Kirche ist eine Klerikerkirche, nur die Geweihten sind Rechtssubjekte, die Laien hingegen sind allenfalls Objekte der Seelsorge, unmündige Schafe, die stets der Anleitung der Hirten bedürfen. Eigenständige Initiativen der Laien in der Kirche und für die Kirche in der Welt sind nicht vorgesehen.

Diesem Befund haben aber zahlreiche andere Kanonisten und systematische Theologen widersprochen. Sie berufen sich zumeist auf das Zweite Vatikanische Konzil und das Bild vom wandernden Gottesvolk, die von einer grundsätzlichen Gleichheit aller Gläubigen ausgingen. Der Text des *Codex Iuris Canonici* von 1983 müsse stets im Geist des Konzils interpretiert werden.

Johannes Paul II. erklärte jedoch bei der Promulgation des neuen kirchlichen Gesetzbuches ausdrücklich, der *Codex* selbst sei die rechtliche Umsetzung von Geist und Buchstaben des Zweiten Vatikanums. Und dort steht in Kanon 212 der eindeutige Satz: «Was die geistlichen Hirten in Stellvertretung Christi als Lehrer des Glaubens erklären oder als Leiter der Kirche bestimmen, haben die Gläubigen im Bewusstsein ihrer eigenen Verantwortung in christlichem Gehorsam zu befolgen.»[2] Mit diesem Satz wird eine klare hierarchische Unterordnung der Laien unter die Kleriker festgeschrieben. Es fällt schwer, trotzdem eine grundsätzliche Gleichheit aller Gläubigen zu sehen.

Der kirchenrechtlich formulierte Anspruch ist das eine, die Praxis in der Geschichte der Kirche das andere. Denn es gibt eine ganze Reihe von Beispielen, die zeigen, dass Laien immer wieder eigenständig Verantwortung in der Kirche übernommen haben.

Eigenkirchen: Die Herrschaft der Laien

In der spätantiken Kirche des Imperium Romanum galt genauso selbstverständlich wie im heutigen Kirchenrecht, dass die Kirche sich in Diözesen gliedert, die unter der Leitung eines Bischofs als

Nachfolger der Apostel stehen. Bischofssitze hatten sich in allen wichtigeren Städten gebildet. Als die Christianisierung auch in den ländlichen Gebieten fortschritt, wurden in den Dörfern Pfarreien errichtet, die als Ableger der Bischofskirche verstanden wurden. Die dort als Pfarrer tätigen Priester waren strikt an den Bischof gebunden, in dessen Namen und Auftrag sie die Eucharistie feierten und alle kirchlich notwendigen Handlungen vornahmen. Nach diesem Verständnis unterstand jede Pfarrei ganz selbstverständlich einem Bischof und war Teil der Diözese.

Im Lauf der Spätantike entwickelte sich das Christentum im Römischen Reich zu einer elaborierten Hochreligion, deren Grundvoraussetzungen neben der Schriftlichkeit wesentlich die griechische Philosophie und das römische Recht waren. In der Zeit der Völkerwanderungen wandten sich zahlreiche germanische Verbände dem Christentum zu. Dabei kam es nicht nur zu einer Christianisierung der Germanen, sondern auch zu einer Germanisierung des Christentums, die in der Forschung auch als «Rearchaisierung» des Christentums beschrieben wird.

So veränderte sich beispielsweise das Verständnis der Eucharistie. Weil ihr Weltbild nicht in der griechischen Philosophie wurzelte, fiel es den Germanen schwer, bei der Wandlung von Brot und Wein in Leib und Blut Christi zwischen den äußerlich sichtbaren Eigenschaften, den sogenannten Akzidenzien, und der unsichtbaren Substanz zu unterscheiden. Anders als die spätantiken Theologen bezogen sie die Wandlung auf die sichtbare Hostie selbst, auf die man deshalb beim Kommunionempfang nicht mehr beißen durfte.

Die Germanisierung des Christentums wirkte sich aber auch auf die Organisationsform der Kirche aus, indem sich die sogenannten Eigenkirchen beziehungsweise Eigenklöster bildeten. Im Gegensatz zum Imperium Romanum, in dem jede Kirche einem Bischof unterstellt war, entwickelte sich mit den Eigenkirchen vor allem in den Teilen Mitteleuropas, in denen es noch keine

Städte gab, eine ganz neue Rechtsfigur, die teilweise in Konkurrenz zu dem römisch-bischöflichen System trat, teilweise dieses sogar weitgehend verdrängte. Der Rechtshistoriker Ulrich Stutz definierte die Eigenkirche als «ein Gotteshaus, das dem Eigentum oder besser einer Eigenherrschaft derart unterstand, dass sich daraus über jene nicht bloß die Verfügung in vermögensrechtlicher Beziehung, sondern auch die volle geistliche Leitungsgewalt» für den Gründer einer solchen Kirche ergab.[3] Gründer eines solchen Gotteshauses konnten neben Klöstern und Königen auch «normale» Laien sein, sofern sie über Grundherrschaft in vollem Umfang verfügten.

Grundherrschaft im Mittelalter berechtigte dazu, Herrschaftsrechte nicht nur über Grund und Boden, sondern auch über alle Menschen, die dort wohnten, auszuüben. Errichtete ein Grundbesitzer eine Kirche, eine Kapelle oder ein Kloster und stattete diese mit Grundbesitz aus, blieb diese auch in seinem Eigentum und wurde nicht bischöflichem oder öffentlichem Recht unterstellt. Der Grundherr konnte diese Kirche nach Belieben vererben, veräußern, verpfänden oder als Aussteuer einer Tochter bei der Hochzeit mitgeben. Er und nicht der Bischof stellte einen Pfarrer, meist einen Leibeigenen, an und konnte ihn jederzeit wieder entlassen. Die Anstellungsdauer betrug in der Regel ohnehin nur ein Jahr. Dem Grundherrn oblag auch die geistliche Leitung seiner Eigenkirche. Es ging an dieser Kirche weniger um Katechese oder Predigt als um den notwendigen Kult, wobei der Pfarrer dabei die heilsrelevanten Handlungen sicherstellen musste. Zugleich musste er dafür sorgen, dass sich die Investitionen seines Eigenkirchenherrn möglichst bald amortisierten. Für den religiösen «Service» – von der Taufe über die kirchliche Trauung bis zum Begräbnis mit Requiem oder die Feier der Heiligen Messe mit Messstipendien und die Segnung von Haus und Hof – verlangte er deshalb Stolgebühren. Auch durch die Einführung des «Zehnten» – ein Zehntel aller Einnahmen oder Erträge musste an die Kirche abgeführt werden –, der bei Eigenkirchen oft zu einem großen Teil beim Grundherren verblieb, erwies sich die Gründung von Eigenkirchen durch Laien als «die vorteilhafteste Kapitalanlage des frühern Mittelalters».[4]

Es verwundert deshalb nicht, dass die Mehrzahl der im siebten und achten Jahrhundert im Frankenreich entstandenen Pfarrkirchen Eigenkirchen und keine Bischofskirchen waren. Der Bischof hatte auf die Eigenkirchen so gut wie keinen Einfluss. Er durfte lediglich die Kirche und den Priester weihen und die heiligen Öle konsekrieren. Damit bestimmte ein Laie in der Weise über eine Kirche, eine Pfarrei oder ein Kloster, wie es sonst nur ein Bischof tat. Sichtbarer Ausdruck dieser Funktion waren auch die sogenannten Stiftergräber. Der Eigenkirchenherr wurde in seiner Kirche direkt unter dem Altar beigesetzt, sodass das heilige Opfer über seiner Grabstätte gefeiert wurde – ein Privileg, das sonst ebenfalls nur Bischöfen zustand.

Über die Ursprünge des Eigenkirchenwesens ist in der Forschung der ersten Hälfte des zwanzigsten Jahrhunderts heftig diskutiert worden, während das Thema in neuerer Zeit eher an den Rand des historischen Interesses geraten ist. Damals haben sich im Wesentlichen zwei Theorien herausgebildet.

Ulrich Stutz und sein Schüler Hans Erich Feine sahen im Kontext einer damals grassierenden Germanophilie, die nicht immer frei von ideologischen Implikationen geblieben ist, die Wurzeln in einer ursprünglich weit verbreiteten vorchristlichen «indogermanischen» Religiosität, bei der der Clanchef zugleich Hauspriester in den der Familie gehörenden Tempeln ist. Das Familienoberhaupt musste nicht nur für das weltliche Glück der ihm anvertrauten Sippe sorgen, sondern war auch kultisch für deren Heil verantwortlich. Er hatte die alleinige Verfügungsgewalt über alle Sachen und Personen seines Haushalts. Seit der Christianisierung konnte er diese kultisch-priesterliche Funktion aber nicht mehr selbst und nicht mehr in seinem eigenen Haus ausüben. Dazu musste er jetzt einen geweihten Priester beschäftigen und eine Kirche bauen und unterhalten.

Alfons Dopsch hat dieser These vom religiösen Ursprung des Eigenkirchenwesens und der Konstruktion einer indogermanisch-christlichen Kontinuität widersprochen. Er hielt das Eigenkirchenwesen auch nicht für typisch «germanisch», weil sich Laienkirchen bereits im römischen Gallien nachweisen ließen. Dopsch machte anders als Stutz ausschließlich wirtschaftliche Motive für die Gründung von Eigenkirchen verantwortlich.

Wenn man die zeitbedingte Polemik ausblendet, ergänzen sich die beiden Sichtweisen im Grunde genommen gut. Das Eigenkirchenwesen ist dann zwar kein Unikat des germanischen Einflussbereichs, wird dort jedoch besonders verdichtet und intensiviert. Die Vorstellung, dass der Hausvater für das Heil der Seinen verantwortlich ist, nach der Christianisierung aber nicht mehr selbst die Rolle des Priesters wahrnehmen kann, verbindet sich trefflich mit den materiellen Vorteilen, die es mit sich brachte, eine Eigenkirche zu errichten. Auf jeden Fall gab dieses System Laien einen entscheidenden Einfluss auf ihre Kirchen.

Zwar versuchten die Bischöfe mehrfach, die Eigenkirchen in ihre Diözesen zu integrieren beziehungsweise in der Nähe von Eigenkirchen und in Konkurrenz zu ihnen bischöfliche Pfarrkirchen zu errichten. Diese hatten jedoch meistens wenig Erfolg, da die Eigenkirchenherren ihren Leibeigenen verboten, sie zu besuchen. Das Aachener Kirchenkapitular von 818/19 garantierte die Existenz von Eigenkirchen, hielt aber zugleich fest, dass ein Eigenkirchenherr das Kirchenvermögen nicht zweckentfremdet einsetzen oder teilen durfte. Eine römische Synode unter Papst Eugen II. stimmte 826 diesen Beschlüssen weitgehend zu, legte aber darüber hinaus fest, dass ein Kloster oder eine Pfarrkirche der Herrschaftsgewalt ihres Gründers nicht entzogen werden dürften.

Der Gelehrte und Erzbischof Hinkmar von Reims unterschied 860 vier Formen von Gotteshäusern, die nicht dem jeweiligen

Bischof unterstanden: Neben den Fiskalkirchen des Königs und den Eigenkirchen eines auswärtigen Bischofs nannte er die Eigenkirchen von Klöstern und von Laien als freien Grundherren. Erst die Reformpäpste des elften Jahrhunderts versuchten, das Eigenkirchenwesen abzuschaffen. Sie argumentierten, Laien dürften keine Kirche besitzen und schon gar nicht einen kirchlichen Amtsträger einsetzen. Einen Investiturstreit gab es eben nicht nur auf der oberen Ebene zwischen Papst und Kaiser um die Besetzung der Bischofsstühle, sondern auch auf der unteren Ebene zwischen Bischöfen und Eigenkirchenherren, wenn es um Pfarrer, Küster oder Kirchenpfleger ging.

Nach lang andauerndem Ringen wurde schließlich ein Kompromiss gefunden, der in manchen Diözesen mit dem sogenannten Patronatsrecht bis ins zwanzigste Jahrhundert fortdauerte. Einem Laien, meist einem Ortsadeligen, gehörte die Kirche oder ein Teil davon, weshalb er auch für ihren Unterhalt aufkommen musste. Der Patronatsherr hatte das Recht, dem Bischof einen Priester als Pfarrer zu präsentieren, den dieser ernennen musste. Auf diese Weise wurden in verschiedenen deutschen Ländern in der ersten Hälfte des neunzehnten Jahrhunderts eine stattliche Anzahl romorientierter, sogenannter ultramontaner Geistlicher, die weder vom Bischof noch vom Staat eine Stelle bekommen hätten, Pfarrer auf Patronatspfarreien des katholischen Adels. In diesem Fall schützten – Ironie der Geschichte – romtreue Laien päpstlich orientierte Geistliche nicht selten gegen liberale Bischöfe.

Vereine: Mündige Laien und der Geist der Revolution

Um ein ganz anderes, aber nicht weniger wirkmächtiges Engagement katholischer Laien ohne klerikale Bevormundung geht es beim deutschen Vereinskatholizismus, der als eine Folge der

Revolution von 1848 entstand und bis heute in Kirche und Gesellschaft in Deutschland eine entscheidende Rolle spielt.

Dieser selbstbewusste Laienkatholizismus, der nicht bereit war, sich von Papst, Bischöfen und Pfarrern gängeln zu lassen, hatte die bürgerlichen Freiheiten der Revolution genutzt, um sich in zahlreichen Vereinen und Verbänden zu organisieren. Die katholischen Vereine waren bewusst keine kirchlichen Organisationen oder frommen Bruderschaften unter der Leitung des Klerus, sie standen vielmehr unter dem Schutz des bürgerlichen Vereinsrechts und hatten deshalb einen weitgehend demokratischen Charakter. Und es waren eben in erster Linie Laienvereine. Geistliche wurden zwar nicht ausgeschlossen, aber nach dem Vereinsrecht galten sie als normale Mitglieder neben anderen, auch wenn viele geistliche Präsides im Vorstand saßen und Einfluss auf die Vereinsarbeit nahmen. Vorsitzende der katholischen Vereine waren stets Laien, die mit Mehrheit gewählt und deren Namen in das bürgerliche Vereinsregister eingetragen wurden. Diese Vereine waren Institutionen des katholischen Volkes und nicht Einrichtungen der klerikalen Hierarchie für das Volk. Sie handelten für die Kirche, machten sie dadurch «innerhalb der Gesellschaft präsent und ermöglichten ihr eine neue Form der Wirksamkeit».[5]

Hätten die katholischen Laien Deutschlands während der Revolution von 1848 den Weisungen aus Rom Folge geleistet, dann hätten sie die revolutionären Errungenschaften wie Vereins-, Versammlungs-, Presse-, Gewissens- und Religionsfreiheit wie ihr Papst als pesthaften Irrtum ablehnen müssen. Dann hätte es einen deutschen Katholizismus als gesellschaftlich relevante Größe nie gegeben.

Als erster Verein wurde am 23. März 1848 in Mainz der «Pius-Verein für religiöse Freiheit» gegründet, der sich auf die Fahnen schrieb, die Unterdrückung der Katholiken durch das weit verbreitete protestantische Staatskirchenregiment zu beenden. Die katholische Kirche sollte alle Freiheiten erhalten, die sie zur Ausübung ihres Heilsauftrages benötigte. Innerhalb weniger Wochen entstanden durch das Engagement katholischer Laien in nicht weniger als vierhundert deutschen Städten Pius-Vereine.

Um die Macht der Vereine zu bündeln und politisch koordiniert einzusetzen, trafen sich Vertreter aus allen Teilen Deutschlands vom 3. bis zum 6. Oktober 1848 zur ersten Generalversammlung in Mainz. Das war die Geburtsstunde der deutschen Katholikentage, die bis heute regelmäßig stattfinden und eine «weltweit einmalige Tradition» darstellen.[6] Es blieb aber nicht bei dem eher kirchenpolitisch ausgerichteten «Pius-Verein für religiöse Freiheit», sondern es entstand ein ganzes Netzwerk von Vereinen, die sich unterschiedlichen Lebensbereichen zuwandten. Neben die klassischen Vereinigungen mit überwiegend religiösem Charakter wie den «Missions-Verein» oder den «Mütter-Verein» traten Gründungen, die der Wohltätigkeit dienten, etwa der deutsche «Caritas-Verband» oder der «Raphaels-Verein für Emigranten». Der «Volksverein für das katholische Deutschland» förderte gemeinsam mit der «Katholischen Schulorganisation Deutschlands», dem «Katholischen Akademiker-Verband» und der «Görres-Gesellschaft» Kultur und Bildung der Katholiken, der «Borromäus-Verein» unterstützte die katholischen Büchereien. Daneben entstanden Vereine zur Interessenvertretung sozialer Schichten, zum Beispiel Arbeiter-Vereine.

Eine Gründung besonderer Art stellt die katholische Zentrumspartei dar, die im Zuge der Reichsgründung 1870 entstand, ihre Anfänge aber bereits auf den «katholischen Club» im Revolutionsparlament der Frankfurter Paulskirche zurückführte. Das Zentrum verstand sich als unabhängige politische Partei und nicht als Befehlsempfängerin der deutschen Bischöfe oder gar des Papstes. Es war wie die Vereine eine ausgesprochene Laienorganisation. Unter ihren Mandatsträgern befanden sich zunächst nur sehr wenige Kleriker. Der Typus des einflussreichen Zentrumsprälaten, für den in den dreißiger Jahren des zwanzigsten Jahrhunderts beispielhaft der Parteivorsitzende Ludwig Kaas steht, ist eine sehr späte Erscheinung, die auf eine zunehmende Klerikalisierung der Partei hindeutet.

Wie sehr das Zentrum zuvor auf Unabhängigkeit und Autonomie bedacht war, zeigt beispielsweise das Verhalten des Zentrumsführers Ludwig Windthorst am Ende des Kulturkampfes zwischen Preußen und dem Deutschen Reich einerseits und der katholischen Kirche andererseits. Am 3. Januar 1887 wandte sich Leo XIII. an die überwiegend aus Laien bestehende Fraktion im Reichstag und wies sie an, einer drastischen Erhöhung des Militäretats für sieben Jahre ohne weitere parlamentarische Kontrollmöglichkeit zuzustimmen. Der Papst hoffte, Reichskanzler Otto Graf von Bismarck dadurch zu einem Einlenken im Kulturkampf bewegen zu können. Windthorst lehnte dieses Ansinnen mit allem Nachdruck ab. In einer Rede in der Kölner Festhalle Gürzenich verkehrte er am 6. Februar 1887, wie er selbst zugab, die päpstlichen Intentionen in ihr Gegenteil, indem er einen Nebensatz der römischen Weisung zu ihrem Hauptgedanken machte. Er hob hervor, der Papst habe den Grundsatz ausgesprochen, «dass in Fragen *weltlicher* Natur die Zentrumsfraktion, wie jeder Katholik, *völlig frei* und nach ihrer Überzeugung urteilen und stimmen kann, und dass der Heilige Vater sich *in diese weltlichen Dinge nicht mische*. Diesen Grundsatz müssen wir unter allen Umständen *unverbrüchlich festhalten*; denn wenn wir ihn nicht festhielten, würde das geschehen, was die Freunde des Kulturkampfes jahraus, jahrein uns vorhalten, nämlich, dass wir lediglich nach dem Befinden der geistlichen Oberen unserer Kirche handelten.»[7]

Bei der Formierung des sogenannten katholischen Milieus spielte dieses mehr oder weniger geschlossene Netzwerk katholischer Organisationen und Vereine eine wichtige Rolle. Es grenzte sich von den konkurrierenden liberalen, sozialistischen und konservativ-protestantischen Sozial-Milieus ab, prägte sich aber in den deutschen Ländern und zu verschiedenen Zeiten in ganz unterschiedlicher Intensität und Form aus.

Derartig selbstständige, mitunter auch in Distanz zu ihrem Bischof agierende Laien hatten in der «Katholischen Aktion», wie sie Papst Pius XI. 1922 in seiner Antrittsenzyklika «Ubi arcano» propagiert hatte, allerdings keinen Platz. Laien könnten, folgt man dieser Enzyklika, nur unter Leitung und im Auftrag der kirchlichen Hierarchie und ausschließlich in den vom Papst und von den Bischöfen gewünschten Formen und Bereichen tätig werden, ihr Handeln sei ausschließlich als Teilnahme am hierarchischen Apostolat der Kirche vorstellbar. Die Laien wurden deshalb als «Transmissionsriemen» der päpstlichen und bischöflichen Verkündigung verstanden, die in der Kirche kein eigenes Recht und keinen eigenen Auftrag haben. Zwar sprach man von einem «Laienapostolat», man setzte aber so ausdrücklich auf Entpolitisierung, Hierarchisierung und Zentralisierung, dass für Laien kein eigener Entfaltungsraum mehr blieb. Ein Laie sei «eben ... Anhängsel, aber nicht Angehöriger des geistlichen Standes ..., Kirchen-Untertan ..., nicht Mitglied der maßgebenden Kirche», fasste der österreichische Sozialreformer August Maria Knoll diese Ansicht zusammen.[8]

Als Eugenio Pacelli als Nuntius in den zwanziger Jahren des zwanzigsten Jahrhunderts diese römische Vorgabe in Deutschland durchsetzen sollte, stieß er jedoch auf erheblichen Widerstand. Weil sich die Laien und ihre Vereine gegen eine klerikale Bevormundung wehrten, kam es schließlich zu einem Kompromiss, den man auch als einen Etikettenschwindel bezeichnen kann: Der deutsche Vereinskatholizismus erhielt im Lauf der zwanziger Jahre zwar den Namen «Katholische Aktion», bestand aber weiterhin aus weitgehend autonomen Laienorganisationen, die sich der römisch-klerikalen Bevormundung entzogen.

Dieser Laienkatholizismus ist in Deutschland allen kirchenrechtlichen Reglementierungsversuchen zum Trotz bis heute äußerst lebendig und einflussreich. Das zeigen nicht zuletzt die regelmäßig stattfindenden Katholikentage und die Arbeit des Zentralkomitees der deutschen Katholiken, das die Interessen und Aktivitäten des deutschen Laienkatholizismus bündelt.

Vielleicht ist auch die Gründung des Vereins «Donum Vitae» 1999 nur vor diesem Hintergrund zu verstehen. Die katholische Kirche in Deutschland musste auf Weisung des Papstes aus der staatlich anerkannten Schwangerschaftskonfliktberatung aussteigen, weil Rom nicht akzeptieren wollte, dass von katholischen Stellen ausgestellte Beratungsscheine für eine Abtreibung genutzt werden konnten. Katholische Laien wollten dieses Feld aber nicht ausschließlich nicht-katholischen Beratungsstellen überlassen, weil sie dort eine nachdrückliche Beratung für das Leben nicht gewährleistet sahen. Deswegen wählten engagierte katholische Frauen und Männer, die zumeist aus dem Vereinskatholizismus beziehungsweise dem Zentralkomitee der deutschen Katholiken kamen, das Modell des eingetragenen bürgerlichen Vereins. Nur unter dem Schutz des staatlichen Vereinsrechts glauben sie das tun zu können, wozu sie sich als katholische Laien in ihrem Gewissen verpflichtet sehen. Die harschen Reaktionen aus Rom belegen, wie wenig dieses eigenständige Handeln katholischer Laien gewünscht ist, obwohl es letztlich dem erklärten Ziel der römisch-katholischen Kirche dient, ungeborenes Leben zu schützen.

Die Stunde der Laien

Auch wenn die kirchenrechtlichen Vorgaben Laien eindeutig dem «Gefolgschaftsstand» zuordnen, der dem «Führungsstand» der Kleriker Gehorsam schuldet, zeigt die Geschichte der Kirche doch ganz andere Optionen, das Verhältnis von Klerikern und Laien zu bestimmen. Der deutsche Vereins- und Verbandskatholizismus steht bis heute für selbstbewusste Laien, die sich klerikaler Bevormundung immer wieder mit Erfolg entziehen. Auf den Katholikentagen gelingt es den katholischen Laien, sich ein Forum zu schaffen, bei dem Bischöfe Rede und Antwort stehen müssen. Dieser Laienkatholizismus ist, weltkirchlich gesehen, nur eine recht unbedeutende Variante. Er könnte aber als Vorbild für andere Länder dienen und für die katholische Kirche insgesamt fruchtbar gemacht werden. Auf diese Weise würde die Forderung nach strikter Unterordnung der Laien, für den die Katholische Aktion und das Kirchenrecht stehen, gesamtkirchlich in ihre Grenzen verwiesen.

Die Reformoptionen, die sich aus dem auf Grundherrschaft basierenden Eigenkirchenwesen ergeben, sind auf den ersten Blick nicht leicht zu erkennen. Der entscheidende, sehr grundsätzliche Punkt ist, dass Kirchen nicht selbstverständlich einem Bischof unterstehen, der das alleinige Sagen hat, sondern dass Laien Verantwortung für eine Pfarrei übernehmen können, indem sie zum Beispiel bei der Besetzung von Pfarrstellen konstruktiv mit dem Bischof zusammenwirken. Was spricht eigentlich dagegen, dass der ganzen Gemeinde – wie früher einem adeligen Patronatsherren – das Recht zukommt, sich selbst den Pfarrer auszusuchen und dann den Bischof um dessen Ernennung zu bitten, die dieser nur aus schwerwiegenden Gründen verweigern dürfte? Was spricht dagegen, dass Laien die organisatorische und juristische Leitung einer Pfarrei in die Hand nehmen, um den angesichts des Priestermangels immer weniger werdenden Geistlichen Freiräume für ihre spirituellen Aufgaben zu ermöglichen? Denn eine Pfarrkirche ist doch immer zuerst die Kirche der Gemeinde, der Frauen und Männer, die sich zur Feier der Eucharistie versammeln und Zeugnis ablegen für ihren Glauben – und erst dann die Kirche des Bischofs.

9. Das Konzil von Trient
Pluraler Katholizismus

Das erfundene Konzil

Um eine Reformidee der ganz besonderen Art geht es beim sogenannten tridentinischen Katholizismus, der gemeinhin auf das Konzil von Trient zurückgeführt wird, das von 1545 bis 1563 tagte. Für Fundamentalisten wie die Pius-Bruderschaft und traditionalistische Kreise am rechten Rand der Kirche handelt es sich bei der tridentinischen Form des Katholischen, für die vor allem die tridentinische Messe und das tridentinische Priesterseminar stehen, um die einzig legitime Form der katholischen Kirche überhaupt. Alle anderen Kirchenkonzepte betrachten sie als modernistisch, unkatholisch oder gar als ketzerisch. Das Hauptanliegen dieser Gruppen besteht deshalb darin, dem wahren tridentinischen Katholizismus in der Kirche wieder zu seinem Recht zu verhelfen.

Das Geschichtsbild dieser Kreise ist dabei von einem klaren Feindbild und einer eindeutigen Periodisierung bestimmt. Sie argumentieren in der Regel etwa so: Das heilige Konzil von Trient habe in Abwehr der protestantischen Häresie die Ewigkeitsform des wahren Katholizismus verteidigt, der von alters her durch eine einheitliche Lehre, Verfassung und Praxis ausgezeichnet gewesen sei. Die zentrale Rolle sei dabei der tridentinischen Messe zugekommen. Denn dank des neuen römischen Messbuches von 1570 sei seitdem überall auf der Welt die eine wahre lateinische Liturgie nach dem einzig authentischen Messritus gefeiert worden.

Die tridentinische Messe sei der verbindliche und verbindende Ausdruck des Glaubens an die eine, heilige, katholische und apostolische Kirche mit dem Papst als Stellvertreter Jesu Christi auf Erden an der Spitze. Katholiken hätten sich in den folgenden Jahrhunderten deshalb überall zu Hause gefühlt, egal auf welchem Kontinent und in welchem Land sie an der Feier der heiligen Geheimnisse teilnahmen, in der südamerikanischen Missionsstation genauso wie im römischen Petersdom. Die tridentinische Messe wurde für diese Gruppen zum Identitätsmarker schlechthin, nach dem Motto: Wer diesen lateinischen Ritus in Erfüllung seiner Sonntagspflicht Woche für Woche mitfeiert, der ist katholisch, wer dies nicht tut, der ist nicht katholisch.

Dann aber sei es zum Sündenfall gekommen. Der tridentinische Einheitskatholizismus, der vier Jahrhunderte lang Glauben und Leben der Katholiken unversehrt bewahrt habe, sei nicht von außen, sondern von innen, nicht von den Protestanten, sondern vom Papst und den Bischöfen selbst auf dem Zweiten Vatikanischen Konzil zerstört worden. Durch die «Umleitung des Rheins in den Tiber», durch die Dominanz deutscher und französischer Theologen und Konzilsväter, sei mit dem Modernismus zugleich die «Pest» des Pluralismus und Kryptoprotestantismus in die katholische Kirche eingedrungen. Die Früchte aus vier Jahrhunderten segensreicher und unangefochtener Kontinuität seien auf dem Zweiten Vatikanischen Konzil in einer Revolution vernichtet worden. Die Traditionalisten lehnen beispielsweise die Anerkennung der Religionsfreiheit und die ausdrückliche Wertschätzung des Judentums entschieden ab. Offen sichtbar wird diese Opposition aber am Widerstand gegen die Liturgiereform. Für die Traditionalisten heißt es: Zurück nach Trient und zum tridentinischen Katholizismus, und vor allem zurück zur tridentinischen Messe, dem «Ritual von Ewigkeit her»![1] Damit wurde eine von vielen Möglichkeiten, das Katholische in der Geschichte zu verwirklichen, zur allein selig machenden stilisiert.

Die Mehrheit der Katholiken dagegen feiert das Zweite Vatikanische Konzil als längst überfällige Reform der katholischen Kirche, die in tridentinischer Enge über Jahrhunderte erstarrt gewesen sei und sich nun endlich den Bedürfnissen der Menschen in der modernen Welt geöffnet habe. Eine neue, zeitgemäße Option habe eine alte überholt. Durch das Programm des *aggiornamento*, der Vergegenwärtigung der Kirche, für das vor allem Papst Johannes XXIII. stand, sei das Prinzip der Geschichtlichkeit, des legitimen Wandels und der Pluralität endlich auch in der katholischen Kirche Realität geworden. Insbesondere die Pastoralkonstitution «Gaudium et spes» stehe für eine Kirche, die endlich «in der Welt von heute» angekommen sei.

Diese Katholiken beurteilen das unkritische Festhalten an den Ergebnissen des Tridentinums also eindeutig negativ, während sie das Zweite Vatikanische Konzil freudig begrüßen. Bei traditionalistischen Katholiken ist das genau andersherum. Beide stimmen aber in einem entscheidenden Punkt überein, und zwar darin, dass das Zweite Vatikanische Konzil vierhundert Jahre tridentinischer Tradition mit einem Schlag unterbrochen habe.

Diese Sicht hält einer historischen Überprüfung jedoch nicht stand. Denn vieles, was tridentinisch genannt und so mit der Autorität des Konzils von Trient umgeben wird, hat mit dem Konzil von Trient wenig bis nichts zu tun. Bei genauerem Hinsehen entpuppt sich der sogenannte tridentinische Einheitskatholizismus als Ammenmärchen: Denn das Konzil von Trient des sechzehnten Jahrhunderts wurde im Laufe der Zeit – insbesondere im neunzehnten und in der ersten Hälfte des zwanzigsten Jahrhunderts – immer wieder ideologisch instrumentalisiert, um eigene Interessen durchzusetzen.

Der Historiker Wolfgang Reinhard hat 2001 die These aufgestellt, dass nicht nur der eine oder andere Konzilsbeschluss, sondern das gesamte Tridentinum dafür herhalten musste, eine bestimmte Auffassung von Katholizismus durchzusetzen. Seiner

Ansicht nach blieb in der Frühen Neuzeit die «praktische Bedeutung» des Konzils von Trient «ziemlich begrenzt». Erst im neunzehnten und frühen zwanzigsten Jahrhundert habe das Papsttum mit seinem «nach dem Konzil entwickelten Reformprogramm» Erfolg gehabt. Dabei habe aber weniger das historische Konzil des sechzehnten Jahrhunderts als vielmehr ein «Mythos Trient» die bestimmende Rolle gespielt: «Entscheidend war nicht das ‹wirkliche› Konzil von Trient, sondern das ‹erfundene› Konzil von Trient.»[2]

Damit widersprach Reinhard der klassischen, nicht selten ultramontan orientierten katholischen Historiographie, für die das neunzehnte Jahrhundert die Zeit ist, in der die Beschlüsse des Konzils von Trient nach Buchstaben und Geist getreu umgesetzt wurden. Nach einer ersten Rezeptionswelle, die vor allem das sogenannte Reformpapsttum im späten sechzehnten Jahrhundert vorangetrieben hatte, war die Rezeption insbesondere der Reformdekrete dieser Auffassung zufolge relativ rasch ins Stocken geraten. In Deutschland seien die entscheidenden Voraussetzungen dafür erst nach dem Abwerfen des fürstbischöflichen Ballastes zu Beginn des neunzehnten Jahrhunderts gegeben gewesen.

Wo und wann wird das historische Konzil von Trient wirklich umgesetzt, wo werden seine Texte angewandt und wo wird dagegen nur ein «imaginiertes» Tridentinum, der «Mythos Trient», bemüht? Und welche Absichten verfolgen diejenigen, die die Autorität des «wirklichen» und vor allem des «erfundenen» Tridentinums für ihre Position ins Feld führen?

Um diese Fragen zu beantworten, lohnt es sich, vier zentrale Themen des Konzils näher zu betrachten. Entsprechend der Struktur der tridentinischen Dekrete, die in Reform- und Lehrtexte zerfallen, werden drei Beispiele aus dem Bereich der Reform unter die Lupe genommen, und zwar das sogenannte «Tridentinische Seminar», das «tridentinische Bischofsideal» und die «tridentinische Messe». Außerdem geht es um eine grundlegende Frage der Ekklesiologie, um das Verhältnis von Episkopat und Primat, von Bischöfen und dem Papst, das seine Zuspitzung in der Frage findet, ob man das Erste Vatikanum wirklich als Vollendung des Konzils von Trient bezeichnen kann.

Mythos I: Das Tridentinische Seminar

Im neunzehnten Jahrhundert kam es zu heftigen Auseinandersetzungen zwischen den Anhängern zweier unterschiedlicher Konzeptionen der Priesterausbildung. Die einen gingen davon aus, dass angehende Kleriker an einer staatlichen Universität studierten und anschließend zur unmittelbaren Vorbereitung auf die Priesterweihe eine einjährige praktische Ausbildung in einem bischöflichen Ordinandenseminar erhalten sollten. Die anderen sahen das Universitätsstudium dagegen als Teufelswerk an und verlangten, angehende Priester ausschließlich in einem geschlossenen Tridentinischen Seminar auszubilden. Zu ihrer Programmschrift wurde Augustin Theiners 1835 in Mainz erschienene *Geschichte der Geistlichen Bildungsanstalten*. Theiner hatte 1832 im römischen Seminar Sankt Euseb ein Damaskuserlebnis: Vom liberalen, rationalistischen Theologen wandelte er sich zu einem strengkirchlichen Ultramontanen. Die Ursache für seine früheren Abirrungen sah er in seinem Universitätsstudium, in dem er den «frivolen zu dem Heidenthume sich hinneigenden Geist» aufgesogen habe. Theiner machte die Universitäten für den Niedergang des kirchlichen Lebens in Deutschland verantwortlich: ohne Universität kein Luther, ohne Luther keine Reformation, ohne Reformation keine Kirchenspaltung. Deshalb habe das Konzil von Trient für jeden angehenden Priester die Ausbildung in einem Seminar verbindlich vorgeschrieben und den Besuch einer Universität verboten. Die Gründung von Seminaren bilde «für Deutschland die große Hauptfrage der Gegenwart».[3] In allen Auseinandersetzungen mit den einzelnen deutschen Staaten argumentieren die Protagonisten des Seminarmodells im neunzehnten Jahrhundert nach Theiners Vorbild.

Der katastrophale Bildungsstand des Weltklerus im fünfzehnten und sechzehnten Jahrhundert war tatsächlich eines der zentralen Themen des Konzils von Trient. Von einer Monopolisierung des Tridentinischen Seminars in der Priesterausbildung durch das Tridentinum kann aber keine Rede sein. Im Gegenteil: Ein kaiserlicher Reformvorschlag zielte darauf ab, dass die Bischöfe möglichst viele Universitäten und dazugehörige Kollegien gründen sollten, um allen Priesteramtskandidaten ein akademisches Studium zu ermöglichen. Viele Konzilsväter sahen darin den Königsweg, um die Ausbildungsmisere des Klerus zu beheben. Allerdings führten nicht wenige Bischöfe finanzielle Probleme als Argument gegen die Umsetzung dieses Vorschlags an. Deshalb kam es schließlich zu einem Kompromiss zwischen pastoraler Notwendigkeit und finanzieller Machbarkeit. Mit dem Seminardekret der 23. Sitzung vom 15. Juli 1563 sollte wenigstens eine Grundausbildung der Priester gesichert werden, weshalb alle Bischöfe in ihren Diözesen, wenn schon keine Universitäten, dann doch wenigstens Seminare oder Kollegien errichten sollten. Hier ging es um bedürftige Knaben aus einfachen Familien, die im Alter von zwölf Jahren in das Seminar eintreten sollten. Als Unterrichtsfächer waren vorgesehen: Grammatik, Kirchengesang, Heilige Schrift, Führung der Kirchenbücher, Homilien von Heiligen, Einführung in die Sakramentenspendung und «andere nützliche Künste».[4]

Im Seminardekret selbst werden die Begriffe *schola*, *collegium* und *seminarium* synonym verwendet. Mit dem Begriff *collegium* dürfte auf das Collegium Germanicum der Jesuiten in Rom angespielt sein, das aber im Grunde ein Hochschulkonvikt ist, da die Studien an der Gregoriana, also einer Universität, stattfanden. Der Begriff Universität kommt jedoch im Seminardekret selbst nicht vor. Daraus folgerten die Anhänger des sogenannten Tridentinischen Seminars im neunzehnten Jahrhundert, das Tridentinum habe das Universitätsstudium der Kleriker verworfen. Der Würzburger Kirchenhistoriker Sebastian Merkle fand dazu bereits vor über hundert Jahren bis heute unübertroffene Widerworte: «Wäre aus dem Schweigen [des Dekrets] eine solche Folgerung zu ziehen, dann hätte die Synode auch das Lehren von scholastischer Theologie und Philosophie, von Dogmatik, Moral, Kirchenrecht und Kirchengeschichte verboten; denn in der Aufzählung der Lehrfächer sucht man diese Disziplinen vergebens. Ja sogar die Abhaltung von Exerzitien, welche heute zum eisernen Bestand der Seminarerziehung gehören, wäre dann gegen das Tridentinum.»[5] Außerdem erwähnte das Konzil in ebenjener 23. Sessio, die auch das Seminardekret beschloss, die Universitäten an anderer Stelle doch: In Kapitel 6 bestimmte es, niemand dürfe vor dem vierzehnten Lebensjahr eine Pfründe besitzen, es sei denn, er befinde sich mit Zustimmung des Bischofs zur Ausbildung «entweder in einem Klerikal-Seminar oder einer anderen Schule oder auf einer Universität».[6] Zur Vorbereitung auf die höheren Weihen erklärt das Konzil somit die Seminarausbildung, das Lernen an einer anderen Schule – zu denken ist hier vor allem an die Domschulen – und das Universitätsstudium für gleichberechtigt und legitim. Eine universitätsfeindliche Tendenz ist in den Texten des Tridentinums und ihren Vorstufen definitiv nicht zu erkennen.

Die ultramontanen Katholiken im neunzehnten Jahrhundert instrumentalisierten jedoch das Konzil von Trient, um ihr eigenes kirchenpolitisches Süppchen zu kochen. Sie brauchten eine unangreifbare Autorität, um ihren Kampf gegen die verhassten Universitäten und deren wissenschaftliche Theologie führen zu können. Die angeblichen Beschlüsse der heiligen Synode mussten dafür herhalten, Absichten der vermeintlichen Anhänger des Tridentinums zu legitimieren, die den Absichten des Konzils in Wahrheit zuwiderliefen. Das Tridentinische Seminar als Institution mit Monopolanspruch ist daher eine Erfindung des neunzehnten Jahrhunderts und hat mit der Seminaridee des Konzils von Trient wenig mehr als den Namen gemein.

Mythos II: Das tridentinische Bischofsideal

Ähnliches lässt sich auch mit Blick auf das tridentinische Bischofsideal beobachten. Im Zuge der kirchenpolitischen Auseinandersetzungen des Vormärz und vor allem der Revolution von 1848 erkämpften sich die Bischöfe in Deutschland Freiräume vom Staat. Zum «tridentinischen» Bischof par excellence wurde Clemens August Graf Droste zu Vischering erklärt, den Joseph Görres zum «neuen Athanasius» stilisierte, weil er sich im Streit um gemischtkonfessionelle Ehen mit dem preußischen Staat angelegt hatte und unter Hausarrest gestellt worden war. Der heilige Athanasius war als Bischof im spätantiken Alexandria mehrfach in die Verbannung gezwungen worden.

Ein guter «tridentinischer» Bischof, wie ihn die kirchliche Publizistik des neunzehnten Jahrhunderts zeichnete, war zuerst ein mutiger Kämpfer gegen das protestantische Staatskirchentum. Anders als die «Staatsknechte» und «josephinischen» Bischöfe der ersten Generation nach der Säkularisation, die auf einen Modus Vivendi und Kompromisse im ökumenischen Miteinander (etwa in der Frage der konfessionsverschiedenen Ehen) mit dem Staat setzten, vertraten «tridentinische» Bischöfe die wahre kirchliche Lehre ohne jeden Abstrich. Sie hatten bereit zu sein, dafür in Haft oder ins Exil zu gehen oder gar das Martyrium auf sich zu nehmen. Ihren Halt im Kirchenkampf bezogen sie aus einer engen Anlehnung an Rom und vor allem an den Papst. In jeder strittigen Frage holten sie sich bei den römischen Kongregationen und beim Stellvertreter Jesu Christi auf Erden Rat und Weisung. Sie beseitigten jede liturgische Eigenheit in ihren Diözesen, auch wenn Messbücher eine mehr als zweihundertjährige Geschichte hatten, und führten den tridentinischen Ritus ein. Sie waren dem Universitätsstudium gegenüber skeptisch, strebten konsequent bischöfliche Seminare an und schickten ihre Priesteramtskandidaten regelmäßig ans Collegium Germanicum nach Rom, den einzigen Ort, an dem sie die rechte Theologie studieren konnten. Diözesan- und Provinzialsynoden versuchten sie genauso zu unterdrücken wie alle Vereine von Klerikern und Laien. Auch Zusammenschlüsse, die den heutigen Bischofskonferenzen ähneln, lehnten sie ab. Denn demokratische oder zumindest kollegiale Elemente gefährdeten ihrer Meinung nach die hierarchische Struktur der Kirche, wie sie das Konzil von Trient festgelegt hatte.

Dieses Bischofsbild wirkte bis weit ins zwanzigste Jahrhundert hinein. So waren für den päpstlichen Nuntius in Deutschland Eugenio Pacelli in seinem Abschlussbericht von 1929 die entscheidenden Kriterien für einen guten Bischof: Studium am Collegium Germanicum in Rom, aus dem absolute Rechtgläubigkeit resultiert, kindliche Ergebenheit gegenüber dem Heiligen Stuhl, Rechtgläubigkeit in der Lehre und Ablehnung aller modernen Bewegungen.

Doch können die Propagandisten des «tridentinischen» Bischofsideals des neunzehnten Jahrhunderts sich wirklich auf das Konzil von Trient berufen? Anders als zum Tridentinischen Seminar gibt es kein einzelnes Dekret des Konzils über die Bischöfe. Vielmehr war das Thema den Vätern so wichtig, dass sie immer wieder darauf zu sprechen kamen, vor allem in der dritten Sitzungsperiode zu Beginn der sechziger Jahre des sechzehnten Jahrhunderts. Für sie hing der Erfolg der angestrebten Reform der katholischen Kirche und letztlich ihr Überleben angesichts der protestantischen Bedrohung entscheidend von den Bischöfen ab. Diese mussten sich als wirkliche Seelsorger erweisen, als Vorbilder für die ihnen anvertrauten Gläubigen in Leben und Glauben. Ihnen durfte es nicht um Pfründen und Bereicherung gehen, sondern sie mussten erfüllt sein von ihrer geistlichen Aufgabe. Dazu hatten sie in ihrer Diözese zu residieren, auf jede Kumulation mehrerer Diözesen in einer Hand zu verzichten, regelmäßig der Eucharistie vorzustehen und selbst zu predigen, die Sakramente der Firmung und Priesterweihe zu spenden, jährlich ihre Diözesen zu visitieren sowie Diözesansynoden abzuhalten und alle drei Jahre an Provinzialsynoden teilzunehmen, um den Zusammenhalt im Episkopat zu stärken.

Die Väter von Trient schrieben den Bischöfen die entscheidende Rolle bei der Durchsetzung der Reform zu, weil für das Konzil den Bischöfen eine einmalige Würde zukommt: Sie sind, wie es in der 23. Sessio heißt, «als Nachfolger an die Stelle der Apostel getreten …; sie sind, wie der Apostel selbst sagt, vom Heiligen Geist eingesetzt, ‹*die Kirche Gottes zu leiten*›».[7]

In Deutschland verhinderte allerdings die Doppelstellung der Fürstbischöfe als geistliche und zugleich weltliche Herrscher weitgehend eine Rezeption dieses Bischofsideals. Vor allem den hochadeligen Herren unter ihnen ging es zuerst um die Fürstenwürde und das weltliche Herrschaftsgebiet, das sogenannte Hochstift; die geistliche Funktion als Bischof einer Diözese nahmen sie nicht selten notgedrungen in Kauf. Manche hochadeligen Fürstbischöfe empfingen nie die Bischofsweihe, nicht immer konnten sie das notwendige, vom Tridentinum festgelegte Mindestalter von dreißig Jahren oder das verlangte Theologiestudium vorweisen; die vom Tridentinum verbotene Kumulation mehrerer Diözesen in der Hand eines Bischofs war an der Tagesordnung. Mancher hochadelige Fürstbischof ging am Ostermorgen lieber standesgemäß auf Fasanenjagd, als in seinem Dom die Auferstehungsmesse zu zelebrieren, was ihm ohne Priester- und Bischofsweihe auch gar nicht möglich gewesen wäre. Nach der Säkularisation von 1803 fiel diese fürstliche Ablenkung für die Bischöfe weg, und sie waren gezwungen, ihr Selbstverständnis jenseits der fürstlichen

Würde neu zu definieren. In diesem Zusammenhang wurde der «tridentinische» Bischof zum Vorbild.

Das Bischofsideal des Konzils von Trient und das «tridentinische» Bischofsideal des neunzehnten Jahrhunderts sind jedoch keineswegs identisch. Sie stimmen zwar darin überein, dass der seelsorgerlichen Aufgabe der Bischöfe eine zentrale Rolle zukommt, unterscheiden sich aber in zwei wesentlichen Punkten.

Zum einen: Der Bischof des Konzils von Trient ist ein selbstbewusster Episkopus eigenen Rechts, der sich seiner Würde als Nachfolger der Apostel bewusst ist und seine Kompetenzen aus seinem Amt selbst bezieht und nicht aus Vollmachten, die ihm vom Papst übertragen werden. Für dieses selbstbewusste episkopale Verständnis steht beispielhaft der heilige Karl Borromäus als Bischof von Mailand, der gerade in seinem eigenständigen, mitunter auch recht romkritischen Verhalten als «Muster eines tridentinischen Bischofs» (Ludwig von Pastor) gilt. Der «tridentinische» Bischof des neunzehnten Jahrhunderts ist dagegen kaum mehr als ein päpstlicher Vikar und Befehlsempfänger.

Zum anderen: Ein Bischof des Konzils von Trient hatte jährlich Diözesansynoden einzuberufen. Im neunzehnten Jahrhundert verbot Rom den sogenannten «tridentinischen» Bischöfen dies ausdrücklich. Man befürchtete, es könne im Zeitalter der Spätaufklärung zu papstkritischen Kundgebungen und Forderungen nach mehr Demokratie in der Kirche kommen. Der langjährige Rektor des Campo Santo Teutonico in Rom und Kirchenhistoriker Erwin Gatz hat in einem Aufsatz über das Bischofsideal von Trient auf eine daraus resultierende Paradoxie hingewiesen: Benedikt XIV. verfasste Mitte des achtzehnten Jahrhunderts ein neues Formular für die sogenannten «Relationes status», die Statusberichte, die die Bischöfe regelmäßig über den Zustand ihrer Diözesen nach Rom schicken mussten. Darin wurde jeder Bischof gefragt, ob er den Vorschriften des Tridentinums entsprechend in seiner Diözese jährlich eine Synode abgehalten und an den Provinzialsynoden teilgenommen habe. Im neunzehnten Jahrhundert wurde von den Bischöfen allerdings erwartet, beide Fragen zu verneinen. Hier wurde Trient «tridentinisch» ad absurdum geführt. Der Ultramontanismus des neunzehnten Jahrhunderts interpretierte das tridentinische Ideal eines Bischofs also vollkommen neu. Das Konzil hatte sich beispielsweise auch geweigert, eine Unterordnung der Bischöfe unter den Papst zu definieren, was manche Konzilsväter durchaus gefordert hatten.

Trientische Weite oder tridentinische Enge?

Damit ist eine zentrale Frage der «tridentinischen» Ekklesiologie, also der Lehre der Kirche, angesprochen. Für die Ultramontanen des neunzehnten Jahrhunderts und die von ihnen entwickelte «tridentinische» Kirchenkonzeption ist klar, dass es einen umfassenden Primat des Papstes gibt. Die Konstitution «Pastor aeternus» des Ersten Vatikanums mit ihrer Dogmatisierung des universalen päpstlichen Jurisdiktionsprimats und der Unfehlbarkeit stellen sie in eine ungebrochene Kontinuität zum Konzil von Trient. So behaupten sie eine über beide Konzilien hinweg einheitliche monarchische Ekklesiologie, mit der sie zugleich alle konziliaren und episkopalen Kirchenmodelle zurückweisen.

Diese Kontinuität ist allerdings eine Fiktion. Der französische Theologe Yves Congar hat es bereits 1971 «als sonderbare Tatsache» bezeichnet, dass das Konzil von Trient, «das auf die Reformation eine Antwort geben sollte, ... das ekklesiologische Problem nicht behandelt» hat.[8] Die Kirchenhistoriker Hubert Jedin und Klaus Ganzer haben darüber hinaus nachgewiesen, dass das Trienter Konzil auch implizit keine einheitliche ekklesiologische Konzeption verfolgte. Vielmehr rangen die Vertreter ganz unterschiedlicher Modelle miteinander. Die französischen Konzilsväter gingen davon aus, dass das Dekret «Haec sancta» des Konzils von Konstanz aus dem Jahr 1415 fortgelte und das Konzil damit dem Papst übergeordnet sei. Dagegen wollten die Vertreter der Kurie die überragende Stellung des Papstes mit dem Begriff des Bischofs der Gesamtkirche, des *universalis ecclesiae episcopus*, umschrieben haben. Die spanischen Konzilsväter wiederum wollten die bischöfliche Residenzpflicht als göttlichen Rechts definieren, um es dem Papst zu verwehren, andere Bischöfe per Dispens von dieser Pflicht zu befreien.

Im Frühjahr 1563 drohte das Konzil wegen dieser Streitigkeiten auseinanderzufallen. Deshalb verzichteten die Konzilsväter darauf, in den Dekreten eine ausgefeilte Kirchenlehre zu formulieren. Weder das Verhältnis zwischen Konzil und Papst noch das von Primat und Episkopat bestimmten sie genauer. Sie ließen bewusst vieles offen und vertraten so ein ganz weites katholisches Konzept von Kirche, in dem sogar einander widersprechende Ansichten Platz fanden.

Die papale Ekklesiologie des Ersten Vatikanums kann sich demnach nicht auf das Tridentinum berufen. Die weite tridentinische Kirche hat wenig mit der von vatikanischer Enge geprägten Kirche des neunzehnten Jahrhunderts gemein, auch wenn diese sich «tridentinisch» nennt. Klaus Ganzer spricht deshalb von einer «einseitigen» Beantwortung der vom Tridentinum offen gelassenen ekklesiologischen Fragen «im neunzehnten Jahrhundert durch den Ultramontanismus und durch das Erste Vatikanische Konzil».[9] In der dogmatischen Konstitution «Pastor aeternus» vom 18. Juli 1870 wird kein einziges Mal auf ein Dekret des Konzils von Trient Bezug genommen. Der Frankfurter Jesuit Klaus Schatz hat in seiner Geschichte des Ersten Vatikanums nachgewiesen, dass sich die Vertreter der Minorität regelmäßig, die Vertreter der Majorität dagegen so gut wie nie auf Trient beriefen – und das nicht nur beim Streit um die Geschäftsordnung, sondern auch in der Unfehlbarkeitsfrage. Angesichts der für Katholiken äußerst schwierigen Situation im neunzehnten Jahrhundert dürfe man den Gläubigen «nicht größere Lasten als die tridentinischen Väter auferlegen», forderte etwa der Wiener Kardinal Joseph Othmar von Rauscher in einer Eingabe der deutschen, österreichischen und ungarischen Minoritätsbischöfe an Papst Pius IX.[10]

Insofern waren die Gegner des Unfehlbarkeitsdogmas die wirklich tridentinisch denkenden Väter, die sich bewusst in die Tradition dieses Konzils stellten, während die Verfechter des Unfehlbarkeitsdogmas zwar als Tridentiner gelten wollten, aber eigentlich Neuerer waren, die einen Bruch mit dem Konzil von Trient vollzogen. Zugespitzt könnte man deswegen formulieren: Wer heute, vielleicht als Fürsprecher der tridentinischen Messe, durch und durch «tridentinisch» sein möchte, müsste eigentlich das Erste Vatikanum und das Unfehlbarkeitsdogma ablehnen.

Mythos III: Die tridentinische Messe

Die Stellung zur tridentinischen Messe gilt traditionell und modern orientierten Katholiken gleichermaßen als das entscheidende Kriterium für die Zugehörigkeit zum einen oder anderen Lager. Nicht selten wird in emotional geführten Auseinandersetzungen deswegen auch das Tridentinum auf seine Liturgie reduziert. Dabei gehen Anhänger wie Gegner der tridentinischen Messe wiederum von einer einheitlichen und ununterbrochenen Umsetzung dieser lateinischen Liturgie in der ganzen Weltkirche aus: Das Konzil dekretiert ein Messformular, und umgehend wird nur noch nach diesem Ritus zelebriert.

Für die Traditionalisten kommt ein weiterer entscheidender Aspekt hinzu: Für sie ist die tridentinische Messe des Messbuches von 1570 nichts Neues, vielmehr verschaffte das heilige Konzil von Trient in ihren Augen dem uralten, unveränderlichen Ritus des Messopfers, den Jesus Christus als ewiger Hoher Priester eingesetzt hatte, wieder Gültigkeit. Es war für sie eine Reform zurück zu den Ursprüngen der Liturgie. Die Messe kann man nicht erneuern oder gar irgendwelchen zeitbedingten Umständen anpassen, von Inkulturationsprozessen oder der Verwendung der Volkssprachen ganz zu schweigen. Aber wiederum sieht die historische Wirklichkeit anders aus als dieses Geschichtsbild.

Zunächst gibt es streng genommen das tridentinische Messbuch und somit auch die tridentinische Messe als solche gar nicht, denn das Konzil von Trient hatte zwar mit Arbeiten über die Liturgie begonnen, diese jedoch nicht abschließen können. Deshalb beschloss die Synode, dass die konziliare Vorbereitung «seiner Heiligkeit, dem Papst in Rom, vorgelegt wird, damit durch dessen Urteil und Vollmacht die Angelegenheit abgeschlossen und veröffentlicht wird».[11] Nach fast zwanzigjähriger Dauer – mit langen Unterbrechungen – war es dem Tridentinum nicht gelungen, einen eigenen *Index der verbotenen Bücher*, ein eigenes Brevier und einen eigenen Katechismus, geschweige denn ein eigenes Missale zu verfassen. Dem Konzil als Kirchenversammlung fehlte wie allen seinen Vorgängern die Exekutive, um seine Beschlüsse in die Praxis umzusetzen. Es musste die eigentlich entscheidende Detailarbeit auch am Messbuch der Römischen Kurie und letztlich dem Papst überlassen.

Deshalb ist die sogenannte tridentinische Messe auch kein Kind des Konzils von Trient, sondern Roms, es handelt sich nicht um einen von den Konzilsvätern aus unterschiedlichen Ländern gebilligten Ritus, sondern um den in Rom praktizierten Messritus, der nun leicht modifiziert für die ganze katholische Welt vorgeschrieben wurde. Papst Pius V. bezog sich im Jahr 1570 bei der Veröffentlichung des *Missale Romanum* zwar ausdrücklich auf den Auftrag des Tridentinums, es war aber «keine völlige Neuschöpfung, sondern vielmehr eine Herstellung des alten Brauches der römischen Kirche mit zeitgemäßen Änderungen», wie schon der große Papsthistoriker Ludwig von Pastor treffend bemerkte.[12]

Und das römische Messbuch blieb über die Jahrhunderte auch nicht völlig unverändert, wie man im Hinblick auf den postulierten Ewigkeitswert der dort präsentierten Liturgie vermuten könnte. Vielmehr nahmen die Päpste immer wieder Modifikationen vor – so schon 1604 Clemens VIII., 1634 Urban VIII., 1884 Leo XIII. und 1920 Benedikt XV. Zuletzt modifizierte Johannes XXIII. am Vorabend des Zweiten Vatikanischen Konzils das tridentinische Missale.

Außerdem wurde mit dem Messbuch von 1570 keineswegs eine römische Einheitsliturgie geschaffen und für die ganze Kirche verordnet. Vielmehr sollten alle lokalen liturgischen Traditionen, die mindestens zweihundert Jahre zurückreichten, neben der tridentinischen Messe weiter bestehen. Deshalb blieben vor allem die Liturgien der großen mittelalterlichen Orden wie der Prämonstratenser, Kartäuser, Karmeliter und Dominikaner erhalten und wurden über Jahrhunderte praktiziert, ohne in Rom auf Widerspruch zu stoßen. Dazu kamen der Mailändische oder Ambrosianische Ritus, der in großen Teilen der Diözese Mailand und im Bistum Lugano auch nach 1570 Verwendung fand, und der Mozarabische oder Altspanische Ritus, der in Spanien, insbesondere in Toledo, in Geltung blieb. Schließlich ist auf die eigenständigen Diözesanmessbücher zu verweisen, die beispielsweise in Braga im Norden Portugals, in Köln, Trier, Münster oder Lyon weiter benutzt wurden.

Erst im Verlauf des neunzehnten Jahrhunderts wurden diese Liturgien mit dem Hinweis, das Konzil von Trient habe verbindlich den Gebrauch des *Missale Romanum* als Einheitsliturgie vorgeschrieben, weitgehend unterdrückt. Wieder wurde dem Tridentinum eine Absicht untergeschoben, die weder das Konzil noch der es umsetzende Papst Pius V. verfolgt hat. Es ging beiden um die Sicherung der katholischen Messe gegen Verkürzungen und Missdeutungen. Deshalb waren sie Liturgien gegenüber, die erst im Umfeld der Reformation entstanden waren, skeptisch. Diese sollten durch die tridentinische Messe ersetzt werden. In gut katholischer Weite wurden aber alle anderen älteren Liturgien erlaubt. Erst die Ultramontanen des neunzehnten Jahrhunderts machten mit ihrer strikten Ausrichtung der ganzen Kirche auf Rom der liturgischen Vielfalt ein Ende. Erst sie erfanden die tridentinische Einheitsliturgie.

In der Tradition von Trient: Das Zweite Vatikanum

Die Beispiele Tridentinisches Seminar, Bischofsideal, Ekklesiologie und Messe zeigen, dass man die Instrumentalisierung des Tridentinums als «invention of tradition», die Erfindung einer Tradition, beschreiben kann. In Krisen und Umbruchszeiten wie zu Beginn des neunzehnten Jahrhunderts liegt es nahe, geschichtliche Erfahrungen umzuwerten und sich dabei historisch neu zu «erfinden». Die schwierige Gegenwart erhält einen Sinn, indem man eine historische Kontinuität beschwört, die es faktisch nicht gab. Dies gilt nicht nur bei Brüchen in der Geschichte der Staaten und Nationen, sondern auch in Krisensituationen der katholischen Kirchengeschichte. Gerade in einer Institution, der es um Ewigkeitswerte geht, können Antworten auf neue Fragen und Reformen am einfachsten im Rahmen der kirchlichen Tradition gefunden werden. Das kreative Erfinden von Traditionen wurde auch dadurch erleichtert, dass die entscheidenden Quellen zum Konzil von Trient und zur Entstehungsgeschichte seiner Beschlüsse der Forschung nicht zugänglich waren und nur die publizierten Dekrete vorlagen. Erst nach der Öffnung des Vatikanischen Geheimarchivs durch Leo XIII. im Jahr 1881 konnte die Görres-Gesellschaft ihre monumentale Aktenedition zum *Concilium Tridentinum* beginnen.

Nach der Französischen Revolution und der Säkularisation zu Beginn des neunzehnten Jahrhunderts herrschte in manchen Teilen des Katholizismus, die sich später zum ultramontanen Mainstream verdichteten, eine Wagenburg-Mentalität vor. Vielgestaltige Formen der Verwirklichung des Katholischen und letztlich auch der auf dem historischen Konzil von Trient basierende Barockkatholizismus mussten jetzt zugunsten einer einheitlichen *acies ordinata*, einer geordneten Front gegen die Moderne mit eindeutigen Glaubenslehren und praktischen Normen, zurückweichen. Aus einer trotz aller antiprotestantischen Abgrenzung nicht unerheblichen Ambiguitätstoleranz des Konzils von Trient wurde die «tridentinische» Intoleranz des neunzehnten Jahrhunderts.

Das neunzehnte Jahrhundert unterstellte dem neu erfundenen Tridentinum eine grundsätzlich antimoderne Tendenz und stilisierte es zum «restaurativen Bollwerk gegen die böse Gegenwart».[13] Tatsächlich aber war das historische Konzil von Trient ein Katalysator für Moderne und Modernisierung in der katholischen Kirche. Insofern verläuft, anders als die Traditionalisten behaupten, eine direkte Linie vom Konzil von Trient zum Zweiten Vatikanischen Konzil, die auch der große Bruch des Ersten Vatikanums, in dessen Umfeld die Erfindung des tridentinischen Katholizismus gehört, nicht unterbrechen konnte. Das Konzil von Trient bietet für die katholische Kirche der Gegenwart also ganz andere Möglichkeiten als diejenigen, die gemeinhin «tridentinisch» genannt werden.

10. Franz von Assisi
Option einer Kirche der Armen

Ein Papst mit Namen Franziskus

«Es ist ein Franz» – so titelte eine deutsche Tageszeitung nach der überraschenden Wahl des Jesuiten Jorge Mario Bergoglio zum Papst im Frühjahr 2013.[1] Zum allerersten Mal in der Geschichte der Kirche wurde der heilige Franziskus von Assisi zum Namenspatron des Stellvertreters Jesu Christi auf Erden.

Papst Franziskus begründete seine Namenswahl, mit der die Päpste grundsätzlich ein Programm verbinden, mit der Pflicht der Kirche, sich nachdrücklich auf die Seite der Armen zu stellen. Am 16. März 2013 erklärte der neue Papst, er habe sofort nach seiner Wahl an den heiligen Franziskus gedacht, als ihm der im Konklave neben ihm sitzende Kardinal Cláudio Hummes ins Ohr geflüstert habe: «Vergiss die Armen nicht!» Franz von Assisi sei für ihn der Mann der Armut und des Friedens und zugleich ein Bewahrer der Schöpfung Gottes. Er strebe eine «arme Kirche für die Armen» an, die sich durch materielle Bescheidenheit und mehr Hilfe für bedürftige Menschen auszeichnen müsse.[2] Der Poverello, der Arme aus Assisi, der als Heiliger der mustergültigen Nachfolge des armen Jesus gilt, ist für dieses Programm ohne Frage ein ideales Vorbild.

Und der Bergoglio-Papst hat in seinem bisherigen Auftreten gezeigt, dass es ihm ernst ist mit seiner «Option für die Armen», die freilich nicht vorschnell mit einem befreiungstheologischen Programm verwechselt werden darf. Franziskus hat dem neobarocken Pomp in Liturgie und Papstzeremoniell eine Absage erteilt, er tritt bescheiden auf, verzichtet auf rote Pontifikalschuhe sowie den Luxus eines eigenen Papstappartements im Apostolischen Palast des Vatikans und begnügt sich mit eineinhalb Zimmern im vatikanischen Gästehaus von Santa Marta: All das steht für einen neuen Stil an der Kurie, für franziskanische Bescheidenheit und Einfachheit. Manche Kuriale trauen sich daher kaum mehr, langjährige Privilegien in Anspruch zu nehmen, wie etwa den Dienstwagen für die wahrlich nicht übermäßig langen Strecken innerhalb der Vatikanstadt.

Der heilige Franz von Assisi hat in den letzten Jahrzehnten eine beachtliche Karriere gemacht – innerhalb und vor allem auch außerhalb der katholischen Kirche. Franziskus gilt allgemein als sympathischer Heiliger, auf den sich ganz unterschiedliche Gruppen berufen. Umweltbewegte sehen in ihm den Patron des alternativen Lebens und des Naturschutzes, auch Blumenkinder und Aussteiger aller Art glauben sich in der Tradition des Kaufmannssohns Giovanni Bernardone, hatte er doch nach einem ausschweifenden Leben alle feiste Bürgerlichkeit hinter sich gelassen. Für Tierschützer ist er das große Idol, predigte er doch sogar den Vögeln und verwandelte einen bösen Wolf in ein frommes Lamm. In Taizé wurde Franz zum Heiligen der Ökumene, sein «Laudato si», ein Kehrvers aus dem berühmten «Sonnengesang», prägte und prägt die Atmosphäre der Treffen.

Bei alldem wird Franziskus gerne zum einfachen Gläubigen und Anti-Intellektuellen stilisiert, dem theologische Spitzfindigkeiten absolut fremd gewesen seien. Ihm sei es darum gegangen, die Liebe Gottes zu den Menschen in der Welt erfahrbar zu machen. Nicht zuletzt gilt er als Erfinder der Weihnachtskrippe und ihrer Figuren, was ihm häufig das Image eines romantischen «Tröst mir mein Gemüte»-Heiligen eingebracht hat. Alles in allem: Es ist ein sympathischer, aber harmloser Franz, der heute seinen Platz in den Köpfen der Menschen behauptet.

Damit ist langfristig die Strategie Papst Gregors IX. und seiner Nachfolger aufgegangen, das Programm des Poverello zu entschärfen. Sie sahen in Franziskus bei all seiner unbestreitbaren Kirchlichkeit und Papsttreue vor allem einen hochgefährlichen Heiligen, dessen Ideale, wenn sie entsprechend interpretiert und umgesetzt würden, eine ganz andere Kirche zum Ziel haben und die Grundfesten der päpstlichen Macht erschüttern könnten.

Vor diesem Hintergrund stellt die erstmalige Wahl des Papstnamens Franziskus eine kleine Revolution dar, denn in Franziskus stecken ungeheure Möglichkeiten, die einerseits für eine eher harmlose und selbstverständliche Option für die Armen stehen, andererseits aber die Strukturen der katholischen Kirche grundsätzlich infrage stellen können. Die «franziskanische Frage», der Streit um die rechte Auslegung und zeitgemäße Umsetzung seiner Ideale ist bis heute ungelöst. Schon Franziskus selbst und die Armutsbewegten seiner Zeit insgesamt standen vor der schwerwiegenden Frage: Erweist sich die katholische Kirche im Sinne der franziskanischen Ideale als grundsätzlich reformierbar oder muss sich eine neue franziskanische Kirche von der Papstkirche abspalten?

Von der Kirche der Armen zur reichen Papstkirche

Wie sahen die franziskanischen Ideale genau aus, und worin lag ihre Sprengkraft für die katholische Kirche? In der Person des Franz von Assisi und im Streit um die sachgemäße Auslegung seiner Vorstellungen prallten zwei grundsätzliche Modelle von Kirche aufeinander, die einander unversöhnlich gegenüberstehen: Das erste Konzept beharrt auf einer buchstabengetreuen Umsetzung der biblischen Vorgaben im Hinblick auf eine radikal gelebte Armut der Kirche und ihrer Amtsträger und den Verzicht auf alle weltlichen Güter. Das zweite Modell hingegen sieht in der

Kirche eine Institution, die auf Prunk nicht verzichten muss, insbesondere, wenn es um die Verherrlichung Christi geht. Um auf Dauer in der Welt bestehen und ihren Auftrag der Verkündigung des Evangeliums gerecht werden zu können, muss sich die Kirche demnach der Güter der Welt bedienen. Außerdem könne nur eine reiche Kirche den Armen wirklich dauerhaft helfen. Das erste Kirchenkonzept kann sich auf eindeutige Aussagen des Neuen Testaments berufen, an erster Stelle auf die Bergpredigt: «Selig ihr Armen, denn euch gehört das Reich Gottes.»[3] Die Evangelien berichten außerdem von der Begegnung Jesu mit dem reichen Jüngling, der nicht auf seinen Besitz verzichten wollte, um Jesus nachzufolgen: «Da sagte Jesus zu seinen Jüngern: Amen, das sage ich euch: ‹Eher geht ein Kamel durch ein Nadelöhr, als dass ein Reicher in das Reich Gottes kommt.›»[4] Die Gläubigen werden vor eine eindeutige Alternative gestellt: Ihr könnt nicht zwei Herren dienen, Gott und dem Mammon.[5]

Folgt man der Schilderung des Lukas in der Apostelgeschichte, dann hielt sich die Jerusalemer Urgemeinde exakt an diese Vorgabe der armen Kirche. Alle bildeten «eine Gemeinschaft und hatten alles gemeinsam. Sie verkauften Hab und Gut und gaben davon allen, jedem so viel, wie er nötig hatte.»[6] Gegen diese eindeutigen biblischen Vorgaben lässt sich nur schwer ankommen. Hier ist ein Ideal für die Kirche Jesu Christi vorgegeben, und gelebte Armut ist Bedingung für die Eintrittskarte zum ewigen Leben.

Die Vertreter des zweiten Konzepts mussten daher einen großen argumentativen Aufwand treiben, um ihr Kirchenmodell plausibel zu machen. Sie führten vor allem das Argument der Parusieverzögerung ins Feld, das Ausbleiben der Wiederkunft Christi zum Jüngsten Gericht, das die ersten Christen noch für die unmittelbare Zukunft erwartet hatten. Statt für wenige Monate und Jahre müsse sich die Kirche nach Gottes verborgenem Ratschluss nun doch auf eine längere Dauer in dieser Welt einrichten. Als die Zahl der Gläubigen sich nicht mehr auf wenige Dutzend Personen an einem Ort beschränkte, sondern sich in zahlreichen Städten des Römischen Reiches immer größere Gemeinden bildeten, brauchten die Ortskirchen feste Strukturen, kompetentes Personal und nicht zuletzt Räumlichkeiten zur Feier des Abendmahls. An die Stelle von umherziehenden Wanderpredigern und Charismatikern traten mehr und mehr ortsansässige Presbyter und Diakone, später auch Bischöfe, die sich nun auch hauptamtlich um die Gemeinden kümmerten. Das ging nicht ohne weltliche Güter. Man fand für dieses Vorgehen die eingängige Formel, die Christen seien zwar nicht von dieser Welt, müssten aber in dieser Welt leben.

Im Imperium Romanum waren die Christen während der ersten drei Jahrhunderte immer wieder Verfolgungen ausgesetzt, sodass sich die Kirche nur bedingt in der Gesellschaft des Römischen Reiches etablieren und materiell absichern konnte. Dies änderte sich mit der Konstantinischen Wende von 313, durch die das Christentum geduldet und teilweise auch gefördert wurde. 380 wurde es sogar zur Staatsreligion im Imperium. Die Kaiser legitimierten ihre Herrschaft immer stärker auf der Basis des christlichen Glaubens. Entsprechend erhielt die Kirche immer mehr politischen Einfluss und weltliche Güter. Prächtige Kirchen wurden gebaut, die Bischöfe und Päpste residierten wie hohe Staatsbeamte in Palästen. Der alternative Lebensweg der radikalen, mönchischen Askese stand paradoxerweise bald nur noch wohlhabenden Christen offen. Denn in einen Orden konnte nur noch eintreten, wer eine Mitgift mitbrachte, nach dem Motto: Damit der einzelne Mönch im Kloster arm leben kann, muss das Kloster selbst über ausreichend Kapital in liegenden Gütern und Geld verfügen.

Im Zuge der Völkerwanderung brachen die staatlichen Strukturen in Italien weitgehend zusammen. Die einzige Institution, die weiter funktionierte, war die Kirche. Sie übernahm anstelle des Staates die notwendigen sozialen und caritativen Aufgaben. Dadurch erhielt sie Zugriff auf umfangreichen Grundbesitz, insbesondere in Mittelitalien, der sich nach und nach zu einem eigenen «Kirchenstaat» verdichtete. Für diesen Besitz verfügte der Papst aber über keinerlei Rechtstitel. Die Konstantinische Schenkung, die angeblich von 317 stammt, ist eine im Auftrag der Päpste angefertigte Fälschung: Kaiser Konstantin übertrug darin dem römischen Bischof nicht nur den Vorrang über die ganze Kirche des Ostens und Westens, sondern überließ ihm auch die Herrschaft über Italien und den Westteil des Imperium Romanum, um sich selbst in den Osten nach Konstantinopel zurückzuziehen. Außerdem erhielt der Papst die kaiserlichen Insignien: das Diadem, das Zepter und den Purpurmantel sowie den Lateranpalast als Residenz. Dadurch wurde der Papst in gewisser Weise zum Kaiser des Westreiches. Die Karolinger, denen dieses Schriftstück im achten Jahrhundert vorgelegt wurde, fielen darauf herein und bestätigten die angeblich auf Konstantin zurückgehenden Privilegien in der Pippinschen Schenkung.

Dementsprechend wurden bei der Papstwahl immer stärker Elemente aus dem Kaiserzeremoniell aufgegriffen. So stammt die Krönung mit der Tiara aus der byzantinischen Kaiserliturgie. Der Papst wurde dadurch zum Fürst der Fürsten, mächtiger als Konstantin, der laut der «Konstantinischen Schenkung» sogar bereit war, als Zeichen seiner Unterwürfigkeit den Schimmel des Papstes am Zügel zu führen.

Gegen diese Prachtentfaltung des Stellvertreters Jesu Christi auf Erden, aber auch der Bischöfe, erhob sich immer wieder heftige Kritik: Jesus hatte keinen Platz, an dem er sein müdes Haupt zur Ruhe legen konnte, der Papst jedoch logierte auf Federkissen in einem prachtvollen Palast; die Apostel waren arme Fischer, die Bischöfe jedoch verstanden sich als Kirchenfürsten und zeigten ihren Reichtum und Prunk ganz offen. Im Verlauf des zwölften Jahrhunderts verdichtete sich diese Kritik. Die Nachfolge des armen Jesus wurde zum beherrschenden Thema in der Kirche und ergriff alle Schichten. Für die klassische Kirchengeschichtsschreibung gab es dabei «gute» Armutsbewegte, die sich selbstverständlich in die Ordnung der Kirche einfügten und sich in einem der neuen Bettelorden als Franziskaner, Dominikaner oder Augustiner-Eremiten wiederfanden, und «böse» Armutsbewegte wie die Waldenser, Katharer oder Humiliaten, die sich in häretischen Sekten organisierten, die von Anfang an außerhalb der Kirche gestanden und diese bekämpft hatten. Nach diesem Geschichtsbild, das vom Ende eines langen historischen Prozesses her gedacht ist, war Franziskus ein harmloser, kirchlicher Bettelordensmann und Petrus Waldes ein schlimmer Ketzer. Aber so einfach liegen die Dinge nicht, wenn man auf die Anfänge schaut.

Der Ketzer und der Heilige: Brüder im Geiste

Das armutsbewegte Wirken von Petrus Waldes und Franz von Assisi könnte man in einer Parallelbiographie beschreiben. Pierre Valdes, gestorben vor 1218 in Lyon, war ein äußerst erfolgreicher Kaufmann, der es zu großem Ansehen und Einfluss in seiner Vaterstadt gebracht hatte. Doch der materielle Erfolg genügte ihm irgendwann nicht mehr. Auf seiner Suche nach Sinn ließ er sich die Evangelien in das Provenzalische, seine Muttersprache, übersetzen. Als es um 1176 in Südfrankreich zu einer Hungersnot kam, hatte Waldes ein religiöses Erweckungserlebnis, das zu einer radikalen Wende in seinem Leben führte. Er versorgte seine Frau und die beiden Töchter, verschenkte seinen restlichen Besitz an die Armen und sammelte Gefährten um sich, die er nach dem Vorbild der Apostel jeweils zu zweit aussandte, um das Evangelium zu verkünden und zur Umkehr zu einem armen, gottgefälligen Leben aufzurufen. In seinen Predigten wandte er sich vor allem gegen die in Südfrankreich weit verbreiteten Katharer, die ein strikt dualistisches Weltbild vertraten, mit zwei Prinzipien, die miteinander um die Vorherrschaft rangen: Gott und Teufel, Geist und Materie, Licht und Dunkel. Da die Katharer alles Materielle als böse ablehnten, waren für sie auch die Sakramente Teufelswerk, insbesondere Brot und Wein des Abendmahls. Dagegen verteidigte Waldes das kirchliche Eucharistieverständnis von der realen Gegenwart Christi in den Abendmahlsgaben.

Franziskus gehörte einer etwas späteren Generation an. Geboren wurde er als Giovanni Bernardone Ende 1181 oder Anfang 1182. Sein Vater, ein reicher Kaufmann und Tuchhändler in Assisi, gehörte zu den erfolgreichsten Aufsteigern der Stadt; der Fernhandel mit Frankreich hatte ihn zu einem der vermögendsten und einflussreichsten Bürger gemacht, weshalb er seinem Sohn den Rufnamen «Francesco» – der Franzose – gab. Der junge Bernardone genoss den Reichtum in vollen Zügen und war bald der gefeierte Mittelpunkt der Stadtjugend. Weil er in der Lage war, seine Kumpane zechfrei zu halten, akzeptierten sie ihn ohne weiteres als ihren Anführer. Im Jahr 1202 kämpfte er im Städtekrieg zwischen Perugia und Assisi, um Ritterehren zu erwerben. Der Kriegszug endete jedoch mit einer Katastrophe, und Bernardone geriet in eine einjährige Kriegsgefangenschaft. Danach fesselte ihn eine lange Krankheit ans Bett. In dieser Zeit kam es zu einem radikalen Bruch im Leben des jungen Francesco, dem sein ganzes bisheriges Leben mit all den Gelagen und der Verschwendungssucht hohl vorkam. Er wurde von einer Bewegung ergriffen, die damals alle gesellschaftlichen Schichten in Aufregung versetzte. Es ging darum, Jesus radikal nachzufolgen. Francesco verstand seine religiöse Bekehrung als Protest gegen die Oberflächlichkeit seines bisherigen Lebens. Sein Vater war entsetzt, hatte er doch große Pläne mit seinem Sohn, der für einen weiteren Aufstieg der Familie sorgen sollte und den er jetzt für einen religiösen Spinner hielt. In einem aufsehenerregenden Prozess, in dessen Verlauf er seinem Vater seine Kleider zu Füßen warf und sich nackt unter den Schutz des Bischofs von Assisi begeben haben soll, wurde Franziskus schließlich enterbt.

Franziskus hatte zunächst kein fertiges Konzept für seinen neuen religiösen Weg. Er pflegte Aussätzige, baute zerfallene Kapellen in der Nähe von Assisi wieder auf, kleidete sich in Lumpen und führte ein Bettlerleben. Auf seiner Suche nach der wahren Nachfolge Christi wurde für ihn das ursprüngliche Wort des Evangeliums immer wichtiger. Da er kein Latein konnte, ließ er sich wichtige Passagen ins Italienische übersetzen. Die Aussendung der zwölf Apostel durch Jesus, wie sie Matthäus im zehnten Kapitel seines Evangeliums schildert, war für Franz von zentraler Bedeutung: Kein Geld, keine Vorratstasche, kein zweites Hemd, keine Schuhe und keinen Wanderstab durften die Apostel mitnehmen, deren einzige Aufgabe die Verkündigung des Reiches Gottes war. «Seht, ich sende euch wie Schafe mitten unter die Wölfe.»[7] Genau wie die Apostel wollte er künftig leben, nach deren Vorbild den Auftrag des Herrn erfüllen und das Evangelium verkünden.

Bis hierhin verlaufen die Biographien von Petrus Waldes und Franz von Assisi weitgehend parallel. Es lässt sich nicht erkennen, dass der eine ein Ketzer und Kirchenfeind gewesen sein soll und der andere einer der größten Heiligen der katholischen Kirche. Was Waldes und Franziskus verband, war – wie Herbert Grundmann gezeigt hat – das religiöse Lebensgefühl einer ganzen Epoche, das sie mit zahllosen Christen des zwölften und dreizehnten Jahrhunderts teilten. Beide stammen aus einer gemeinsamen Wurzel: der religiösen Armutsbewegung des Mittelalters.

Was waren die gemeinsamen Kennzeichen der Armutsbewegung, die Franziskus und Waldes und mit ihnen ganze Generationen verbanden? Zuerst das Prinzip der *vita apostolica*, nach dem jeder Christ dazu berufen ist, sein Leben radikal nach den evangelischen und apostolischen Normen der Heiligen Schrift auszurichten. Für die Armutsbewegten geht es vor allem um rechtes Handeln (Orthopraxis) statt um die rechte Lehre (Orthodoxie). Im Vordergrund steht nicht die theologische Spekulation mit ihren Spitzfindigkeiten oder der Wortlaut irgendeines Dogmas, sondern das rechte gottgefällige Leben nach dem Vorbild der Apostel. Über das Seelenheil des einzelnen Christen entscheiden nicht seine Kenntnis einzelner Katechismus-Sätze oder seine Stellung innerhalb der hierarchischen Ordnung der Kirche, sondern die Qualität und Radikalität der Nachfolge Christi.

Das entscheidende Kriterium war aber die radikal gelebte Armut. Die Benediktiner verzichteten zwar auf Privateigentum einzelner Mönche, keinesfalls jedoch auf das Eigentum der Klostergemeinschaft. Die Armutsbewegung sah dadurch das biblische Ideal verletzt. Als Norm des apostolischen Lebens sollte allein die Heilige Schrift dienen. Dazu war es notwendig, sie lesen zu können. Man wollte die Bibelkenntnis nicht mehr länger den Klerikern und Mönchen überlassen, sondern selbst unmittelbar an das Gotteswort herankommen. Um dieses klerikale und mönchische Monopol zu brechen, musste die Bibel aus dem für Laien unverständlichen Latein in die Muttersprache übersetzt werden.

Die Konzentration der Armutsbewegten auf die Bibel und das Ideal der radikalen Jesusnachfolge führten zu einer Kritik an der reichen Kirche: Prunk, Paläste, Kirchen, feierliche Liturgie, Machtentfaltung des Papsttums und Verrechtlichung der Kirche entsprachen nicht den biblischen Vorgaben. Die wahre Kirche konnte nur durch die Rückkehr zur einfachen Urgemeinde und eine radikale Reform nach biblischem Urbild wiederhergestellt werden. Darin lag für die kirchliche Hierarchie die eigentliche Gefahr der Armutsbewegung, die ihre Existenzberechtigung grundsätzlich infrage stellte. Die subversive Kraft der Bewegung hatte das Potenzial, die kirchlichen Strukturen samt dem Papst an der Spitze hinwegzufegen, wenn diese Botschaft unkontrolliert verkündet werden konnte. Deshalb wurde die Laienpredigt zum entscheidenden Punkt.

Die Armutsbewegten wollten Jesus nicht nur persönlich in Armut nachfolgen, sondern die eigenen Erfahrungen mit dieser Lebensform auch an andere weitergeben. Zahlreiche Armutsbewegte zogen daher als Wanderapostel und Wanderprediger umher, predigten charismatisch und gewannen viele Anhänger. Hier konnten endlich die religiösen Bedürfnisse und Sehnsüchte der breiten Bevölkerung, der Laien, Erfüllung finden, nach dem Motto: Wes das Herz voll ist, des geht der Mund über.

Genau an diesem Punkt entschied sich das Schicksal der armutsbewegten Gruppen. Waren sie bereit, auf die Laienpredigt zu verzichten und ihren religiösen Aufbruch unter kirchliche Kontrolle zu stellen, galten sie als rechtgläubig. Weigerten sie sich, stellten sie den Auftrag Jesu «Geht hinaus in die ganze Welt und verkündet das Evangelium»[8] über Anweisungen von prunksüchtigen Bischöfen und Päpsten, und argumentierten sie, man müsse Gott mehr gehorchen als den Menschen, auch wenn sie geweihte Amtsträger seien, dann wurden sie verketzert. Die Kirche machte aus Armutsbewegten Ketzer oder Heilige: Ursprünglich galten auch die Ketzer teilweise als rechtgläubig und verfügten die Heiligen über ein ähnliches kirchenkritisches Potenzial wie die Ketzer.

Der Bischof von Lyon verbot Waldes' Aufrufe, Jesus in der Armut nachzufolgen, als unkirchliche Laienpredigt. Daraufhin wandte sich Waldes 1179 an den Papst und das in Rom tagende dritte Laterankonzil. Der Nachfolger Petri und Stellvertreter Jesu Christi auf Erden könne ihm doch nicht verbieten, was der Herr im letzten Kapitel des Matthäus-Evangeliums allen aufgetragen hatte, die ihm nachfolgen: das Evangelium bis an die Grenzen der Welt zu verkünden. Waldes legte ein absolut rechtgläubiges Glaubensbekenntnis ab. Trotzdem verbot der Papst ihm die Predigt. Das Angebot, in einen religiösen Orden einzutreten und sich so der kirchlichen Kontrolle zu unterstellen, lehnte Waldes ab. Er zog weiter als Wanderprediger umher und wurde schließlich mit seiner Bewegung 1184 von Lucius III. exkommuniziert. Der Papst hatte damit eine rechtgläubige Armutsbewegung verketzert und zu einer Sekte gemacht, die in den folgenden Jahren heftigen Verfolgungen ausgesetzt war.

Ein ähnliches Schicksal drohte auch Franz von Assisi. Wie Petrus Waldes begann er zu predigen. Seine faszinierende, charismatische Verkündigung sorgte für Aufsehen, bald schlossen sich ihm erste Gefährten an. Die junge Gemeinschaft geriet aber umgehend in den Verdacht der Ketzerei, denn das Recht zur Predigt stand ausschließlich dem Klerus zu. Franz bekam Schwierigkeiten mit dem zuständigen Bischof. Er wandte sich wie Waldes nach Rom und hatte Glück, denn der einflussreiche Kardinal Ugolino von Ostia wurde zu seinem Fürsprecher an der Kurie. Er versuchte, den Forderungen der Armutsbewegten so weit wie möglich entgegenzukommen, ihnen aber zugleich die Spitze zu nehmen und sie in die Kirche einzubinden. Dazu war er sogar bereit, mit dem geltenden Kirchenrecht zu brechen, das die Gründung neuer Orden grundsätzlich verbot. Eine neue Form von religiöser Gemeinschaft wurde zugelassen. Dazu musste Franziskus jedoch eine Ordensregel verfassen, wogegen er sich zunächst entschieden wehrte. Schließlich gab er nach und schrieb 1209 die sogenannte Urregel auf, die lediglich aus Bibelversen zum Thema Buße, Armut und Nachfolge Christi bestand. Sie enthielt keinerlei rechtliche Vorschriften über Aufnahme und Ausbildung der Kandidaten, über die Lebensform oder das Gemeinschaftsleben. Innozenz III. bestätigte 1210 dennoch diese Regel der «Pauperes Minores», der kleinen Armen. Franziskus und die Seinen brauchten keinem bestehenden Orden beizutreten, sie durften arm leben und erhielten sogar die Erlaubnis zur Wanderpredigt. Im Gegenzug mussten sie sich jedoch alle die Tonsur scheren lassen und auf diese Weise eine niedere Weihe empfangen. Dadurch gehörten sie wenigstens zum Klerus. Seine freie religiöse Bewegung war auf dem Weg, verkirchlicht zu werden. Daran hatte Franz offenbar schwer zu schlucken.

Eine charismatische Gemeinschaft wird verkirchlicht

Franziskus bezeichnete seine Gemeinschaft nie als *Ordo*, meist verwendete er den Begriff *Fraternitas*, was man am besten mit Brüdergemeinschaft übersetzen kann. Faktisch aber entwickelte sich aus der kleinen Gemeinschaft des Poverello sehr rasch einer der größten Orden der Kirchengeschichte. Die Faszination, die von der Persönlichkeit des Franziskus ausging, die Begeisterung für seine Lebensweise, nicht zuletzt die Wundmale Christi, die er bald an Händen, Füßen und der Seite trug, machten aus der ursprünglich eher familiären Gemeinschaft eine Massenorganisation.

Während dreißig Brüder noch ohne feste Regeln und Ordnungen auskamen, brauchte eine Bewegung mit tausenden Anhängern einen Rahmen, eine Ordnung, musste letztlich zum kirchlichen Orden werden. Dieses Kalkül Innozenz' III. und des Kardinals Ugolino von Ostia, das sie bereits bei der Bestätigung der Urregel verfolgt hatten, ging im vollen Umfang auf. Gegen diese Verrechtlichung und Verkirchlichung wehrte sich der spontane Charismatiker Franz von Assisi immer wieder – ohne Erfolg. Er zog sich deshalb bald frustriert von der Leitung seiner Gemeinschaft zurück, die aus seiner Sicht durch die Ordenswerdung auch die ursprüngliche Idee der radikalen Armut und Christusnachfolge verriet.

Franziskus wurde von der Kurie zu einem Kompromiss gezwungen, wie die weitere Regelentwicklung zeigt. Das Armutsideal drohte dabei auf der Strecke zu bleiben, das kritische Potenzial gegen die reiche Papstkirche wurde immer mehr entschärft. Die *Regula non bullata* von 1221, die der Papst nicht akzeptierte, war rechtlich noch nicht durchgearbeitet und atmete noch den Geist der Urregel von 1210 mit zahlreichen Zitaten aus den Evangelien, die etwa ein Drittel des Textes ausmachen. «Der freie Schwung seines kühnen Idealismus setzt sich hier in grenzenlosem Vertrauen auf die Gutheit der Menschen über alle Bedenken hinweg», schreiben die franziskanischen Herausgeber seiner Schriften. Diese Regel gebe «große Gedanken und Ideale, flammende Anrufe, ernste Mahnungen; aber sie gibt keine alles umfassende Ordnung für das gemeinschaftliche Leben so vieler tausend Brüder».[9]

Tatsächlich wandte sich Franziskus in dieser vom Papst nicht anerkannten Regel gegen jede Hierarchie innerhalb seiner Gemeinschaft. Kein Bruder sollte eine Machtstellung oder ein Herrscheramt ausüben, weder außerhalb noch innerhalb der Kommunität. «Und keiner soll ‹Prior› genannt werden, sondern alle sollen schlechthin ‹Mindere Brüder› heißen.» Außerdem verbot Franziskus strikt, Geld anzunehmen, «unter keinem Vorwand», denn: «Geld und Münzen dürfen für uns keinen größeren Nutzen haben, und wir dürfen sie nicht höher schätzen als Steine. Und jene will der Teufel verblenden, die nach dem Geld verlangen, oder es für wertvoller als Steine halten.»[10]

Die Römische Kurie war mit dieser Regel noch nicht zufrieden und wies Franziskus an, eine neue Ordnung ausarbeiten zu lassen. Darauf entstand die *Regula bullata*, die deutlich von juristischer Expertise geprägt ist und die Handschrift des Kardinals Ugolino von Ostia tragen dürfte. Honorius III. bestätigte sie 1223.

Hier beginnen sich deutliche Ordensstrukturen herauszukristallisieren: Neben Armut, Keuschheit, einer einfachen Lebensweise und dem gemeinsamen Gebet schrieb die Regel auch Gehorsam und Ehrerbietung gegenüber dem Papst fest. Außerdem regelte sie die Aufnahme neuer Mitglieder. Die Brüder sollten von handwerklicher Arbeit leben, Geld anzunehmen blieb ihnen aber verboten. Der «Ordo Fratrum Minorum», der Orden der minderen Brüder, wie die Franziskaner jetzt offiziell hießen, gliederte sich nach der neuen Ordnung in einzelne Klöster mit jeweils einem Guardian an der Spitze und Provinzen unter der Leitung eines Provinzialministers. An der Spitze des Gesamtordens stand ein Generalminister, den die Vertreter der Provinzen wählten.

Franziskus hatte eine spirituelle Gemeinschaft gründen wollen, in der letztlich der Heilige Geist das Sagen haben sollte, denn er ging davon aus, dass Gott Menschen nicht nach ihrem Besitz und Status beurteilt und Gottes Geist in gleicher Weise den Armen und Einfältigen verliehen worden ist. Franziskus wollte diese Ansicht in der Regel festschreiben, aber Rom lehnte das ab. «Im Orden waren» – wie Helmut Feld treffend feststellt – «die Laien von armer, niederer Herkunft bereits in die Ecke gedrückt; die gelehrten Kleriker gaben den Ton an.»[11]

In seinem Testament von 1226 versuchte Franziskus ein letztes Mal, der immer weiter fortschreitenden Verkirchlichung und Klerikalisierung seiner Gemeinschaft einen Riegel vorzuschieben. Er machte deutlich, dass er keine geschriebene Regel benötigt habe, um Christus nachfolgen zu können: «So hat der Herr mir, dem Bruder Franziskus, gegeben, das Leben der Buße zu beginnen. … Und nachdem mir der Herr Brüder gegeben hatte, zeigte mir niemand, was ich zu tun hätte, sondern der Höchste selbst offenbarte mir, dass ich nach der Vorschrift des heiligen Evangeliums leben sollte. Und ich habe es mit wenigen Worten und in Einfalt schreiben lassen, und der Herr Papst hat es mir bestätigt. Und jene, die kamen, dies Leben anzunehmen, gaben ‹alles, was sie haben mochten› (Tob 1,3), den Armen. Und sie waren zufrieden mit einem Habit, innen und außen geflickt, samt Gürtelstrick und Hosen. Und mehr wollten wir nicht haben.»

Franziskus verbot seinen Brüdern noch einmal nachdrücklich, Kirchen, Wohnungen oder irgendetwas anderes anzunehmen, «wenn sie nicht sind, wie es der heiligen Armut gemäß ist». Vor allem sollte seine Gemeinschaft nicht abhängig von Privilegien und anderen Gunsterweisungen des Papstes und der Römischen

Kurie werden: «Ich befehle streng im Gehorsam allen Brüdern, wo immer sie auch sind, dass sie nicht wagen sollen, irgendeinen Brief bei der römischen Kurie zu erbitten.»[12]

Franziskus konnte die Entwicklung jedoch nicht aufhalten. Seine charismatische Gemeinschaft wurde zu einem etablierten Orden, der sich zunehmend klerikalisierte. Fast alle Franziskaner empfingen die Priesterweihe, sodass es kaum noch Laienbrüder gab. Der Orden trat in eine enge Verbindung mit der Kurie; zahlreiche Franziskaner übernahmen im Auftrag des Papstes wichtige diplomatische Missionen; und immer mehr Ordensmitglieder lehrten als Professoren an Universitäten, was zu einer Akademisierung des Ordens führte und die Gründergeneration bedeutungslos werden ließ.

Unter dem Generalminister Elias von Cortona nahm der Ordo Fratrum Minorum zahlreiche päpstliche Privilegien und Schenkungen an. Der Orden wurde eine der reichsten Institutionen in der katholischen Kirche, was dem Armutsideal des Franziskus eindeutig widersprach. Papst Gregor IX., der frühere Kardinal Ugolino von Ostia, hob deshalb 1230 die Verbindlichkeit des Testaments auf. Dadurch wurde es möglich, die Ordensverfassung weiter auszubauen, was Franziskus ausdrücklich verboten hatte. Zugleich sprach der Papst Franziskus heilig. Der Heilige der Armut wurde in Assisi in einer prächtigen Kirche geehrt. In der Armutsfrage fand der Papst einen typischen Formel-Kompromiss: Zwar sollten sich die Franziskaner an die totale Besitzlosigkeit für den Orden und den einzelnen Bruder halten, aber sie sollten das Gebrauchsrecht über alle Güter und Stiftungen haben.

Diese Vorgänge sind sowohl in der franziskanischen Ordensfamilie als auch in der historischen Forschung ganz unterschiedlich interpretiert worden. Während die einen sie als organisationssoziologische Zwangsläufigkeit betrachten, sehen die anderen vor allem im Eingreifen der Römischen Kurie einen Verrat an den Idealen des heiligen Franz von Assisi und letztlich auch Jesu. Für die Letzteren besteht deshalb eine bleibende Spannung zwischen Franziskus und den Franziskanern, zwischen dem Kirchenbild des Heiligen und der katholischen Kirche.

Sprengkraft einer Utopie

Am nachdrücklichsten hat der Tübinger Theologe und Historiker Helmut Feld das kirchen- und papstkritische Potenzial bei Franz von Assisi herausgearbeitet. Seiner Ansicht nach hätte aus der von Franziskus initiierten Bewegung, «unter anderen geschichtlichen Umständen, leicht eine neue, von dem damaligen Christentum verschiedene und über es hinauswachsende Religion entstehen können». Franziskus' radikale Christusnachfolge und die Tatsache, dass er als *alter Christus*, als ein anderer beziehungsweise zweiter Christus, wahrgenommen wurde, hätten aus ihm leicht nicht nur einen «neuen Christus», sondern einen «anderen Christus» im Sinne eines neuen Religionsstifters machen können.[13] Stattdessen sei es der Kurie gelungen, den franziskanischen Aufbruch zu zähmen, seine Sprengkraft zu entschärfen und die Bewegung des Heiligen, seine Gemeinschaft der Minderen Brüder, in einen ganz normalen Orden zu kanalisieren.

Felds Formulierungen fallen mitunter recht drastisch aus, so auch wenn er feststellt, das «ursprüngliche franziskanische Ideal» sei in einem «unerhört dramatischen Ringen domestiziert, verkirchlicht und damit verfremdet und umgebogen» worden.[14] Papst Gregor IX. habe Franziskus durch die Heiligsprechung «in die unerreichbare Sphäre des Himmlischen entrückt» und gleichzeitig das «radikale und unverwässerte Armutsgebot» aus Franziskus' Testament für ungültig erklärt. Deswegen sei er zum «Totengräber» des Franziskus geworden.[15] Zugleich sieht Feld die Ideale des Franziskus heutzutage am ehesten außerhalb der katholischen Kirche verwirklicht: «Franziskaner im weitesten, aber doch genuin franziskanischen Sinn» seien «zahlreiche nicht-franziskanische Menschen der Neuzeit, die in offiziellen kirchlichen Verlautbarungen gern mit den Verdikten der Häresie, des Rationalismus und des Unglaubens versehen» würden.[16]

Dass diese Formulierungen nicht ohne Widerspruch blieben, braucht nicht zu verwundern. So wurden Felds Ausführungen über das Ideal des Heiligen «und den angeblich verderblichen Einfluss des Papsttums beziehungsweise des Elias von Cortona auf die Entwicklung des Ordens» als «in großen Teilen anfechtbar» bezeichnet. Man sah die Ideale des Heiligen eben doch in einem oder sogar allen der verschiedenen franziskanischen Orden und Gruppierungen innerhalb der katholischen Kirche verwirklicht.[17]

Allerdings steht Helmut Feld mit seiner pointiert vorgetragenen Position nicht allein. So hat der katholische Tübinger Kirchenhistoriker Karl August Fink – um nur ein Beispiel zu nennen – die Frage gestellt, ob der Franziskanerorden Mitte des dreizehnten Jahrhunderts «mit seinen Exemtionen, mit dem Generalminister Elias und seinen grandiosen Bauten, mit seinen Prokuratoren, Prozessen, Begräbnisrechten, Legaten, Bettel, Streit mit dem Weltklerus und den Magistern der Universität Paris, mit dem Eindringen in die Hierarchie oder gar mit den aus ihm stammenden Inquisitoren als Schutztruppe der Kirche sich auf den Heiligen als seinen Stifter berufen» konnte.[18] Finks Antwort ist eindeutig: Die Ideale des heiligen Franz wurden von der Kirche verraten und sind gescheitert. Resigniert stellt der Kirchenhistoriker fest: Die franziskanische Gemeinschaft ist den Weg jedes charismatischen Aufbruchs in der Kirche gegangen. Sie wurde verkirchlicht und klerikalisiert.

Die franziskanische Frage war jedoch nicht nur Gegenstand akademischer Debatten, auch innerhalb der Bewegung selbst wurde heftig über sie gestritten. Mit den päpstlichen Entscheidungen von 1230 war das Thema noch lange nicht vom Tisch. Der Orden kam nicht zur Ruhe. Die neuen Niederlassungen innerhalb der Städte passten sich rasch dem Lebensstandard der dort dominierenden Mittelschicht an. Die Brüder auf dem Land in Italien wollten dagegen an der ursprünglichen Armut und Lebensweise des Franziskus festhalten, namentlich diejenigen, die den Heiligen noch persönlich gekannt hatten, etwa Ägidius von Assisi und Leo. Es kam zu einer Oppositionsbewegung gegen den Generalminister und den Kardinalprotektor in Rom, deren Anhänger man zusammenfassend als «Spirituale» bezeichnet hat, obwohl es sich keineswegs um eine einheitlich organisierte Gruppe handelte.

Erst zwei Jahrzehnte später, um 1250, griffen einige radikale Intellektuelle des Ordens auf die Ideen des Abtes Joachim von Fiore zurück und entwickelten eine «spirituale» Theologie. Joachim unterteilte die Weltgeschichte in drei Phasen: Das erste Zeitalter, das des Vaters, habe mit der Schöpfung der Welt begonnen, das folgende «Zeitalter des Sohnes» mit der Geburt Jesu Christi. Das dritte «Zeitalter des Heiligen Geistes», das sie als Endzeit verstanden, war dem Glauben der Spiritualen zufolge mit der Bekehrung des heiligen Franziskus angebrochen.

Der Generalminister der Franziskaner Bonaventura versuchte 1257 einen Kompromiss zwischen der an die Welt angepassten Ordensmehrheit und den radikaleren Brüdern zu vermitteln. Beide sollten im Orden des heiligen Franziskus ihren Platz haben, was einige Jahrzehnte lang auch der Fall war. Ende des dreizehnten Jahrhunderts spitzte sich die Lage aber erneut zu. Während eine Gruppe der Spiritualen nur für ein konsequentes Armutsverständnis kämpfte, radikalisierten sich andere, weil sie in Anlehnung an Ideen Joachims von Fiore glaubten, das Ende der Welt stehe unmittelbar bevor. Diese «Fraticellen» lehnten alle materiellen Güter grundsätzlich ab, spalteten sich von den Franziskanern ab und setzten der verfassten Kirche mit dem Papst an der Spitze eine reine «Geistkirche» entgegen.

In diesem Zusammenhang stritt auch die Mehrheit der Franziskaner noch einmal für die Ideale ihres Stifters. Es kam zum sogenannten «Armutsstreit» mit der hierarchischen Kirche. Die Franziskaner lehrten, nach dem Vorbild Christi und der Apostel sei sowohl dem einzelnen Franziskaner als auch der Gemeinschaft jedes Eigentum und jeder Besitz verboten. Diese Position wurde außerhalb des Ordens, namentlich von den Dominikanern, heftig bekämpft, obwohl ihr Nikolaus III. 1279 zustimmte. Diese päpstliche Entscheidung gaben die Franziskaner im Streit mit den Nachfolgern Nikolaus' III. und der Kurie als Dogmatisierung eines Glaubenssatzes aus, was Papst Johannes XXII. 1323 nachdrücklich bestritt. Er verurteilte den franziskanischen Satz, Christus und die Apostel hätten persönlich und gemeinsam nichts besessen, als häretisch. Der Ordensgeneral Michael von Cesena fiel vom Papst ab und floh 1328 zu Kaiser Ludwig dem Bayern, der ebenfalls exkommuniziert worden war. Am Hofe Ludwigs entwickelte auch der Franziskaner Wilhelm von Ockham seine kirchenkritischen Ideen, er unterstützte laikale Kräfte, die gegen die klerikalen Machtansprüche aufbegehrten, und wollte die kirchliche Autorität auf ihren ursprünglichen geistlichen Dienst begrenzen.

Auch im Orden selbst gingen die Auseinandersetzungen weiter. 1334 bildete sich unter Johannes de Valle eine Reformgruppe, deren Mitglieder als franziskanische Einsiedler in der ursprünglichen Einfachheit des Heiligen leben wollten. Dafür erhielt sie 1350 die päpstliche Erlaubnis, 1355 wurde sie aber erneut wegen Häresieverdachts unterdrückt. 1373 folgte die endgültige päpstliche Erlaubnis, eine eigene Gruppe von Brüdern *strictoris regularis observantiae*, der strengeren Regelbefolgung, innerhalb des Franziskanerordens zu bilden. Die Mitglieder erhielten den Namen «Observanten», während die sogenannten «Konventualen» an der inzwischen etablierten Lebensführung festhielten. Noch waren sie ein gemeinsamer Orden; 1415 erhielten die Observanten jedoch einen eigenen Kommissar als Leiter, und 1517 zerbrach die Gemeinschaft der Franziskaner endgültig in die zwei Orden der Konventualen und Observanten.

Diese Streitigkeiten und Spaltungen zeigen, wie schwierig es war, die Ideale des Franziskus in einer institutionalisierten Gemeinschaft zu verwirklichen. Der Streit um das richtige Verständnis des Heiligen hat die gesamte Ordensgeschichte bestimmt. Franziskus und die Franziskaner – das bleibt ein spannungsgeladenes Verhältnis.

Das Franziskanertum zählt – folgt man Helmut Feld – zu den großen «Utopien der Menschheit».[19] Papst Franziskus hat dieser Utopie durch seine Namenswahl einen Ort an der Spitze der katholischen Kirche gegeben. Dadurch sind die beiden einander diametral entgegenstehenden Modelle der Nachfolge Christi, die sich in der Kirchengeschichte herausgebildet haben, in einer Person zusammengekommen: im Papst als *Vicarius Christi* auf Erden als Oberhaupt einer mächtigen Institution und in Franziskus, dem *alter Christus* als Exponenten der Nachfolge des armen Jesus. So steckt eine gewaltige Sprengkraft und ein ungeheures Spektrum an Möglichkeiten in der Namenswahl des neuen Pontifex. Man darf gespannt sein, welche der beiden Komponenten sich in seinem Pontifikat letztlich durchsetzen wird: der Papst oder Franziskus.

Zum Schluss
«Die Wahrheit, die aus der Geschichte kommt»

Gefährliche Erinnerung

In der Tradition und Geschichte der katholischen Kirche liegen zahlreiche Möglichkeiten bereit, die – kreativ angewendet – das Gesicht der Kirche entscheidend verändern könnten, ohne dadurch ihre Katholizität infrage zu stellen. Es lohnt sich, in die Krypta hinabzusteigen und nach ihnen zu suchen. Neben den hier beispielhaft aufgezeigten Reformideen sind jedoch zahlreiche weitere Themen in der gegenwärtigen Diskussion präsent. Genannt seien verheiratete Priester und Bischöfe in der alten Kirche und den unierten katholischen Kirchen unserer Tage, Diakoninnen in der frühen Kirche oder das Prinzip der Barmherzigkeit im Umgang mit Geschiedenen.

Die Traditionen der Kirche erweisen sich – wenn man sich ihnen ohne ideologische Scheuklappen und enge dogmatische Vorannahmen nähert – als ungeheuer reichhaltig und pluriform. Sie gleichen einem breiten, mächtigen Strom, der sich im Lauf der Geschichte immer wieder ein neues Bett gesucht und sich jeder Begradigung und Kanalisierung entzogen hat. Der katholische Traditionsstrom war nie auf ein enges, unveränderliches Flussbett beschränkt, sondern floss immer wieder in neue Richtungen, änderte seine Geschwindigkeit und verästelte sich. Aber alle Seitenarme und Altgewässer gehören zum umfassenden Traditionsstrom dazu, der «kat-holisch» ist, was nichts anderes als «umfassend» beziehungsweise «dem Ganzen entsprechend» bedeutet. Es widerspräche dem Wesen des Katholischen, den mächtigen Strom in ein enges, reguliertes Bett zu zwingen und alle anderen Verläufe für falsch zu erklären. Verengungen stören den Fluss und führen früher oder später zu Katastrophen.

Bei den hier vorgestellten Reformideen geht es vor allem um Struktur- und Verfassungsfragen der katholischen Kirche, die ihr «Wesen» nicht infrage stellen. Die Kirche hat den Menschen Jesu Tod und Auferstehung zu bezeugen und sie auf ihrem Weg durch die Zeit mit ihrer befreienden Botschaft und menschlichen Nähe zu begleiten. Die Frage ist nur: Wie? Reformen von Institutionen, Strukturen und Rechtsvorschriften sollen es der Kirche erleichtern – folgt man Papst Franziskus –, ihren seelsorgerlichen Aufgaben wieder besser nachzukommen. Dazu haben Laien ebenso ihren Beitrag zu leisten wie der Papst, die Kurie und die Kleriker.

Wenn die Kirche «anders katholisch» wird, indem sie in Vergessenheit geratene Ideen aus der Kirchengeschichte umsetzt, heißt das gerade nicht, dass sie weniger katholisch würde. Es ginge vielmehr um ein «besser katholisch», weil strukturelle Hindernisse und kirchliche Ärgernisse beseitigt werden könnten, die dem fundamentalen Auftrag Jesu an seine Jünger im Wege stehen: «Darum geht zu allen Völkern, und macht alle Menschen zu meinen Jüngern; tauft sie im Namen des Vaters und des Sohnes und des Heiligen Geistes, und lehrt sie, alles zu befolgen, was ich euch geboten habe. Seid gewiss: Ich bin bei euch alle Tage bis zum Ende der Welt.»[1]

Einige konkrete Ideen für anstehende Reformen lassen sich aus den geschilderten Beispielen ableiten: Können Bischöfe von allen gewählt statt nur vom Papst ernannt werden? Ist es möglich, Bischöfe vor einsamen Fehlentscheidungen zu bewahren, indem man sie an die Zustimmung ihres Domkapitels bindet, das alle Priester und Mitarbeiter in der Seelsorge einer Diözese repräsentiert? Gibt es einen Mittelweg zwischen römischem Zentralismus und eigenständigen katholischen Landeskirchen, der den Primat des Papstes mit der Vollmacht der im Konzil versammelten Bischöfe austariert und das Subsidiaritätsprinzip berücksichtigt? Kann ein unverkrampfter Umgang mit dem Konzil von Trient vieles, was Traditionalisten in und außerhalb der Kirche als «tridentinisch» reklamieren, als Erfindung und ideologische Uminterpretation gegen Geist und Buchstaben des historischen Konzils von Trient enttarnen? Stellt ein offener Blick auf die franziskanischen Traditionen und den oft vergessenen «dritten Stand» in der Kirche, die Mönche und Nonnen, die reiche und verrechtlichte Kirche grundsätzlich infrage? Haben selbstbewusste Laien Möglichkeiten, in der katholischen Kirche leitende Positionen einzunehmen oder sich ohne klerikale Bevormundung zusammenzutun? Können Frauen bischöfliche Vollmachten ausüben? Nach einem genauen Blick in die Kirchengeschichte können all diese Fragen prinzipiell bejaht werden.

Die vergessenen und nicht selten bewusst unterdrückten Optionen der Kirchengeschichte bieten freilich keine harmlosen Kirchenvisionen, sondern sie sind, wie es der katholische Fundamentaltheologe Johann Baptist Metz einmal bezeichnete, gefährliche Erinnerung mit einem gewaltigen subversiven Potenzial im Hinblick auf die derzeitige Gestalt der katholischen Kirche, die sich gerne als Institution von Ewigkeitswert inszeniert und so gegen jede Reform zu immunisieren versucht. Für einflussreiche Personen und Gruppen in der Kirche stellen sie möglicherweise eine Gefahr dar, weil sie lieb gewonnene Privilegien und vor allem innerkirchliche Machtpositionen erschüttern können.

Dies zeigt wieder der Blick in die Geschichte: Denn solange Kirchenhistoriker solche alternativen Modelle nur in der abgeschotteten akademischen Studierstube entwickelten, wurde das von der Institution Kirche zähneknirschend toleriert, sobald sie aber praktische Konsequenzen ihrer Erkenntnisse einforderten, wurde es gefährlich. Kirchenhistoriker wurden verketzert und als unkatholisch diffamiert, historisch korrekte und interessante Ergebnisse für dogmatisch irrelevant erklärt.

Das Dogma besiegt die Geschichte

«Es ist an der Zeit, dass die Anmaßungen der ‹historischen Wissenschaft› und der ‹wissenschaftlichen Historiker› auf ihre eigene Sphäre und in ihre Grenzen verwiesen werden», ereiferte sich der Erzbischof von Westminster Henry Edward Manning, als es im Vorfeld des Ersten Vatikanischen Konzils um das neue Dogma vom Jurisdiktionsprimat und von der Unfehlbarkeit des Papstes ging. Manning hatte dabei vor allem den Kirchenhistoriker und Rottenburger Bischof Carl Joseph Hefele im Blick, der sich mit historischen Argumenten gegen die Dogmatisierung der päpstlichen Unfehlbarkeit ausgesprochen und dies für historisch unmöglich erklärt hatte. Der Papst könne an sich nicht unfehlbar sein, da historisch feststehe, dass zumindest ein Papst in der Geschichte in einer zentralen Glaubensfrage geirrt hatte: Honorius I., der im Monotheletenstreit, in dem es um das Verhältnis der menschlichen und göttlichen Natur in der Person Jesu Christi ging, den menschlichen Willen in Christus geleugnet hatte und daraufhin vom Sechsten Ökumenischen Konzil von Konstantinopel 680/81 als Häretiker verurteilt worden war. Solche kirchenhistorischen Argumente ließ Manning aber nicht gelten: Wer wirklich katholisch sein wolle, dem sei es verboten, «vom unerschütterlichen Felsen der Wahrheit [des kirchlichen Lehramtes] in den Sumpf der menschlichen Geschichte hinabzusteigen».[2]

Für Hefele dagegen war klar: Was historisch nachweislich falsch ist, nämlich die ununterbrochene Unfehlbarkeit der Päpste, kann auch theologisch nicht wahr sein. Was dem geschichtlichen Befund eindeutig widerspricht, kann nicht zu einer dogmatischen

Wahrheit erhoben werden. Was im Widerspruch zur kirchlichen Tradition steht, kann nicht als Grundlage für eine Reform der Kirchenverfassung dienen. Vier Fünftel der deutschen Bischöfe ließen sich 1870 auf dem Ersten Vatikanum von ihrem kirchenhistorisch gebildeten Amtsbruder überzeugen und sprachen sich gegen die Dogmatisierung der Unfehlbarkeit aus. Hefele glaubte seine Verantwortung als Kirchenhistoriker aus Gewissensgründen wahrnehmen zu müssen. Verzweifelt schrieb er an einen Freund: «Lieber als ehrlicher Schwabe, wenn auch suspendiert, in die Grube fahren, als aus Menschenfurcht falsches Zeugnis geben.»[3] Und später: «Etwas, was an sich nicht wahr ist, für göttlich geoffenbart anzuerkennen, das tue, wer kann. Non possum» – Ich kann es nicht.[4]

Manning hielt Hefele entgegen: «Wir sind nicht in der Schule, sondern auf einem Ökumenischen Konzil. Nicht die Historiker … sind zu befragen, sondern das lebendige Orakel der Kirche.»[5] Und selbst wenn Hefele hundertmal historisch Recht habe, sei dies bedeutungslos. Denn dann müsse halt das «Dogma die Geschichte besiegen».[6]

Und genauso kam es: Jahrzehntelange mühsame kirchenhistorische Forschung mit eindeutigen Faktenbelegen spielte keine Rolle. Trotz des häretischen Papstes Honorius I. wurde die Unfehlbarkeit der Päpste auf dem Ersten Vatikanischen Konzil definiert. Die opponierenden Bischöfe reisten vor der Schlussabstimmung ab, weil sie sonst aus Gewissensgründen gegen das neue Dogma und Pius IX. hätten stimmen müssen. Nach und nach unterwarfen sich aber alle; am Ende, nach über einem Jahr, auch Hefele: «Inter Scyllam et Charybdim positus wollte ich lieber» – so schrieb Hefele am 20. April 1871 – «meinen Intellectus opfern und mich unterwerfen – mit blutendem Herzen – als ein Schisma fördern».[7] Obwohl Hefele als Kirchenhistoriker von der Unmöglichkeit des Unfehlbarkeitsdogmas überzeugt blieb, wollte er als Bischof nicht die Verantwortung für eine Kirchenspaltung übernehmen. Die Einheit der Kirche sei «ein so hohes Gut», dass sie sogar das höchste persönliche Opfer rechtfertigte, das «sacrificium intellectus» – so begründete Hefele seinem Diözesanklerus gegenüber seine schlussendliche Unterwerfung unter das Unfehlbarkeitsdogma.[8]

Historische Verantwortung

Von dieser Niederlage hat sich unser Fach, das sich im neunzehnten Jahrhundert, dem Säkulum der Geschichte, als Leitwissenschaft der katholischen Theologie verstanden hatte, bis heute nicht erholt. Es kam im Gefolge des Ersten Vatikanischen Konzils zu einer weitgehenden Selbstmarginalisierung des Faches. In aktuelle Debatten mischten sich Kirchenhistoriker in der Regel nicht ein, heiße Eisen fassten sie nicht an, Reformthemen wichen sie geradezu ängstlich aus. Der Münchner Kirchenhistoriker Ignaz von Döllinger, der wegen seiner Ablehnung des Unfehlbarkeitsdogmas exkommuniziert worden war, warf seinen Fachkollegen nicht umsonst vor, sie betrieben nur noch theologische «Allotria».

Die Kirchenhistoriker versuchten alles, um aus dem Wetterwinkel des römischen Lehramtes herauszukommen, was ihnen auch weitgehend gelang. Zunächst gerieten die Exegeten mit ihrer an protestantische Vorbilder angelehnten historisch-kritischen Schriftauslegung, dann vor allem die Moraltheologen mit ihren Anfragen an die kirchliche Sexualmoral in den Fokus des Heiligen Offiziums. Kirchengeschichte galt dort als eher harmlos, wenn auch die Antimodernismus-Enzyklika Pius' X. 1910 den für historisches Denken zentralen Entwicklungsgedanken noch einmal feierlich verwarf und der eine oder andere Kirchenhistoriker erneut vor das Tribunal der römischen Zensurbehörden zitiert wurde.

Die *cum grano salis* erfolgreiche Vermeidungsstrategie gegenüber römischen Bannstrahlen hat das Fach mit theologischer Bedeutungslosigkeit bezahlt. Die Kirchenhistoriker entwickelten zwei ganz unterschiedliche Modelle, um sich zu schützen: Zum einen unterwarf man die historische Arbeit einem «dogmatischen Kriterium» (Matthias Höhler), forschte also nicht mehr ergebnisoffen. Zum anderen betrieb man Kirchengeschichte rein positivistisch, konzentrierte sich auf monumentale Akteneditionen, verzichtete auf jede Wertung und mied vor allem das Feld der Dogmengeschichte wie der Teufel das Weihwasser. Statt Dogmenentwicklung betrieb man Realienforschung. Eine Frucht ist die bis heute unverzichtbare *Realenzyklopädie für Antike und Christentum*. Wer jedoch eine dogmenhistorische Frage beantwortet wissen will, bleibt auf protestantische Autoren verwiesen.

Deshalb spielt Kirchengeschichte für die theologische Erkenntnislehre kaum eine Rolle, allen formelhaften Beschwörungen der Bedeutung der Geschichtlichkeit für Theologie und Kirche zum Trotz. Und wenn dieser Tage – insbesondere in den Medien – überhaupt über eine Reform der katholischen Kirche diskutiert wird, dann meist in der nichthistorischen Perspektive: Es werden grundsätzliche Neuerungen im Sinne der *reformatio in melius* gefordert, keine Reformen hingegen im Sinne der *reformatio in pristinum,* auf der Basis von Reformideen, die in der Geschichte der Kirche bereitliegen.

Damit wird Kirchengeschichte aber der großen Verantwortung nicht gerecht, die der gerade heiliggesprochene Papst Johannes Paul II. ihr immer wieder zuschrieb – bezeichnenderweise im Vorfeld des Heiligen Jahres 2000, das der Reinigung des Gedächtnisses der Kirche gewidmet war. Am 1. September 1999 führte der Papst aus: «Die Kirche fürchtet gewiss nicht die Wahrheit, die aus der Geschichte kommt.»[9] Vor der Öffnung der Archive der Römischen Inquisition und der Indexkongregation hatte er bereits am 31. Oktober 1998 eine zentrale Aufgabe der Geschichtswissenschaft umrissen: «Das kirchliche Lehramt kann nicht mit Gewissheit einen moralischen Akt – wie die Bitte um Vergebung – vornehmen, bevor es sich nicht exakt über die Situation dieser Zeit hat ins Bild setzen lassen.» Johannes Paul II. spielte hier auf die Gründung der Heiligen Römischen und Universalen Inquisition 1542 zur Bekämpfung des Protestantismus an. «Deshalb besteht der erste Schritt in der Befragung der Historiker, von denen man nicht eine ethische Bewertung erwartet, die außerhalb ihres Zuständigkeitsbereiches läge, sondern vielmehr eine Hilfe zur möglichst präzisen Rekonstruktion der Ereignisse, Gewohnheiten und Einstellungen von damals im Zusammenhang des geschichtlichen Umfeldes der betreffenden Epoche.»[10]

Diese Aufgabenbeschreibung ist nicht auf die Vorbereitung von Vergebungsbitten beschränkt: Bevor das Lehramt handeln kann, bevor es etwa auch nachhaltige Schritte der Reform einleitet, besteht der erste Schritt «in der Befragung der Historiker» und ihrer «möglichst präzisen Rekonstruktion» der geschichtlichen Wirklichkeit. Nicht umsonst steigt jeder neu gewählte Papst am Tag seiner Amtseinführung hinab in die Krypta unter dem Petersdom, zu den Ursprüngen der Kirche im Petrusgrab. Daraus ergibt sich: Kirchengeschichte kann sowohl das Lehramt als auch das gesamte Kirchenvolk mit Blick auf die Zukunft über das Vergangene informieren und den ganzen Tisch der Traditionen decken.

Vielleicht kann die katholische Kirche hier von der jüdischen Tradition lernen. Denn im Talmud, der Sammlung der rabbinischen Lehren, wurde in der Mischna, dem in der Mitte einer Seite gedruckten Haupttext, zwar jeweils die Mehrheitsmeinung zu einem bestimmten Thema festgehalten. In der Tossefta, den Hinzufügungen, die an den Rändern der Seite notiert sind, wurden jedoch alle unterlegenen, mitunter äußerst konträren Minderheitspositionen dokumentiert, auch wenn sie nur von einem einzigen Gelehrten vertreten worden waren. Auf die Frage eines Schülers, warum man denn die unterlegenen Meinungen nicht einfach vernichtet und nur die Mehrheitsmeinung tradiert habe, waren einige der Meinung, man habe das nur getan, «um sie eben durch ihre Erwähnung und Widerlegung außer Kraft zu setzen. Rabbi Jehudu … widersprach; sie sind aufbewahrt worden, ‹damit man sich auf sie wird stützen können, wenn vielleicht ihre Stunde kommt›.»[11] Möglicherweise ist diese Stunde für die Reformideen, die sich aus unterdrückten Traditionen der Kirchengeschichte speisen, heute gekommen.

Anmerkungen

Zur Einleitung: «Wir alle sind abgewichen»

1 Hadrian VI. spielt hier auf Röm 3,12 an. Dieses und alle weiteren Zitate aus dem «Schuldbekenntnis Hadrians VI.» vom 25. November 1522; die deutsche Übersetzung bei Heiko A. Obermann, Kirchen- und Theologiegeschichte in Quellen. Bd. 3: Die Kirche im Zeitalter der Reformation, Neukirchen-Vluyn 1988, S. 92–94, wurde hier nach dem lateinischen Original bearbeitet.

2 Zitate aus dem Schuldbekenntnis Johannes Pauls II. vom 12. März 2000; http://www.dbk.de/presse/details/?presseid=111&cHash=89bbfef4d9bd97f43ef0ad69d177c652 (21.04.2014).

3 Vgl. Erwin Iserloh, Die Päpste im Zeitalter der Reformation und des Konzils von Trient von Leo X. bis Pius IV., in: Martin Greschat (Hg.), Das Papsttum II. Vom Großen Abendländischen Schisma bis zur Gegenwart (Gestalten der Kirchengeschichte 12), Stuttgart 1985, S. 53–78, hier S. 62.

4 Dekret über den Ökumenismus «Unitatis redintegratio» vom 21. November 1964, Nr. 6; lat.-dt. Text in: Dokumente des Zweiten Vatikanischen Konzils, S. 211–241; hier verwendet wurde die deutsche Übersetzung in: Kleines Konzilskompendium, S. 229–250, hier S. 237.

5 Pastoralkonstitution über die Kirche in der Welt dieser Zeit «Gaudium et spes» vom 7. Dezember 1965; lat.-dt. Text in: Dokumente des Zweiten Vatikanischen Konzils, S. 592–749; hier verwendet wurde die deutsche Übersetzung in: Kleines Konzilskompendium, S. 449–552, hier S. 507.

6 Enzyklika «Mirari vos» vom 15. August 1832; lat. Text in: Acta Sanctae Sedis 4 (1868), S. 336–345, hier S. 341. Unvollständige deutsche Übersetzung in: Kompendium, Nr. 2731. Im Original steht ein Dativ:-«Cui quidem pestilentissimo errori».

7 Syllabus errorum vom 8. Dezember 1864; vollständiger Text in: Die Encyclica seiner Heiligkeit des Papstes Pius IX. vom 8. Dezember 1864, der Syllabus (die Zusammenstellung der 80 hauptsächlichsten Irrthümer unserer Zeit) und die wichtigsten darin angeführten Aktenstücke, Köln [3]1874, S. 55–78, hier S. 62f.

8 Pastoralkonstitution über die Kirche in der Welt dieser Zeit «Gaudium et spes» vom 7. Dezember 1965; lat.-dt. Text in: Dokumente des Zweiten Vatikanischen Konzils, S. 592–749; hier verwendet wurde die deutsche Übersetzung in: Kleines Konzilskompendium, S. 449–552, hier S. 488f.

9 Erklärung über die Religionsfreiheit «Dignitas humanae» vom 7. Dezember 1965; lat.-dt. Text in: Dokumente des Zweiten Vatikanischen Konzils, S. 436–458; hier verwendet wurde die deutsche Übersetzung in: Kleines Konzilskompendium, S. 661–675, hier S. 665.
10 Schatz, Konzilien, S. 326f.
11 Benedikt XVI., Ansprache an das Kardinalskollegium und die Mitglieder der Römischen Kurie beim Weihnachtsempfang vom 22. Dezember 2006; http://www.vatican.va/holy_father/benedict_xvi/speeches/2006/december/documents/hf_ben_xvi_spe_20061222_curia-romana_ge.html (21.04.2014).
12 Gustav Gundlach, Art. Antisemitismus, in: Lexikon für Theologie und Kirche[1] 1 (1930), Sp. 504f.
13 Pius Bihlmeyer (Hg.), Das Meßbuch der heiligen Kirche lateinisch und deutsch mit liturgischen Erklärungen, Freiburg i. Br. [25]1923, S. 341.
14 Erklärung über die Haltung der Kirche zu den nichtchristlichen Religionen «Nostra aetate» vom 18. November 1965; lat.-dt. Text in: Dokumente des Zweiten Vatikanischen Konzils, S. 355–362; hier verwendet wurde die deutsche Übersetzung in: Kleines Konzilskompendium, S. 355–359, hier S. 359 und S. 358.
15 Messbuch. Die Feier der heiligen Messe. Für die Bistümer des deutschen Sprachgebietes. Teil I: Die Sonn- und Feiertage deutsch und lateinisch. Die Karwoche deutsch, Einsiedeln 1975, S. 48.
16 Schuldbekenntnis Johannes Pauls II. vom 12. März 2000; http://www.dbk.de/presse/details/?presseid=111&cHash=89bbfef4d9bd97f43ef0ad69d177c652 (21.04.2014).

1. Der Bischof: Von allen gewählt

1 CIC (1983) can. 377 § 1.
2 CIC (1917) can. 329 § 2.
3 CIC (1983) can. 377 § 1.
4 Konkordat zwischen dem Heiligen Stuhl und dem Freistaat Preußen vom 14. Juni 1929; Text in: Staat und Kirche, Bd. 4, S. 322–328, hier S. 325 (Art. 6 Absatz 1).
5 Hartmann, Bischof, S. 176.
6 «Si cui collegio concessum sit ius eligendi Epsicopum ...»; CIC (1917) can. 329 § 3.
7 Friedrich Vering, Lehrbuch des katholischen, protestantischen und orientalischen Kirchenrechts, Freiburg i. Br. [3]1893, S. 563.
8 «Qui praefuturus est omnibus, ab omnibus eligatur»; Sancti Leonis Magni Romani Pontificis, Epistolae X Cap. VI (Patrologiae Cursus Completus. Accurante Jacques-Paul Migne. Series Latina 54), Paris 1881, S. 634.

9 1 Clemens 44,3.
10 Traditio Apostolica. Apostolische Überlieferung (Fontes Christiani. Zweisprachige Neuausgabe christlicher Quellentexte aus Altertum und Mittelalter 1), übersetzt und eingeleitet von Wilhelm Geerlings, Freiburg i. Br. 1991, S. 214.
11 «Merito vir tantus evasit quem omnis elegit ecclesia, merito creditum quod divino esset electus iudicio quem omnes postulavissent»; Ambrosius von Mailand, Epistulae extra collectionem 14 (Maur. 63), in: Sancti Ambrosi opera, pars decima, epistularum liber decimus, epistulae extra collectionem, gesta concilo Aquileiensis, recensuit Michaela Zelzer (Corpus scriptorum ecclesiasticorum Latinorum 82,3), Wien 1982, S. 236.
12 Cyprian von Karthago, Fünfundfünfzigster Brief 8. Kapitel, in: Des heiligen Kirchenvaters Caecilius Cyprianus Briefe. Aus dem Lateinischen übersetzt von Julius Bär (Bibliothek der Kirchenväter 60), München 1928, S. 176.
13 Breve «Re sacra» vom 28. Mai 1827; Text in: Staat und Kirche, Bd. 1, S. 272f., hier S. 272.
14 Landersdorfer, Bestellung, S. 290.
15 Der Fragebogen ist abgedruckt bei Urs Jecker, Risse im Altar. Der Fall Haas oder Woran die katholische Kirche krankt, Zürich 1993, S. 270f. Vgl. auch http://www.wir-sind-kirche.de/files/279_Bischofskriterien.pdf (09.08.2014).
16 1 Tim 3,1–5.

2. Bischöfinnen: Frauen mit Vollmacht

1 «... la jurisdicción cuasi episcopal ...»; Escrivá, Abadesa, S. 135.
2 Lizenz für den Kaplan, in Las Huelgas die Heilige Messe zu zelebrieren, abgedruckt in: ebd., nach S. 140.
3 Ebd., S. 182f.
4 Pius Bonifacius Gams, Die Kirchengeschichte von Spanien. Bd. 3, 1: Die drei ersten Jahrhunderte, Regensburg 1879, S. 128.
5 Fürstenberg, Ordinaria, S. 309.
6 Ebd., S. 290.
7 Reinhardt, Abtsweihe, S. 86.
8 Puniet, Pontifikale, S. 120.
9 Ebd., S. 124f. Zur Entwicklung des Ritus der Äbtissinnenweihe entsteht momentan an meinem Lehrstuhl eine Dissertation von Sarah Röttger.
10 Peter Krämer, Die geistliche Vollmacht, in: Joseph Listl/Hubert Müller/Heribert Schmitz (Hg.), Grundriß des nachkonziliaren Kirchenrechts, Regensburg 1980, S. 166–172, hier S. 166.
11 Ebd., S. 168.
12 CIC (1983) can. 375 § 2.
13 CIC (1983) can. 351 § 1.

3. Das Domkapitel: Kontrollorgan und Senat des Bischofs

1 CIC (1983) can. 381 § 1.
2 CIC (1983) can. 391 § 1.
3 Eichmann/Mörsdorf, Lehrbuch, S. 408.
4 Hinschius, Kirchenrecht, S. 226.
5 Ebd., S. 212.
6 Phillips, Lehrbuch, S. 339f.
7 Ebd., S. 321.
8 Hofmeister, Bischof, S. 252.
9 Brück, Geschichte, S. 84.
10 «Deklaration der in Frankfurt vertretenen Regierungen an den Heiligen Stuhl» vom 24. Juli 1818; Text in: Staat und Kirche, Bd. 1, S. 241–245, hier S. 242.
11 Ebd., S. 258–264, hier S. 262.
12 Die neuesten Grundlagen der teutsch-katholischen Kirchenverfassung in Aktenstücken und ächten Notizen von dem Emser Congress, dem Frankfurter Verein und der preussischen Uebereinkunft, Stuttgart 1821, S. 280f. Hervorhebung durch den Verfasser.
13 Erlass des württembergischen Ministeriums des Innern vom 23. Januar 1818; Text in: Urkundliche Beiträge zur Geschichte der Diöcese Rottenburg, in: Historisch-Politische Blätter 18 (1846), S. 292–308, S. 355–367, Erlass S. 360–363, hier S. 362.
14 Denkschrift Kochs [verfasst vor dem 12. April 1816]; Text in: Herbert Natale, Zur Vorgeschichte des Bistums Limburg, in: Archiv für Mittelrheinische Kirchengeschichte 21 (1969), S. 229–254, hier S. 238f.
15 Vgl. Cyprian von Karthago, Epistula 14,4, in: S. Thasci Caecili Cypriani Opera Omnia, recensuit Guilelmus Hartel (Corpus scriptorum ecclesiasticorum Latinorum III, 2), Wien 1868, S. 512.

4. Der Papst: Kollege und nicht gegen Fehler gefeit

1 CIC (1983) can. 333 § 3.
2 CIC (1983) can. 749 § 1.
3 Katholisch-Theologisches Seminar Tübingen, Autograph Kuhns, o. D., in: Bibliothek Bihlmeyer; zitiert nach Wolf, Ketzer, S. 348.
4 Erstes Vatikanisches Konzil, Dogmatische Konstitution «Pastor aeternus» über die Kirche Christi vom 18. Juli 1870; lat.-dt. Text in: Dekrete der ökumenischen Konzilien, Bd. 3, S. 811–816, hier S. 814.
5 Ebd., S. 816. Hervorhebungen im Original.
6 Schatz, Konzilien, S. 133.

7 Konstanzer Konzil, Dekret «Haec Sancta» der 5. Sitzung vom 6. April 1415; lat.-dt. Text in: Dekrete der ökumenischen Konzilien, Bd. 2, S. 409f., hier S. 409.
8 Konstanzer Konzil, Dekret «Frequens» der 39. Sitzung vom 9. Oktober 1417; lat.-dt. Text in: Dekrete der ökumenischen Konzilien, Bd. 2, S. 438–443, hier S. 438f.
9 Schatz, Konzilien, S. 165.
10 Müller, Krise, S. 69.
11 Walter Brandmüller, Besitzt das Konstanzer Dekret «Haec sancta» dogmatische Verbindlichkeit? In: Bäumer (Hg.), Entwicklung, S. 247–271, hier S. 265f.
12 Walter Brandmüller, Das Konzil, demokratisches Kontrollorgan über dem Papst? In: Ders., Papst und Konzil im Großen Schisma (1378–1431). Studien und Quellen, Paderborn 1990, S. 243–263, hier S. 260.
13 Fink, Konzil, S. 565f.
14 Müller, Krise, S. 77–82, hier S. 80.
15 Joseph Ratzinger, Das neue Volk Gottes. Entwürfe zur Ekklesiologie, Düsseldorf 1969, S. 121–146 (Kapitel «Primat und Episkopat»), hier S. 138f.
16 Ebd., S. 140.
17 Schatz, Primat, S. 204f.

5. Die Kardinäle: Gegengewicht zur päpstlichen Macht

1 Dekret der Kongregation für die Bischöfe: Aufhebung der Exkommunikation von vier Bischöfen der Bruderschaft «St. Pius X.» vom 21. Januar 2009; http://www.vatican.va/roman_curia/congregations/cbishops/documents/rc_con_cbishops_doc_20090121_remissione-scomunica_ge.html (24.04.2014).
2 Benedikt XVI., Glaube und Vernunft, S. 15f.
3 So der französische Kardinal Louis Aleman; zitiert nach Helmrath, Konzil, S. 35.
4 Gatz, Kurie, S. 350.
5 Audienz Pacellis bei Pius XI. vom 11. Dezember 1931; Segreteria di Stato, Sezione per i Rapporti con gli Stati, Archivio Storico, Congregazione per gli Affari Ecclesiastici, Stati ecclesiastici, IV Periodo, Pos. 430, Fasc. 357.

6. Mönche und Nonnen: Höchste Autorität durch radikale Nachfolge

1 Sulpicius Severus, Leben, S. 29f.
2 Zitiert nach Angenendt, Martin, S. 44.
3 Angenendt, Heilige, S. 70.

4 Zitiert nach Carl Eduard Vehse, Die Weltgeschichte aus dem Standpunkte der Cultur und der nationalen Charakteristik, Bd. 2, Dresden 1842, S. 56.
5 Zitiert nach Angenendt, Frühmittelalter, S. 207.
6 Ebd., S. 207f.

7. Die Gemeinden: Primat der kleineren Einheit

1 Erwin Teufel, Europa vom Kopf auf die Füße stellen, in: Frankfurter Allgemeine Zeitung Nr. 74 vom 28. März 2014, S. 20.
2 Leo XIII., Enzyklika «Rerum novarum» vom 15. Mai 1891; dt. Text in: Texte zur katholischen Soziallehre, S. 31–68, hier S. 41f. (Nr. 16 und Nr. 17).
3 Ebd., S. 66 (Nr. 45).
4 Pius XI., Enzyklika «Quadragesimo anno» vom 15. Mai 1931; dt. Text in: Texte zur katholischen Soziallehre, S. 91–150, hier S. 121 (Nr. 79).
5 Schlussbericht der Synode; Text in: Kasper, Zukunft, S. 39f.
6 Nell-Breuning, Subsidiarität, S. 148f.
7 Eph 4,7–16, hier 14.
8 Pius XII., Ansprache vom 20. Februar 1946, in: Acta Apostolicae Sedis 38 (1946), S. 141–151, hier S. 145.
9 Nell-Breuning, Subsidiarität, S. 150.
10 Pius XII., Ansprache beim Zweiten Weltkongress des Laienapostolats, in: Acta Apostolicae Sedis 49 (1957), S. 922–939, hier S. 926.
11 Deckers, Subsidiarität, S. 286.
12 Fastenhirtenbrief von Kardinal Frings 1961; zitiert nach Deckers, Subsidiarität, S. 277.
13 CIC (1983) Vorrede S. XLIII.
14 Deckers, Subsidiarität, S. 283.
15 Pastoralkonstitution über die Kirche in der Welt dieser Zeit «Gaudium et spes» vom 7. Dezember 1965; lat.-dt. Text in: Dokumente des Zweiten Vatikanischen Konzils, S. 592–749; hier verwendet wurde die deutsche Übersetzung in: Kleines Konzilskompendium, S. 449–552, hier S. 546 (Nr. 86c).
16 Dekret über das Hirtenamt der Bischöfe in der Kirche «Christus Dominus» vom 28. Oktober 1965; lat.-dt. Text in: Dokumente des Zweiten Vatikanischen Konzils, S. 242–283; hier verwendet wurde die deutsche Übersetzung in: Kleines Konzilskompendium, S. 251–285, hier S. 260 (Nr. 8a).
17 Dogmatische Konstitution über die Kirche «Lumen gentium» vom 21. November 1964; lat.-dt. Text in: Dokumente des Zweiten Vatikanischen Konzils, S. 73–185; hier verwendet wurde die deutsche Übersetzung in: Kleines Konzilskompendium, S. 123–197, hier S. 149 (Nr. 23).
18 Kasper, Theologie, S. 43f. Hervorhebung im Original. Dem Freiburger Dogmatiker Peter Walter verdanken wir eine minutiöse Rekonstruktion dieses Disputs; Walter, Blick, S. 116–136.

19 Ratzinger, Ekklesiologie, S. 116f.
20 Kasper, Verhältnis, S. 803f.
21 Spadaro, Interview, S. 53f.
22 Esortazione Apostolica «Evangelii gaudium», Nr. 32, S. 33f.

8. Die Laien: Keine unmündigen Schafe

1 Lüdecke, Geschlecht, S. 185. Hervorhebungen im Original.
2 CIC (1983) can. 212 § 1.
3 Stutz, Eigenkirche, S. 55.
4 Ebd., S. 49.
5 So treffend Hürten, Geschichte, S. 108.
6 Großmann, Katholikentage, S. 562.
7 Text der Rede bei Eduard Hüsgen, Ludwig Windthorst. Sein Leben, sein Wirken, Köln 1911, S. 235–241, hier S. 235f. Hervorhebungen im Original.
8 Knoll, Katholische Aktion, S. 80.

9. Das Konzil von Trient: Pluraler Katholizismus

1 Wassilowsky, Trient, S. 395.
2 Reinhard, Konzil, S. 40f.
3 Theiner, Geschichte, S. 371f. und S. LIIIf.
4 Concilium Tridentinum, Sessio 23 vom 15. Juli 1563, Reformdekrete Kanon 18 «Cum adolescentium aetas»; Text in: Dekrete der ökumenischen Konzilien, Bd. 3, S. 750–753, hier S. 750f.
5 Sebastian Merkle, Das Konzil von Trient und die Universitäten, Würzburg 1905. Wieder abgedruckt in: Theobald Freudenberger (Hg.), Sebastian Merkle. Ausgewählte Reden und Aufsätze (Quellen und Forschungen zur Geschichte des Hochstifts Würzburg 17), Würzburg 1965, S. 244–270, hier S. 257.
6 Concilium Tridentinum, Sessio 23 vom 15. Juli 1563, Reformdekrete Kanon 6 «Nullus primus tonsura»; Text in: Dekrete der ökumenischen Konzilien, Bd. 3, S. 747.
7 Concilium Tridentinum, Sessio 23 vom 15. Juli 1563, Kapitel 4 über Ordo und Hierarchie; Text in: Dekrete der ökumenischen Konzilien, Bd. 3, S. 743. Hervorhebung im Original.
8 Yves Congar, Die Lehre von der Kirche. Vom Abendländischen Schisma bis zur Gegenwart (Handbuch der Dogmengeschichte III Faszikel 3d), Freiburg i. Br. 1971, S. 48.
9 Ganzer, Ekklesiologie, S. 281.
10 Zitiert nach Schatz, Vaticanum I, Bd. 2, S. 143.
11 Concilium Tridentinum, Sessio 25 vom 4. Dezember 1563, Kapitel über «In-

dex der Bücher – Katechismus – Brevier und Missale»; Text in: Dekrete der ökumenischen Konzilien, Bd. 3, S. 797.

12 Pastor, Geschichte der Päpste, Bd. 8, S. 143f.

13 Wassilowsky, Trient, S. 410.

10. Franz von Assisi: Option einer Kirche der Armen

1 Süddeutsche Zeitung vom 14. März 2013; http://www.sueddeutsche.de/muenchen/frauenkirche-waehrend-der-papstwahl-es-ist-ein-franz-1.1624044 (13.07.2014).

2 Die Zeit vom 16. März 2013; http://www.zeit.de/gesellschaft/zeitgeschehen/2013-03/papst-franziskus-kirche-arme-kardinal-lehmann-kritik (13.07.2014).

3 Lk 6,20.

4 Mt 19,16–30, Zitat 23f.

5 Vgl. Mt 6,24.

6 Apg 2,43–47, Zitat 44f.

7 Mt 10,16.

8 Mk 16,15.

9 Hardick/Grau, Schriften, S. 176.

10 «Nicht bullierte Regel»; Text in: ebd., S. 177–204, hier S. 184 und S. 185f.

11 Feld, Franziskus, S. 308.

12 «Das Testament»; Text in: Hardick/Grau, Schriften, S. 217–220, hier S. 218f.

13 Feld, Franziskus, S. 1f.

14 Ebd., S. 4.

15 Ebd., S. 2.

16 Ebd., S. 504.

17 So Dieter Berg in seiner Rezension in der Historischen Zeitschrift 266 (1998), S. 487f.

18 Fink, Papsttum, S. 83f.

19 Feld, Franziskus, S. 505.

Zum Schluss: «Die Wahrheit, die aus der Geschichte kommt»

1 Mt 28,19f.

2 Edward Manning, [Private Aufzeichnungen während des Ersten Vatikanischen Konzils] «The Ecumenical Council» und «Notes on Vatican I», in: August Bernhard Hasler, Pius IX. (1846–1878), päpstliche Unfehlbarkeit und I. Vatikanisches Konzil. Dogmatisierung und Durchsetzung einer Ideologie (Päpste und Papsttum 12/1), Stuttgart 1977, S. 345.

3 Schreiben Hefeles an Kardinal Schwarzenberg vom 10. August 1870; Text in: Theodor Granderath, Geschichte des Vatikanischen Konzils von seiner ersten Ankündigung bis zu seiner Vertagung. Nach den authentischen Dokumenten dargestellt, Bd. 3, Freiburg i. Br. 1906, S. 560.

4 Schreiben Hefeles an Ignaz von Döllinger vom 14. September 1870; Text in: Johann Friedrich von Schulte, Der Altkatholizismus. Geschichte seiner Entwicklung, inneren Gestalt und rechtlichen Stellung in Deutschland, Gießen 1887, S. 223.

5 Edward Manning, [Private Aufzeichnungen während des Ersten Vatikanischen Konzils] «The Ecumenical Council» und «Notes on Vatican I», in: August Bernhard Hasler, Pius IX. (1846–1878), päpstliche Unfehlbarkeit und I. Vatikanisches Konzil. Dogmatisierung und Durchsetzung einer Ideologie (Päpste und Papsttum 12/1), Stuttgart 1977, S. 346.

6 Dieses Wort will Döllinger aus dem Munde Mannings gehört haben; Quirinus [Ignaz von Döllinger], Römische Briefe vom Concil, München 1870, S. 61.

7 Schreiben Hefeles an Bischof Joseph Feßler vom 20. April 1871; Text in: Walter Brandmüller, Karl Joseph (von) Hefele an Joseph (von) Feßler. Briefe aus den Jahren 1858–1871, in: Annuarium Historiae Conciliorum 34 (2002), S. 102–111, hier S. 109.

8 Rundschreiben Hefeles «An den hochwürdigen Clerus» der Diözese Rottenburg vom 10. April 1871; Text in: Wolf (Hg.), Wahrheit, nach S. 155 (Faksimile).

9 Papst Johannes Paul II., Ansprache am 1. September 1999; Text in: L'Osservatore Romano vom 2. September 1999.

10 Papst Johannes Paul II., Ansprache an die Teilnehmer der Internationalen Studientagung zur Erforschung der Inquisition (31. Oktober 1998), veranstaltet von der Theologisch-Historischen Kommission des Zentralkomitees des Heiligen Jahres, in: L'Osservatore Romano vom 20. November 1998. Vgl. auch http://www.vatican.va/roman_curia/congregations/cfaith/cti_documents/rc_con_cfaith_doc_20000307_memory-reconc-itc_ge.html (27.04.2014).

11 Seckler, Wände, S. 206.

Zum Weiterlesen

Quellen und Übersichtsliteratur

Codex Iuris Canonici auctoritate Ioannis Pauli PP. II promulgatus, Vatikanstadt 1983; im Auftrag der Deutschen Bischofskonferenz übersetzt und hg. von Winfried Aymans u. a., Kevelaer ²1984 [= CIC (1983)].

Codex Iuris Canonici Pii X Pontificis Maximi iussu digestus, Benedicti Papae XV auctoritate promulgatus, Vatikanstadt 1917 [= CIC (1917)].

Dekrete der ökumenischen Konzilien (Conciliorum Oecumenicorum Decreta), 3 Bde., hg. von Josef Wohlmuth, Paderborn 1998–2002.

Die Dokumente des Zweiten Vatikanischen Konzils. Konstitutionen, Dekrete, Erklärungen. Lateinisch-deutsche Studienausgabe, hg. von Peter Hünermann (Herders Theologischer Kommentar zum Zweiten Vatikanischen Konzil 1), Freiburg i. Br. ²2004.

Handbuch der Kirchengeschichte, 7 Bde. in 10 Teilbd., hg. von Hubert Jedin, Freiburg i. Br. 1962–1979; in digitalisierter Form Berlin 2000.

Kleines Konzilskompendium. Sämtliche Texte des Zweiten Vatikanischen Konzils, hg. von Karl Rahner / Herbert Vorgrimler, Freiburg i. Br. 2008.

Kompendium der Glaubensbekenntnisse und kirchlichen Lehrentscheidungen (Enchiridion symbolorum definitionum et declarationum de rebus fidei et morum), hg. von Heinrich Denzinger / Peter Hünermann, Freiburg i. Br. ⁴⁰2005.

Ökumenische Kirchengeschichte, hg. von Thomas Kaufmann / Raymund Kottje / Bernd Moeller / Hubert Wolf. Bd. 1: Von den Anfängen bis zum Mittelalter, Darmstadt 2006; Bd. 2: Vom Hochmittelalter bis zur Frühen Neuzeit, Darmstadt 2008; Bd. 3: Von der Französischen Revolution bis 1989, Darmstadt 2007.

Staat und Kirche im 19. und 20. Jahrhundert. Dokumente zur Geschichte des deutschen Staatskirchenrechts, 4 Bde., hg. von Ernst Rudolf Huber / Wolfgang Huber, Berlin ²1990, Reprint Darmstadt 2014.

Texte zur katholischen Soziallehre. Die sozialen Rundschreiben der Päpste und andere kirchliche Dokumente. Mit einer Einführung von Oswald von Nell-Breuning, hg. vom Bundesverband der Katholischen Arbeitnehmer-Bewegung Deutschlands, Köln ⁴1977.

Zur Einleitung
«Wir alle sind abgewichen»

Altermatt, Urs, Katholizismus und Antisemitismus. Mentalitäten, Kontinuitäten, Ambivalenzen. Zur Kulturgeschichte der Schweiz 1918–1945, Frauenfeld 1999.

Binding, Günther, Art. Krypta. I. Westen, in: Lexikon des Mittelalters 5 (1999), Sp. 1554–1557.

Blaschke, Olaf, Katholizismus und Antisemitismus im Deutschen Kaiserreich (Kritische Studien zur Geschichtswissenschaft 122), Göttingen 1997.

Frech, Karl Augustin, Reform an Haupt und Gliedern. Untersuchung zur Entwicklung und Verwendung der Formulierung im Hoch- und Spätmittelalter (Europäische Hochschulschriften. Reihe III: Geschichte und ihre Hilfswissenschaften 510), Frankfurt a. M. 1992.

Hilpert, Konrad, Die Menschenrechte. Geschichte, Theologie, Aktualität, Düsseldorf 1991.

Höhler, Matthias, Das dogmatische Kriterium der Kirchengeschichte: Ein Beitrag zur Philosophie der Geschichte des Reiches Gottes auf Erden, Mainz 1893.

Internationale Theologische Kommission, Erinnern und Versöhnen. Die Kirche und die Verfehlungen in ihrer Vergangenheit. Johannes Paul II. Ansprache und Vergebungsbitten, hg., übertragen und eingeleitet von Gerhard Ludwig Müller (Neue Kriterien 2), Einsiedeln ^{3}2000.

Jedin, Hubert, Geschichte des Konzils von Trient, 4 Bde., Freiburg i. Br. 1949–1975.

Köpf, Ulrich, Reformgedanke, in: Religion in Geschichte und Gegenwart^{4} 7 (2004), Sp. 159–164.

Lumpe, Adolf, Zur Bedeutungsgeschichte des Verbums ‹reformāre› und seiner Ableitungen, in: Annuarium Historiae Conciliorum 14 (1982), S. 1–12.

Maron, Gottfried, Katholische Reform und Gegenreformation, in: Theologische Realenzyklopädie 18 (1989), S. 45–72.

Merkt, Andreas/Wassilowsky, Günther/Wurst, Gregor (Hg.), Reformen in der Kirche. Historische Perspektiven (Quaestiones Disputatae 260), Freiburg i. Br. 2014.

Nipperdey, Thomas, Kann Geschichte objektiv sein? In: Ders., Nachdenken über die deutsche Geschichte. Essays, München 1986, S. 218–234.

Nissen, Peter, Paus Adrianus VI. 1459–1523. Een biografie, Amsterdam 2000.

Pastor, Ludwig Freiherr von, Geschichte der Päpste im Zeitalter der Renaissance und der Glaubensspaltung, Bd. 4/2, Freiburg i. Br. 1928, S. 1–157.

Ratzinger, Joseph, Zur Lage des Glaubens. Ein Gespräch mit Vittorio Messori, München 1985.

Repgen, Konrad, «Reform» als Leitgedanke kirchlicher Vergangenheit und Gegenwart, in: Römische Quartalschrift 84 (1989), S. 5–30.

Samerski, Stefan, Johannes Paul II., München 2008.
Sauer, Joseph, Art. Krypta, in: Lexikon für Theologie und Kirche[1] 6 (1934), Sp. 283f.
Schatz, Klaus, Allgemeine Konzilien – Brennpunkte der Kirchengeschichte, Paderborn 1997.
Seckler, Max, Die ekklesiologische Bedeutung des Systems der «Loci theologici», in: Walter Baier (Hg.), Weisheit Gottes – Weisheit der Welt. Festschrift für Joseph Kardinal Ratzinger zum 60. Geburtstag, Bd. 1, Sankt Ottilien 1987, S. 37–65.
Wassilowsky, Günther, Kontinuum – Reform – (Symbol-)Ereignis? Konzilsgeschichtsschreibung nach Alberigo, in: Franz Xaver Bischof (Hg.), Das Zweite Vatikanische Konzil (1962–1965). Stand und Perspektiven der kirchenhistorischen Forschung im deutschsprachigen Raum (Münchener Kirchenhistorische Studien. Neue Folge 1), Stuttgart 2012, S. 27–44.
Wassilowsky, Günther, Universales Heilssakrament Kirche. Karl Rahners Beitrag zur Ekklesiologie des II. Vatikanums (Innsbrucker theologische Studien 59), Innsbruck 2001.
Wolf, Hubert, «Die Kirche fürchtet gewiss nicht die Wahrheit, die aus der Geschichte kommt» (Johannes Paul II.). Zur Verantwortung der Kirchengeschichte, in: Gregor Maria Hoff (Hg.), Verantworten, im Auftrag des Direktoriums der Salzburger Hochschulwochen, Innsbruck 2012, S. 15–35.
Wolf, Hubert, «Pro perfidis Judaeis». Die «Amici Israel» und ihr Antrag auf eine Reform der Karfreitagsfürbitte für die Juden (1928). Oder: Bemerkungen zum Thema katholische Kirche und Antisemitismus, in: Historische Zeitschrift 279 (2004), S. 611–658.
Wolf, Hubert, Johannes Paul II. Religionsstiftung auf katholisch? In: Alf Christophersen / Friedemann Voigt (Hg.), Religionsstifter der Moderne. Von Karl Marx bis Johannes Paul II., München 2009, S. 257–268, 308f.
Wolf, Hubert, Was heißt und zu welchem Ende studiert man Kirchengeschichte? Zu Rolle und Funktion des Faches im Ganzen katholischer Theologie, in: Wolfram Kinzig / Volker Leppin / Günther Wartenberg (Hg.), Historiographie und Theologie. Kirchen- und Theologiegeschichte im Spannungsfeld von geschichtswissenschaftlicher Methode und theologischem Anspruch, Leipzig 2004, S. 53–66.
Wolgast, Eike, Reform, Reformation, in: Geschichtliche Grundbegriffe. Historisches Lexikon zur politisch-sozialen Sprache in Deutschland 5 (1984), S. 313–360.

1. Der Bischof
Von allen gewählt

Bier, Georg, Kirchliche Findung und staatliche Mitwirkung bei der Bestellung des Diözesanbischofs, in: Christoph Grabenwarter / Norbert Lüdecke (Hg.), Standpunkte im Kirchen- und Staatskirchenrecht. Ergebnisse eines interdisziplinären Seminars (Forschungen zur Kirchenrechtswissenschaft 33), Würzburg 2002, S. 30–59.

Gatz, Erwin, Domkapitel und Bischofswahlen in Preußen von 1821 bis 1945, in: Römische Quartalschrift 78 (1983), S. 101–126.

Gaudemet, Jean, Von der Bischofswahl zur Bischofsernennung, in: Concilium 16 (1980), S. 468–472.

Hartmann, Gerhard, Der Bischof. Seine Wahl und Ernennung. Geschichte und Aktualität (Grazer Beiträge zur Theologiegeschichte und kirchlichen Zeitgeschichte 5), Graz 1990.

Landau, Peter, Der Papst und die Besetzung der Bischofsstühle, in: Zeitschrift für evangelisches Kirchenrecht 37 (1992), S. 241–254.

Landersdorfer, Anton, Die Bestellung der Bischöfe in der Geschichte der katholischen Kirche, in: Münchener Theologische Zeitschrift 41 (1990), S. 271–290.

Listl, Joseph, Art. Konkordat, in: Lexikon für Theologie und Kirche[3] 6 (1997), Sp. 263–268.

Müller, Hubert, Der Anteil der Laien an der Bischofswahl. Ein Beitrag zur Geschichte der Kanonistik von Gratian bis Gregor IX. (Kanonistische Studien und Texte 29), Amsterdam 1977.

Schatz, Klaus, Bischofswahlen. Geschichtliches und Theologisches, in: Stimmen der Zeit 114 (1989), S. 291–307.

Stockmeier, Peter, Die Wahl des Bischofs durch Klerus und Volk in der frühen Kirche, in: Concilium 16 (1980), S. 463–467.

Stutz, Ulrich, Der neueste Stand des deutschen Bischofswahlrechtes. Mit Exkursen in das Recht des 18. und 19. Jahrhunderts (Kirchenrechtliche Abhandlungen 58), Stuttgart 1909.

Wolf, Hubert, Die Reichskirchenpolitik des Hauses Lothringen 1680–1715. Eine Habsburger Sekundogenitur im Reich? (Beiträge zur Geschichte der Reichskirche in der Neuzeit 15), Stuttgart 1994.

Wolf, Hubert, Pfründenjäger, Dunkelmänner, Lichtgestalten. Deutsche Bischöfe im Kontext der Säkularisation, in: Rolf Decot (Hg.), Säkularisation der Reichskirche 1803. Aspekte kirchlichen Umbruchs (Veröffentlichungen des Instituts für Europäische Geschichte Mainz. Beiheft 55), Mainz 2002, S. 121–146.

Wolf, Hubert, Politisches Kalkül, Domherrenbestechung oder «Gottes wunderbare Schickung»? Die Osnabrücker Fürstbischofswahl von 1698 als Probelauf habsburg-lothringischer Reichskirchenpolitik, in: Osnabrücker Mitteilungen 105 (2000), S. 51–72.

Wolf, Hubert, Simonie und Akklamation. Zur Rolle der Domkapitel und der Laien bei Bischofswahlen in der Germania Sacra (1648–1803), in: Römische Quartalschrift 87 (1992), S. 99–109.

2. Bischöfinnen Frauen mit Vollmacht

Bausenhart, Guido, Theologischer Kommentar zum Dekret über das Hirtenamt der Bischöfe in der Kirche «Christus dominus», in: Peter Hünermann (Hg.), Herders Theologischer Kommentar zum Zweiten Vatikanischen Konzil, Bd. 3, Freiburg i. Br. 2005, S. 225–313.

Bomm, Urbanus, Der neue Ritus der Abts- und Äbtissinnenweihe, in: Heiliger Dienst 27 (1979) Heft 1, S. 148–152.

Escrivá de Balaguer, Josemaría, La Abadesa de Las Huelgas. Estudio teológico jurídico, Madrid 31988.

Frei, Judith, «Bist du bereit, die dir anvertrauten Schwestern zu Gott zu führen?» Die «Feier der Äbtissinnenweihe» im deutschen Pontifikale von 1994, in: Winfried Haunerland/Otto Mittermeier/Monika Selle/Wolfgang Steck (Hg.), Manifestatio Ecclesiae (Studien zur Pastoralliturgie 17), Regensburg 2004, S. 219–238.

Fürstenberg, Michael von, «Ordinaria loci» oder «Monstrum Westphaliae»? Zur kirchlichen Rechtsstellung der Äbtissin von Herford im europäischen Vergleich (Studien und Quellen zur westfälischen Geschichte 29), Paderborn 1995.

Hoederath, Hans Theodor, Die geistlichen Hoheitsrechte der Fürstäbtissinnen von Essen im Mittelalter, in: Zeitschrift der Savigny-Stiftung für Rechtsgeschichte. Kanonistische Abteilung 38 (1952), S. 158–250.

Küppers-Braun, Ute, Frauen des hohen Adels im kaiserlich-freiweltlichen Damenstift Essen (1605–1803) (Quellen und Studien. Veröffentlichungen des Instituts für kirchengeschichtliche Forschung des Bistums Essen 8), Münster 1997.

Küppers-Braun, Ute, Macht in Frauenhand. 1000 Jahre Herrschaft adliger Frauen in Essen, Essen 32003.

Macy, Gary, Die Bedeutung der Ordination im ersten Jahrtausend des Christentums, in: Theologische Quartalschrift 192 (2012), S. 329–341.

Macy, Gary, The Hidden History of Women's Ordination: Female Clergy in the Medieval West, Oxford 2008.

Puniet, Dom Pierre de, Das römische Pontifikale. Geschichte und Kommentar. Bd. 2: Consecrationen und Benedictionen, Klosterneuburg 1935.

Regoli, Roberto (Hg.), Ercole Consalvi. Le scelte per la Chiesa (Miscellanea Historiae Pontificiae 67), Rom 2006.

Reinhardt, Rudolf, Die Abtsweihe – eine «kleine Bischofsweihe»? In: Zeitschrift für Kirchengeschichte 91 (1980), S. 83–88.

Schäfer, Karl Heinrich, Kanonissen und Diakonissen. Die kanonische Äbtissin, in: Römische Quartalschrift 24 (1910), S. 49–90.

Wolf, Hubert, Menschenfischer – Pfründenjäger. Franz Ludwig von Pfalz-Neuburg (1664–1732), die Reichskirche und Ellwangen, in: Ellwanger Jahrbuch 37 (1997/98), S. 15–37.

3. Das Domkapitel
Kontrollorgan und Senat des Bischofs

Brück, Heinrich, Geschichte der katholischen Kirche im 19. Jahrhundert, Bd. 2, Münster ^{2}1903.

Eichmann, Eduard / Mörsdorf, Klaus, Lehrbuch des Kirchenrechts auf Grund des Codex Iuris Canonici, Bd. 1, Paderborn ^{9}1959.

Feine, Hans Erich, Kirchliche Rechtsgeschichte. Bd. 1: Die katholische Kirche, Weimar ^{3}1955.

Hinschius, Paul, Das Kirchenrecht der Katholiken und Protestanten in Deutschland. Bd. 2: System des katholischen Kirchenrechts mit besonderer Rücksicht auf Deutschland, Berlin 1878, Reprint Graz 1959.

Hofmeister, Philipp, Bischof und Domkapitel nach altem und neuem Recht, Neresheim 1931.

Longner, Ignaz von, Darstellung der Rechtsverhältnisse der Bischöfe in der Oberrheinischen Kirchenprovinz, Tübingen 1840.

Phillips, Georg, Lehrbuch des Kirchenrechts, Regensburg ^{3}1881.

Schatz, Klaus, Geschichte des Bistums Limburg (Quellen und Abhandlungen zur mittelrheinischen Kirchengeschichte 48), Mainz 1983.

Valentin, Joachim (Hg.), Der «Fall» Tebartz-van Elst. Kirchenkrise unter dem Brennglas (Theologie kontrovers), Freiburg i. Br. 2014.

Wolf, Hubert, Das Domkapitel als Bischöfliches Ordinariat? Monarchische (Generalvikar) oder kollegiale (Domdekan) Diözesanleitung im Bistum Rottenburg, in: Rottenburger Jahrbuch für Kirchengeschichte 15 (1996), S. 173–197.

Wolf, Hubert, Ein «Ort der Finsternis und Beschränktheit»? Zur Gründung von Diözese Rottenburg, Katholisch-Theologischer Fakultät und Tübinger Quartalschrift in Ellwangen (1812–1817), in: Theologische Quartalschrift 193 (2013), S. 98–115.

Wolf, Hubert, Generalvikar oder Domdekan? Zum Streit um monarchische und kollegiale Diözesanleitung im Bistum Limburg, in: Josef Hainz (Hg.), «Den Armen eine frohe Botschaft». Festschrift für Bischof Franz Kamphaus zum 65. Geburtstag, Frankfurt a. M. 1997, S. 251–265.

4. Der Papst
Kollege und nicht gegen Fehler gefeit

Bäumer, Remigius (Hg.), Die Entwicklung des Konziliarismus. Werden und Nachwirken der konziliaren Idee (Wege der Forschung 279), Darmstadt 1976.

Brandmüller, Walter, Das Konzil von Konstanz 1414–1418 (Konziliengeschichte. Reihe A: Darstellungen), 2 Bde., Paderborn 1991 und 1997.

Das Konstanzer Konzil 1414–1418. Weltereignis des Mittelalters. Bd. 1: Katalog, hg. vom Badischen Landesmuseum; Bd. 2: Essays, hg. von Karl-Heinz Braun u. a., Darmstadt 2014.

Fink, Karl August, Das Konzil von Konstanz 1414–1418, in: Hubert Jedin (Hg.), Handbuch der Kirchengeschichte, Bd. III/2, Freiburg i. Br. 1973, S. 545–572.

Graf, Friedrich Wilhelm, Götter global. Wie die Welt zum Supermarkt der Religionen wird, München 2014.

Keupp, Jan/Schwarz, Jörg, Konstanz 1414–1418. Eine Stadt und ihr Konzil, Darmstadt 2013.

Lange, Christian, Einführung in die allgemeinen Konzilien, Darmstadt 2012.

Melloni, Alberto, Das Konklave. Die Papstwahl in Geschichte und Gegenwart. Aus dem Italienischen von Georg Scheuermann, Freiburg i. Br. 2002.

Müller, Heribert, Die kirchliche Krise des Spätmittelalters. Schisma, Konziliarismus und Konzilien (Enzyklopädie deutscher Geschichte 90), München 2012.

Schatz, Klaus, Allgemeine Konzilien – Brennpunkte der Kirchengeschichte, Paderborn 1997.

Schatz, Klaus, Der päpstliche Primat. Seine Geschichte von den Ursprüngen bis zur Gegenwart, Würzburg 1990.

Schatz, Klaus, Vaticanum I. 1869–1870, 3 Bde., Paderborn 1992–1994.

Schmidt, Bernward, Die Konzilien und der Papst. Von Pisa (1409) bis zum Zweiten Vatikanischen Konzil (1962–65), Freiburg i. Br. 2013.

Schmidt, Bernward/Wolf, Hubert (Hg.), Ekklesiologische Alternativen? Monarchischer Papat und Formen kollegialer Kirchenleitung (15.–20. Jahrhundert) (Symbolische Kommunikation und gesellschaftliche Wertesysteme 42), Münster 2013.

Tierney, Brian, Origins of Papal Infallibility 1150–1350. A Study of the Concepts of Infallibility, Sovereignty and Tradition in the Middle Ages (Studies in the History of Christian Thought 6), Leiden 1972, Reprint Leiden 1988.

Wolf, Hubert (Hg.), Zwischen Wahrheit und Gehorsam. Carl Joseph von Hefele (1809–1893), Ostfildern 1994.

Wolf, Hubert, Ketzer oder Kirchenlehrer? Der Tübinger Theologe Johannes von Kuhn (1806–1887) in den kirchenpolitischen Auseinandersetzungen seiner Zeit (Veröffentlichungen der Kommission für Zeitgeschichte B 58), Mainz 1992.

Wolf, Hubert, Konzil und/oder Papst? Bemerkungen zu einem Grundproblem der Kirchengeschichte, in: Welt und Umwelt der Bibel. Sonderheft 2006: Petrus, Paulus und die Päpste. Geschichte und Bedeutung des Papsttums, S. 52–57.

5. Die Kardinäle
Gegengewicht zur päpstlichen Macht

Bangen, Johann Heinrich, Die Römische Curie, ihre gegenwärtige Zusammensetzung und ihr Geschäftsgang, Münster 1854.

Benedikt XVI., Glaube und Vernunft. Die Regensburger Vorlesung. Vollständige Ausgabe, kommentiert von Gesine Schwan/Adel Theodor Khoury/Karl Kardinal Lehmann, Freiburg i. Br. 2006.

Broderick, John F., The Sacred College of Cardinals: Size and Geographical Composition (1099–1986), in: Archivum Historiae Pontificiae 25 (1987), S. 7–71.

Del Re, Niccolò, La curia romana. Lineamenti storico-giuridici, Vatikanstadt 1998.

Ernesti, Jörg, Paul VI. Der vergessene Papst, Freiburg i. Br. 2012.

Gatz, Erwin, Kurie, Römische II. Von der Reformationszeit bis zur Gegenwart, in: Theologische Realenzyklopädie 20 (1990), S. 347–352.

Helmrath, Johannes, Das Basler Konzil 1431–1449. Forschungsstand und Probleme (Kölner Historische Abhandlungen 32), Köln 1987.

Hünermann, Peter (Hg.), Exkommunikation oder Kommunikation? Der Weg der Kirche nach dem II. Vatikanum und die Pius-Brüder (Quaestiones Disputatae 236), Freiburg i. Br. 2009.

Köster, Norbert, «Viele mexikanische Bischöfe sind Revolutionäre.» Der Vatikan, die Cristiada und der mexikanische Episkopat, in: Silke Hensel/Hubert Wolf (Hg.), Die katholische Kirche und Gewalt. Europa und Lateinamerika im 20. Jahrhundert, Münster 2013, S. 191–203.

Lützelschwab, Ralf, Flectat cardinales ad velle suum? Clemens VI. (1342–1352) und sein Kardinalskolleg. Ein Beitrag zur kurialen Politik in der Mitte des 14. Jahrhunderts (Pariser Historische Studien 80), München 2007.

Pastor, Ludwig Freiherr von, Geschichte der Päpste im Zeitalter der katholischen Reformation und Restauration, Bd. 10, Freiburg i. Br. 1926.

Pásztor, Lajos, La Congregazione degli Affari Ecclesiastici Straordinari tra il 1814 e il 1850, in: Archivum Historiae Pontificiae 6 (1968), S. 191–318.

Schwarz, Brigide, Kurie, Römische I. Mittelalter, in: Theologische Realenzyklopädie 20 (1990), S. 343–347.

Wolf, Hubert, Entscheidungsfindungsprozesse im Vatikan. Beobachtungen zum Regierungsstil Pius' XI. (1922–1939), in: Anna Esposito/Heidrun Ochs/Elmar Rettinger/Kai-Michael Sprenger (Hg.), Trier – Mainz – Rom. Stationen, Wirkungsfelder, Netzwerke. Festschrift für Michael Matheus zum 60. Geburtstag, Regensburg 2013, S. 413–427.

Wolf, Hubert, Mit diplomatischem Geschick und priesterlicher Frömmigkeit. Nuntius Eugenio Pacelli als politischer Kleriker, in: Historisches Jahrbuch 132 (2012), S. 92–109.

Wolf, Hubert/Hinkel, Sascha, I rapporti della nunziatura di Eugenio Pacelli (1917–1929). Prime osservazioni su una fonte documentaria per lo studio dello stile di governo di Pio XI, in: Laura Pettinaroli (Hg.), Le gouvernement pontifical sous Pie XI. Pratiques romaines et gestion de l'universel (Collection de l'École française 467), Rom 2013, S. 25–36.

6. Mönche und Nonnen
Höchste Autorität durch radikale Nachfolge

Angenendt, Arnold, Das Frühmittelalter. Die abendländische Christenheit von 400 bis 900, Stuttgart 1990.

Angenendt, Arnold, Geschichte der Religiosität im Mittelalter, Darmstadt 1997.

Angenendt, Arnold, Heilige und Reliquien. Die Geschichte ihres Kultes vom frühen Christentum bis zur Gegenwart, München 1994.

Angenendt, Arnold, Martin als Gottesmann und Bischof, in: Rottenburger Jahrbuch für Kirchengeschichte 18 (1999), S. 33–47.

Frank, Karl Suso, Geschichte des christlichen Mönchtums (Grundzüge 25), Darmstadt [5]1993.

Haag, Ernst u. a., Art. Amt, in: Lexikon für Theologie und Kirche[3] 1 (1993), Sp. 544–561.

Körntgen, Ludger, Studien zu den Quellen der frühmittelalterlichen Bußbücher (Quellen und Forschungen zum Recht im Mittelalter 7), Sigmaringen 1993.

Löwe, Heinz (Hg.), Die Iren und Europa im frühen Mittelalter, 2 Bde., Stuttgart 1982.

Meßner, Reinhard, Feiern der Umkehr und Versöhnung, in: Sakramentliche Feiern I/2 (Gottesdienst der Kirche. Handbuch der Liturgiewissenschaft 7,2), Regensburg 1992, S. 9–240.

Müller, Gerhard Ludwig, Art. Weihesakrament. II. Theologie- und dogmengeschichtlich; III. Systematisch-theologisch, in: Lexikon für Theologie und Kirche[3] 10 (2001), Sp. 1007–1011.

Sulpicius Severus, Das Leben des Martinus von Tours, in: Carl Andresen (Hg.), Frühes Mönchtum im Abendland. Bd. 2: Lebensgeschichten. Eingeleitet, übersetzt und erklärt von Karl Suso Frank (Bibliothek der alten Welt), Zürich 1975.

Vorgrimler, Herbert, Buße und Krankensalbung (Handbuch der Dogmengeschichte IV Faszikel 3), Freiburg i. Br. 1978.

Wolf, Hubert, Sankt Martin I, in: Christoph Markschies/Ders. (Hg.), Erinnerungsorte des Christentums, München 2010, S. 668–678.

7. Die Gemeinden
Primat der kleineren Einheit

Baumgartner, Alois/Korff, Wilhelm, Sozialprinzipien, in: Handbuch der Wirtschaftsethik 1 (1999), S. 227–237.

Deckers, Daniel, Subsidiarität in der Kirche. Eine theologiegeschichtliche Skizze, in: Jean-Pierre Wils/Michael Zahner (Hg.), Theologische Ethik zwischen Tradition und Modernitätsanspruch. Festschrift für Adrian Holderegger zum 60. Geburtstag (Studien zur Theologischen Ethik 110), Freiburg i. Br. 2005, S. 269–295.

Esortazione Apostolica «Evangelii gaudium» del Santo Padre Francesco, Vatikanstadt 2013.

Kasper, Walter (Hg.), Zukunft aus der Kraft des Konzils. Die außerordentliche Bischofssynode '85. Die Dokumente mit einem Kommentar von Walter Kasper, Freiburg i. Br. 1986.

Kasper, Walter, Das Verhältnis von Universalkirche und Ortskirche. Freundschaftliche Auseinandersetzung mit der Kritik von Joseph Kardinal Ratzinger, in: Stimmen der Zeit 218 (2000), S. 795–804.

Kasper, Walter, Der «Streit der Kardinäle» – neu aufgelegt. Eine Zumutung, die man sich nicht bieten lassen kann, in: Stimmen der Zeit 232 (2014), S. 119–123.

Kasper, Walter, Zur Theologie und Praxis des bischöflichen Amtes, in: Werner Schreer / Georg Steins (Hg.), Auf neue Art Kirche sein. Wirklichkeiten – Herausforderungen – Wandlungen. Festschrift für Bischof Dr. Josef Homeyer, München 1999, S. 32–48.

Nell-Breuning, Oswald von, Subsidiarität in der Kirche, in: Stimmen der Zeit 204 (1986), S. 147–157.

Ratzinger, Joseph, Die Ekklesiologie der Konstitution Lumen gentium, in: Joseph Kardinal Ratzinger: Weggemeinschaft des Glaubens. Kirche als Communio. Festgabe zum 75. Geburtstag, hg. vom Schülerkreis. Redaktion Stephan Otto Horn / Vinzenz Pfnür, Augsburg 2002, S. 107–131.

Spadaro, Antonio, Das Interview mit Papst Franziskus, Freiburg i. Br. 2013.

Walter, Peter, Ein Blick zurück und nach vorne aus dem Abstand von fast vierzig Jahren am Beispiel des Verhältnisses von Orts- und Universalkirche, in: Günther Wassilowsky (Hg.), Zweites Vaticanum – vergessene Anstöße, gegenwärtige Fortschreibungen (Quaestiones Disputatae 207), Freiburg i. Br. 2004, S. 116–136.

8. Die Laien
Keine unmündigen Schafe

Dopsch, Alfons, Wirtschaftliche und soziale Grundlagen der europäischen Kulturentwicklung, Aalen ²1961.

Eilers, Rolf, Zehn Jahre donum vitae. Ringen um den Lebensschutz. 1999–2009, Bonn ²2010.

Eugenio Pacelli. Die Lage der Kirche in Deutschland 1929. Der Schlussbericht des Nuntius vom 18. November 1929 (Deutsch und Italienisch), bearbeitet von Hubert Wolf / Klaus Unterburger (Veröffentlichungen der Kommission für Zeitgeschichte A 50), Paderborn 2006.

Feine, Hans Erich, Ursprung, Wesen und Bedeutung des Eigenkirchenwesens,

in: Mitteilungen des Instituts für Österreichische Geschichtsforschung 58 (1950), S. 195–208.
Große Kracht, Klaus, Die Stunde der Laien? Katholische Aktion in Deutschland im europäischen Kontext 1920–1960 (Veröffentlichungen der Kommission für Zeitgeschichte B 129), Paderborn 2014.
Großmann, Peter, Katholikentage und Kirchentage, in: Christoph Markschies/Hubert Wolf (Hg.), Erinnerungsorte des Christentums, München 2010, S. 561–573.
Hürten, Heinz, Kurze Geschichte des deutschen Katholizismus 1800–1960, Mainz 1986.
Karrer, Leo, Die Stunde der Laien. Von der Würde eines namenlosen Standes, Freiburg i. Br. 1999.
Knoll, August M., Katholische Aktion und Aktion der Katholiken, in: Wilfried Daim/Friedrich Heer/Ders., Kirche und Zukunft, Wien 1963, S. 73–110.
Kösters, Christoph, Katholische Verbände und moderne Gesellschaft. Organisationsgeschichte und Vereinskultur im Bistum Münster 1918 bis 1945 (Veröffentlichungen der Kommission für Zeitgeschichte B 68), Paderborn 1995.
Landau, Peter, Art. Eigenkirchenwesen, in: Theologische Realenzyklopädie 9 (1982), S. 399–404.
Lexikon der Christlichen Demokratie in Deutschland, hg. von Winfried Becker u. a., Paderborn 2002.
Lüdecke, Norbert, Mehr Geschlecht als Recht? Zur Stellung der Frau nach Lehre und Recht der römisch-katholischen Kirche, in: Sigrid Eder/Irmtraud Fischer (Hg.), … männlich und weiblich schuf er sie … (Gen 1,27). Zur Brisanz der Geschlechterfrage in Religion und Gesellschaft (Theologie im kulturellen Dialog 16), Innsbruck 2009, S. 183–216.
Stutz, Ulrich, Die Eigenkirche als Element des mittelalterlich-germanischen Kirchenrechts, Darmstadt [2]1955.
Wolf, Hubert, Politik aus dem Glauben? Ludwig Windthorst und die christliche Demokratie in Deutschland, Lingen 2012.

9. Das Konzil von Trient
Pluraler Katholizismus

Blaschke, Olaf, Das 19. Jahrhundert: Ein zweites konfessionelles Zeitalter? In: Geschichte und Gesellschaft 26 (2000), S. 38–75.
Feulner, Hans-Jürgen, Die Einheit der Liturgie in der Vielfalt der Riten und Formen. Zwei Entwicklungen aus der jüngeren Vergangenheit, in: Jan-Heiner Tück (Hg.), Erinnerung an die Zukunft. Das Zweite Vatikanische Konzil, Freiburg i. Br. 2012, S. 165–197.
Ganzer, Klaus, Die Ekklesiologie des Konzils von Trient, in: Ders., Kirche auf dem Weg durch die Zeit. Institutionelles Werden und theologisches Rin-

gen. Ausgewählte Aufsätze und Vorträge, hg. von Heribert Smolinsky und Johannes Meier (Reformationsgeschichtliche Studien und Texte 4), Münster 1997, S. 266–281.

Ganzer, Klaus, Die Kirchenreform nach dem Konzil von Trient, in: Rottenburger Jahrbuch für Kirchengeschichte 23 (2004), S. 61–74.

Gatz, Erwin, Das Bischofsideal des Konzils von Trient und der deutschsprachige Episkopat des 19. Jahrhunderts. Zum Quellenwert der Relationes status, in: Römische Quartalschrift 77 (1982), S. 204–228.

Haunerland, Winfried, Einheitlichkeit als Weg der Erneuerung. Das Konzil von Trient und die nachtridentinische Reform der Liturgie, in: Martin Klöckener/Benedikt Kranemann (Hg.), Liturgiereformen. Historische Studien zu einem bleibenden Grundzug des christlichen Gottesdienstes. Teil 1: Biblische Modelle und Liturgiereformen von der Frühzeit bis zur Aufklärung (Liturgiewissenschaftliche Quellen und Forschungen 88/1), Münster 2002, S. 436–465.

Hobsbawm, Eric J./Ranger, Terence (Hg.), The Invention of Tradition, Cambridge 1983.

Jedin, Hubert, Zur Entwicklung des Kirchenbegriffs im 16. Jahrhundert, in: Ders., Kirche des Glaubens, Kirche der Geschichte, Bd. 2, Freiburg i. Br. 1966, S. 7–16.

Pastor, Ludwig Freiherr von, Geschichte der Päpste im Zeitalter der katholischen Reformation und Restauration, Bd. 8, Freiburg i. Br. 1925.

Reinhard, Wolfgang, Das Konzil von Trient und die Modernisierung der Kirche. Einführung, in: Paolo Prodi/Ders. (Hg.), Das Konzil von Trient und die Moderne (Schriften des Italienisch-Deutschen Historischen Instituts in Trient 16), Berlin 2001, S. 23–42.

Reinhard, Wolfgang, Was ist katholische Konfessionalisierung? In: Ders./Heinz Schilling (Hg.), Die katholische Konfessionalisierung. Wissenschaftliches Symposium der Gesellschaft zur Herausgabe des Corpus Catholicorum und des Vereins für Reformationsgeschichte 1993 (Schriften des Vereins für Reformationsgeschichte 198), Gütersloh 1995, S. 419–452.

Schatz, Klaus, Vaticanum I, 3 Bde., Paderborn 1992–1994.

Theiner, Augustin, Geschichte der Geistlichen Bildungsanstalten. Mit einem Vorworte, enthaltend: acht Tage im Seminar zu St. Euseb in Rom, Mainz 1835.

Wassilowsky, Günther, Trient, in: Christoph Markschies/Hubert Wolf (Hg.), Erinnerungsorte des Christentums, München 2010, S. 395–412.

Wolf, Hubert, «… ein Rohrstengel statt des Szepters verlorener Landesherrlichkeit …» Die Entstehung eines neuen rom- bzw. papstorientierten Bischofstyps, in: Rolf Decot (Hg.), Kontinuität und Innovation um 1803. Säkularisation als Transformationsprozess. Kirche – Theologie – Kultur – Staat (Veröffentlichungen des Instituts für Europäische Geschichte. Beiheft 65), Mainz 2005, S. 109–134.

Wolf, Hubert, Priesterausbildung zwischen Universität und Seminar. Zur Auslegungsgeschichte des Trienter Seminardekrets, in: Römische Quartalschrift 88 (1993), S. 218–236.

10. Franz von Assisi
Option einer Kirche der Armen

Bauer, Dieter R./Feld, Helmut/Köpf, Ulrich (Hg.), Franziskus von Assisi. Das Bild des Heiligen aus neuer Sicht, Köln 2005.

Deckers, Daniel, Papst Franziskus. Wider die Trägheit des Herzens. Eine Biographie, München 2014.

Feld, Helmut, Die Franziskaner, Stuttgart 2008.

Feld, Helmut, Franziskus von Assisi und seine Bewegung, Darmstadt 1994; Neuauflage: Franziskus von Assisi. Der Namenspatron des Papstes. Mit einem Vorwort von Hubert Wolf, Darmstadt 2014.

Fink, Karl August, Papsttum und Kirche im abendländischen Mittelalter, München 1981.

Frank, Karl Suso, Franziskaner, Minoriten, Kapuziner, Klarissen, in: Georg Schwaiger (Hg.), Mönchtum, Orden, Klöster. Von den Anfängen bis zur Gegenwart. Ein Lexikon, München 1993, S. 188–218.

Frank, Karl Suso, Geschichte des christlichen Mönchtums (Grundzüge 25), Darmstadt [5]1993.

Grundmann, Herbert, Ketzergeschichte des Mittelalters (Die Kirche in ihrer Geschichte Bd. 2 Lieferung G Teil 1), Göttingen [3]1978.

Grundmann, Herbert, Religiöse Bewegungen im Mittelalter. Untersuchungen über die geschichtlichen Zusammenhänge zwischen der Ketzerei, den Bettelorden und der religiösen Frauenbewegung im 12. und 13. Jahrhundert und über die geschichtlichen Grundlagen, Darmstadt 1977.

Hardick, Lothar/Grau, Engelbert, Die Schriften des Heiligen Franziskus von Assisi. Einführung, Übersetzung, Erläuterungen (Franziskanische Quellenschriften 1), Werl 1982.

Köpf, Ulrich, Art. Waldenser, in: Religion in Geschichte und Gegenwart 8 (2005), Sp. 1272–1276.

Vallely, Paul, Papst Franziskus. Vom Reaktionär zum Revolutionär. Aus dem Englischen von Axel Walter, Stuttgart 2014.

Zum Schluss
«Die Wahrheit, die aus der Geschichte kommt»

Arnold, Claus, Kleine Geschichte des Modernismus, Freiburg i. Br. 2007.

Metz, Johann Baptist, Memoria passionis. Ein provozierendes Gedächtnis in pluralistischer Gesellschaft. In Zusammenarbeit mit Johann Reikerstorfer, Freiburg i. Br. 2006.

Seckler, Max, Die schiefen Wände des Lehrhauses. Katholizität als Herausforderung, Freiburg i. Br. 1988.

Seckler, Max, Im Spannungsfeld von Wissenschaft und Kirche. Theologie als schöpferische Auslegung der Wirklichkeit, Freiburg i. Br. 1980.

Simon, Ernst, Entscheidung zum Judentum. Essays und Vorträge, Frankfurt a. M. 1979.

Werbick, Jürgen, Grundfragen der Ekklesiologie (Grundlagen Theologie), Freiburg i. Br. 2009.

Wolf, Hubert (Hg.), Zwischen Wahrheit und Gehorsam. Carl Joseph von Hefele (1809–1893), Ostfildern 1994.

Wolf, Hubert, Den ganzen Tisch der Tradition decken. Tendenzen und Perspektiven neuzeitlicher Kirchengeschichte, in: Theologische Quartalschrift 184 (2004), S. 254–276.

Wolf, Hubert, Der Historiker ist kein Prophet. Zur theologischen (Selbst-)Marginalisierung der katholischen deutschen Kirchengeschichtsschreibung zwischen 1870 und 1960, in: Ders. (Hg.), Die katholisch-theologischen Disziplinen in Deutschland 1870–1962 (Programm und Wirkungsgeschichte des II. Vatikanums 3), Paderborn 1999, S. 71–93.

Wolf, Hubert, Ökumene auf Schwäbisch. Walter Kasper zwischen «Tübinger» und «Römischer Schule», in: zur debatte. Themen der Katholischen Akademie in Bayern 37 (2007) Heft 6, S. 4–6.